Oliver Teutsch

Die Akte Klabautermann

© axel dielmann – verlag
Kommanditgesellschaft in Frankfurt am Main, 2022
Alle Rechte vorbehalten.

Gestaltung: Urs van der Leyn, Basel
Cover-Gestaltung: Judith Kohl, Mainz
Satz: Dagmar Mangold, Bad Soden
Gesamtherstellung: OOK Press, Veszprém

ISBN **978 3 86638 343 2**
eBook 978 3 86638 344 9

Für eine düstere Tante

(Selbstauskunft)

Denn wer könnte mehr aus dem Nachdenken
über sich selbst gewinnen als die Erkenntnis:
Es ist nicht gut für mich, weiter nachzudenken.

Norman Mailer, *Der Hirschpark*

Rudolf wacht an jenem Morgen auf mit einem Gefühl wie nach der weihnachtlichen Bescherung, wenn die Geschenke noch neu sind: Die Welt liegt mir zu Füßen. Die Sonne strahlt an diesem Samstagmorgen in Rudolfs Zimmer.

Was für ein schöner Tag, denkt sich Rudolf und reckt sich im Bett. Wenn das nicht ein Zeichen ist. Am Vortag hatte ihm sein sonst so knauseriger Vater ein wunderschönes Fahrrad gekauft. Ein Brennabor mit Torpedo-Freilauf, Azetylenlampe und Fahrradständer. Es war die Anerkennung für die Aufnahmeprüfung am Carola-Gymnasium, die Rudolf bestanden hatte. Damit würde er nach Ostern direkt in die Sekunda eingestuft und hatte ein halbes Jahr gewonnen. Rudolf hatte sich das schnittige Fahrrad so sehr gewünscht.

Jetzt hat er Hummeln im Hintern. Er will nicht bis nach dem Frühstück mit den Eltern warten. Die würden noch lange schlafen nach der „Abfütterung" gestern. So nannte sein Vater die Abendgesellschaften, zu denen er von der Mutter in schöner Regelmäßigkeit gedrängt wurde. Langweilig war das. Kammergerichtsrat Kramm hatte wieder nur vom Tirpitzschen Flottenverein erzählt. Immer die gleichen Themen.

Rudolf verdrängt die Gedanken an die Festgesellschaft. Er schmeißt die Bettdecke von sich und federt aus dem Bett. Rasch zieht sich der Pennäler an und schleicht auf Zehenspitzen aus seinem Zimmer über das Parkett in den Flur, wo das Parfüm seiner Mutter noch schwach in der Luft hängt. Er tapst vorbei am Schlafzimmer der Eltern bis zum Sekretär seines Vaters. Dort zieht er die mittlere Schublade auf und greift sich den Stadtplan. Er kennt sich noch nicht sonderlich gut aus in Leipzig, obwohl sein Vater mit ihm und seinem Bruder schon die Querstraßen der Zeitzer geübt hat. Aber wohnt Onkel Alfons nicht irgendwo in der Vorstadt? Irgendwo am Waldrand? Vergnügt suchen Rudolfs Augen den Stadtplan ab. Leutzsch, da war es! Das ließ sich doch machen. Immer an der Pleiße lang. Rudolf schmiert sich in der Küche zwei Brote mit Leberwurst, schneidet sie in der Mitte auseinander und klappt sie zusammen.

Fünf Minuten später schon steht Rudolf vor dem Wohnhaus. Seine Eltern schlafen immer noch. Er hat sein Fahrrad aus dem Keller geholt und schiebt es noch ein Stück, so als könnte er Krach machen und die Eltern wecken, wenn er gleich losradeln würde. Rudolf schaut stolz in die umliegenden Fenster, ob ihn jemand von den Nachbarn sieht mit seinem tollen Fahrrad. Aber es ist noch alles still in der Schenkendorfstraße zu Leipzig am 17. April 1909.

Rudolf radelt entspannt in Richtung Westen, obwohl er schneller könnte. Er genießt die noch kühle Frühlingsluft und das Zwitschern der Vögel. Er meidet die großen Straßen, bleibt lieber auf Parkwegen. So ist er näher dran an der Natur. Zweimal hält er an. Die Bremsen funktionieren sehr gut! Er zieht den Stadtplan aus seinem Hosenbund und orientiert sich. Die zweite Unterbrechung nutzt Rudolf, um auf einer Parkbank seine Brote zu essen. Er kaut bedächtig, lehnt sich zurück und mustert sein Fahrrad, das er behutsam an die Bank gelehnt hat. Vergnügt denkt er daran, welches Gesicht sein Vater machte, als er sich ein Fahrrad gewünscht hatte. Wie überrascht der Vater war, als er Rudolf fragte, ob er denn überhaupt Fahrrad fahren könne, und er ja gesagt hatte.

Rudolf beugt sich vor und streicht über den Sattel. Wie glatt der ist! Neue Freunde hat er in Leipzig noch nicht gefunden, aber mit diesem Fahrrad dürfte das doch kein Problem sein!

Eine halbe Stunde später klingelt Rudolf bei seinem Onkel Alfons an der Tür und schaut auf die Uhr. Es ist kurz vor acht. Onkel Alfons wirkt nicht wirklich begeistert, so früh am Morgen Besuch von seinem Neffen zu bekommen. Er muß sich erst an die jetzt in der Stadt lebende Verwandtschaft gewöhnen.

„Was machst du denn hier?", fragt er erschrocken. „Weiß Deine Mutter, daß du hier bist?"

„Nein, ich habe mich rausgestohlen, um mein neues Fahrrad einzuweihen", antwortet Rudolf und zeigt in Richtung der Birke, an die er sein schwarzes Rad angelehnt hat.

„Donnerwetter, ein schicker Drahtesel."

Dann stutzt der Onkel.

„Du hast doch nicht Geburtstag gehabt?"

„Aber nein, Onkel Alfons, ich habe doch im Juli Geburtstag. Das ist für meine bestandene Aufnahmeprüfung am Carola-Gymnasium."

„Ach so, na da war der Herr Papa aber großzügig."

Sieht ihm gar nicht ähnlich, denkt der Onkel über seinen Schwager.

Onkel und Neffe stehen immer noch unter dem kleinen Vordach vor der Haustür. Alfons brummt ein wenig der Schädel. Am Vortag waren die Tarifverhandlungen im Baugewerbe gescheitert, und bei der Klärung der Frage, was nun zu tun sei, hatte Polier Alfons mit seinen Kollegen doch das ein oder andere geistige Getränk zu viel erwischt. Alfons hat nun wirklich keine große Lust, den kleinen Sohn seiner Schwester zu unterhalten, aber ihn einfach zurückzuschicken, bringt er auch nicht übers Herz.

„Na komm, wir gehen mal in den Garten eine rauchen", brummt er. „Du hast doch schon mal geraucht?", fragt Alfons, während sie um das Haus gehen.

„Na klar", lügt Rudolf, hustet dann aber mächtig, als er auf der Bank hinter dem Haus seinen ersten Zug tut.

„Wie alt bist du jetzt?", fragt Alfons seinen Neffen.

„Fünfzehneinhalb, eigentlich schon fünfzehndreiviertel."

„Und weißt du schon, was du mal machen willst?"

Rudolf zuckt die schmalen Schultern. „Ich lese gerne."

Alfons lacht. „Na, vom Lesen wirst du niemanden ernähren können."

„Und ich bin gerne in der Natur."

Alfons nickt und zeigt seine schwieligen grauen Hände vor. „Schau nur zu, daß du dein Geld nicht mit den Händen verdienen mußt, so wie ich."

Rudolf nickt, sagt aber nichts dazu. Ihm ist schlecht.

„Na, ich muß mal wieder rein, und du radelst besser zurück, deine Mutter macht sich bestimmt schon Sorgen."

Rudolf nickt nur. Ihm ist es ganz recht, hier wegzukommen. Er schüttelt seinem Onkel noch die große schwielige Hand, dann schiebt er sein Fahrrad aus der Hofeinfahrt raus. Er dreht sich um, ob Onkel Alfons ihm noch hinterher schaut, aber der ist schon verschwunden. Rudolf beugt sich über sein Fahrrad und speit seinen Mageninhalt in die Wiese. Zigaretten sind wohl nichts für ihn.

Nur kurz ist Rudolf noch benommen und klammert sich an sein Fahrrad, dann steigt er auf und radelt zurück. Ihm geht es schon wieder besser. Auf nach Hause, denkt er sich. Er will unbedingt wissen, wie es in Oscar Wildes *Dorian Gray* weitergeht. Diesmal will er Asphaltstraßen nehmen. Er muß jetzt auch nicht mehr in den Stadtplan schauen und kann richtig Tempo machen. Nach zehn Minuten hat er sich tüchtig warmgestrampelt. Die Sonne scheint Rudolf ins Gesicht und er beugt sich nach vorne, um auf dem glatten Asphalt noch kräftiger in die Pedale treten zu können. Er fliegt förmlich dahin. Auch die Kurven kann er jetzt schon richtig schnittig nehmen. Ob er Fahrrad fahren könne, hat der Vater gefragt. Richtig sportlich bin ich, denkt Rudolf noch. Als er um die nächste Kurve schießt, scheint ihm die Sonne nicht mehr ins Gesicht. Direkt vor ihm türmen sich zwei mächtige Brauereigäule auf, das schwer beladene Fuhrwerk des Metzgers aus der Fregestraße hat Rudolf nicht sehen können. Jetzt sieht er nur noch eine gewaltige braune Brust und hört kurz darauf das Krachen seines Kiefers. Dann verliert er das Bewußtsein.

Neun Wochen liegt Rudolf im Krankenhaus. Er hat eine schwere Gehirnerschütterung, einen gebrochenen Kiefer, einen gebrochenen Fuß und schwere innere Verletzungen.

Sein Magen ist unter dem Gewicht des Wagenrads, das ihn überrollte, geplatzt. Nur gut, daß der Magen leer war. Die Zigarette hat ihm das Leben gerettet, auch wenn die Ärzte zunächst davon ausgingen, daß er die erste Nacht nicht überleben würde.

Er überlebt, aber das Leben nach dem Unfall ist beschwerlich. Fünf Monate kann Rudolf nicht zur Schule gehen und muß dann in der Obertertia einsteigen. Statt einem gewonnenen halben Jahr verliert er ein ganzes Schuljahr. All die Privatstunden in Berlin waren vergebens. Er hat oft Kopfschmerzen und Schwindelanfälle. Er hinkt.

„Er hat so einen starren Blick bekommen", klagt die Mutter mitunter dem Vater.

In der Schule hänseln ihn die Mitschüler. Freunde findet er in seiner Klasse keine. Er ist bleiches Krankengemüse. Rudolf ist jetzt häufiger verschlossen und grüblerisch. Wieso, hadert er, immer ich, lieber Gott?

In der Isolation denkt Rudolf oft darüber nach, wie sein Leben ohne den Unfall verlaufen wäre. Vielleicht hätte ich in der anderen Klasse Freunde gefunden? Und ich wollte doch den Tanzkurs besuchen, ein Mädchen kennenlernen. Aber das geht ja nicht mit dem Klumpfuß. Wie will man denn ein Mädchen kennenlernen, wenn man nicht tanzen kann?

Vielleicht, denkt er, vielleicht wäre alles anders gekommen, wenn ich tanzen könnte.

Dem Mann im grauen Anzug taten die Füße weh. Die ganze
Strecke durch die Stadt zu laufen, war eine eher mittelpräch-
tige Idee gewesen. Er hätte sich von den Russen fahren lassen sollen. Becher hätte das sicher hingekriegt. Vor ein paar
Tagen war mal wieder die S-Bahn gefahren. Die Menschen
hatten mit feierlichen Gesichtern in den Wagen gesessen und
waren durch die Trümmerlandschaft gerattert. Doch schon
am nächsten Tag stand die S-Bahn wieder. Wahrscheinlich
hatten die Russen eine Weiche abmontiert. Oder eine der zusammengebombten Brücken tat es nicht mehr.

Der Mann im grauen Anzug nahm seinen Hut vom
schweißnassen Kopf und fächelte sich Luft zu. Diese Hitze.
So heiß hatte er Berlin noch nie erlebt. Und dazu dieser süß-
liche Gestank der Verwesung, der überall in der Luft hing.
Am schlimmsten war es gestern am Potsdamer Platz gewesen. Dort lagen noch aufgequollene Leichen in den von der
SS gefluteten U-Bahn-Schächten. Den Anblick würde er lange nicht vergessen. Eine der Leichen hatte sich an einem Ei-
senträger verfangen. Diese weiße speckige Haut. Der Körper
von Ratten angenagt, der Bauch absurd aufgebläht wie ein
Ballon. Dieser Körper hatte so gar nichts Menschliches mehr
gehabt. Dem Mann im grauen Anzug lief trotz der Hitze ein
Schauer über den Rücken. Wieviel Grauen und Leid mußte
dieser Krieg über die Menschheit gebracht haben? Ein Krieg,
von dem er kaum etwas mitbekommen hatte.

Er mußte an die Wasserleichenpoesie vor dem Ersten Weltkrieg denken. Genüßlich hatten die Dichter die Vergänglich-

keit des menschlichen Körpers ausgeweidet. Wie hieß es in Georg Trakls Ophelia? *Im Haar ein Nest von Wasserratten und die beringten Hände auf der Flut* ... Mit dieser gruseligen Poesie war es jetzt vorbei, dafür war die Wirklichkeit viel zu schlimm. Der Mann im grauen Anzug zuckte unbewußt die Schultern, er hatte dieser Art von Lyrik schon damals nicht viel abgewinnen können. Er schlug sich in den Nacken, daß es patschte. Diese Fliegen! Diese verfluchten Fliegen! Der Mann im grauen Anzug schlug mit der Hand nach einem besonders dreisten Exemplar, das um sein verschwitztes Gesicht summte. Eine junge Frau, die ihm entgegenkam, versuchte sich an einem Lächeln. Der Mann im grauen Anzug nahm sie gar nicht wahr. Er blieb kurz stehen, legte den Kopf in den Nacken und starrte in den unbefleckten Himmel. Er stöhnte leise auf. Hitze, Fliegen, Verwesung, Trümmer. Berlin war ein Dschungel, ein Trümmerdschungel. Ja, genau, ein Trümmerdschungel. Der Mann im grauen Anzug ging weiter und wisperte das Wort vor sich her. *Trümmerdschungel, Trümmerdschungel, Trümmerdschungel.*

Er blickte die Straße runter. *Trümmerdschungel.* Hier waren allerdings deutlich mehr Menschen unterwegs als im Dschungel. Menschen mit Bollerwagen, Menschen mit Viehwagen, Menschen auf wackeligen Fahrrädern, Menschen in Soldatenuniform mit gesenkten Häuptern, Menschen auf Trümmerbergen die Ketten bildeten, Menschen die in den Trümmern zwischen Panzerwracks, den Häuserruinen, Pferdekadavern und herumliegenden Stahlhelmen nach etwas Brauchbarem suchten. Menschen, die ihre Angehörigen suchten. Menschen die eine Bleibe suchten. Menschen, die teilnahmslos vor sich hin trotteten, scheinbar ohne Ziel. Menschen, die ihre toten Angehörigen auf einem Bollerwagen durch die Gegend zogen, weil es keine intakten Kühlhäuser gab und weil die Bestatter mit der Arbeit nicht hinterherkamen. So viele suchende und umherirrende Menschen. Am Lützowufer hatte er sogar an einer Behelfsbrücke anstehen müssen, um über den Landwehrkanal zu gelangen.

An einer Straßenecke standen jetzt ein paar russische Soldaten vor einem Armeefahrzeug und musterten ihn skeptisch. Männer in seinem Alter, die unverwundet waren, erregten Argwohn. Unverdächtig waren hier nur Frauen, Kinder, Greise und Männer auf Stümpfen. Der Mann im grauen Anzug tastete nach seinen Papieren, die in der Innentasche steckten. Das ganze Hemd war durchgeschwitzt. Einer der Soldaten sagte etwas zu den anderen und warf seine Zigarette in den Straßenstaub, die anderen lachten. Der Mann im grauen Anzug erfühlte seine Papiere und schritt erleichtert weiter.

An einer großen Kreuzung stand zur Rechten ein Schild in russischer Sprache. *Gelände von Minen befreit* stand darauf. Durch die Trümmerhügel dahinter führte ein schmaler Trampelpfad. Das war schon komisch, dachte sich der Mann im grauen Anzug. Da hockte man zehn Jahre in Moskau im Exil und dann kam man zurück und in Berlin standen überall Anweisungen und Hinweise auf Russisch.

Der Mann im grauen Anzug hielt an und schaute unter seine Schuhe. Seine Füße fühlten sich an, als seien die Sohlen seiner dünnen Schuhe durchgelaufen. Doch noch waren keine Löcher zu sehen. Dafür waren die Schuhe und seine Hosenbeine komplett mit Staub überzogen. Vor ihm am Straßenrand saß ein Knirps mit einer blauen Schiebermütze im Schutt. Mit einem kleinen Hammer versuchte er, den Mörtel von einem Dachziegel zu schlagen. *Was für eine Kindheit*, dachte der Mann im grauen Anzug beklommen. Er wollte dem Kleinen irgendetwas Aufmunterndes sagen. Der schaute mit seinem staubigen Gesicht auf, erst erschrocken, dann zornig. „Das ist mein Hammer", stieß er aus. Ein paar Frauen schauten unter ihren Kopftüchern herüber. Der Mann im grauen Anzug erschrak, nickte kurz, ging stumm weiter.

Wo war er überhaupt? Diese Schuttberge sahen alle gleich aus. Der Mann im grauen Anzug sah ein Straßenschild am Boden liegen. Er wischte mit seinem rechten Schuh über den Staub, um den Straßennamen entziffern zu können. *Attilastraße* stand auf dem Schild. Der Mann im grauen Anzug grunzte. Wie kam dieses Schild hierher? In der Attilastraße war er ganz sicher nicht, so gut kannte er sich noch aus. Er ging weiter und ein paar Augenblicke später wußte er, wo er war. Der graue Anzug zuckte richtig zusammen, als er den verkohlten Stumpf der Gedächtniskirche zu seiner Linken erkannte. Dann stutzte er und schaute sich um. Wenn das hier der Auguste-Viktoria-Platz war, mußte er doch das Romanische Café erkennen. Doch er sah nur Schuttberge. Dem Mann im grauen Anzug zog sich das Herz zusammen. Hier im Zentrum von Berlin war es besonders schlimm mit der Zerstörung. Ob es in Darmstadt genauso aussah? Der Mann im grauen Anzug ging rasch weiter, nach dem legendären Café zu forschen, hatte er keine Zeit, er war ohnehin schon spät dran, würde wahrscheinlich zu spät kommen an diesem großen Tag, zu diesem großen Ereignis. Becher würde schimpfen.

Kurz darauf erkannte er den Bunker am Zoo. Die Miene des Mannes im grauen Anzug hellte sich auf. Die Gegend war ihm bekannt, auch wenn hier jetzt ein Trümmerendlager eingerichtet worden war, das ihm irgendwie unwirklich erschien. Diese riesig aufgehäuften Schuttberge.

Jetzt ging er durch die Kantstraße. Hier hatte er Anfang der 30er Jahre eine Zeit lang gewohnt, bevor er nach Moskau emigriert war. Was er jetzt sah, ließ ihn innerlich zusammenschrecken. Keine Menschenseele konnte hier mehr leben. Ruine an Ruine ragte in den blauen Himmel. Trümmerskelette rechts und links der Straße. Vereinzelt stehende Fassaden reckten sich wie mahnende Zeigefinger empor. Die zerbombten Häuserreihen der Kantstraße sahen aus wie verblühtes Gestrüpp. Ob er sein Wohnhaus von damals noch wiederfinden würde?

Ihm wankte ein alter Mann entgegen. Er zog einen riesigen Leiterwagen hinter sich her, der offensichtlich viel zu schwer für ihn war. Der alte Mann hing fast waagrecht in der Luft, die Arme weit nach hinten gezogen. Der Greis registrierte den Mann im grauen Anzug gar nicht, als er ihn passierte. Auf der Ladefläche lag eine Leiche. Sie war mit einer Wolldecke und Tüchern abgedeckt, nur ein nackter Fuß schaute heraus. Der Mann im grauen Anzug drehte sich um und blickte dem Fuß hinterher, der unrhythmisch wippte. Die Zehen zeigten nach unten. Das bedeutete, die Leiche mußte auf dem Bauch liegen. Wer legt denn einen Toten auf den Bauch?, fragte sich der Mann im grauen Anzug. Es lag wohl daran, daß der Greis seine Habseligkeiten noch darüber gestapelt hatte. Er sah dem schwankenden Alten und dem Wagen hinterher, starrte auf die Spuren der Räder im Staub. Die Szene war gespenstisch. Und da beschwere ich mich über diesen kleinen Fußmarsch, dachte der in Grau beschämt.

Sein früheres Wohnhaus konnte der Mann im grauen Anzug nicht finden. Es war aussichtslos. Die Seitenstraßen boten keine Orientierung, sie waren teilweise verschüttet, teilweise war der Straßenverlauf kaum noch auszumachen. Trotzdem starrte er auf die Trümmerskelette auf der rechten Seite, wo sein Wohnhaus noch vor ein paar Jahren gestanden haben mußte. Der Mann im grauen Anzug mußte an die kesse Brünette denken, die oft abends im zweiten Stock aus dem Fenster geschaut hatte, wenn er aus der Redaktion gekommen war. Ihre langen Haare hatte sie mit einem fliederfarbenen Band verknotet und auf ihren schmalen Schultern abgelegt. Ihren Blick hatte er nie richtig deuten können. Einmal hatte er so lange zu ihr hochgeschaut, daß er fast gegen die Haustür geprallt war. Wo war das Haus, wo war die Brünette jetzt?

An vielen Ruinenwänden standen Kreidebotschaften. *Wo seid ihr? Sind bei Oma* oder *Wir leben noch, Hermann*. Oft schaute der Mann im Grauen Anzug in Räume, in denen noch völlig unversehrte Möbel standen. Wie leere Theaterbühnen wirkten die Zimmer ohne die Fassaden und ohne die Bewohner. Welches Elend über die Stadt gekommen war, dachte der Mann im grauen Anzug.

Zwei Wochen zuvor war er mit einer sowjetischen Militärmaschine aus Moskau gekommen und in Tempelhof gelandet. Als sie über Berlin flogen, sahen die Häuser aus wie offene Schachteln. Aber hier unten war der Anblick noch schlimmer, nicht so unwirklich aber doch auch gespenstisch. Neuerdings fuhr hier in der Kantstraße eine Trümmerbahn, aber heute war Sonntag. Schöner Sonntag, dachte der Mann im grauen Anzug und versank in Gedanken, an das, was ihm gleich bevorstand.

Unweit der Masurenallee blieb er stehen. Es gab kaum mehr Grün in der Stadt. Der Tiergarten war abgeholzt, Rasenflächen und Bäume verbrannt. Doch hier, mitten in Charlottenburg sprossen aus verkohlten Baumstümpfen grüne Triebe. Der Mann im grauen Anzug lächelte trotz seiner brennenden Füße. Dann sah er endlich das Haus des Rundfunks.

Der Große Sendesaal des Berliner Rundfunks war brechend voll. Die Luft war stickig. Nicht daran zu denken, noch einen Platz in einer der vorderen Reihen zu bekommen. Immerhin, Becher würde seine Verspätung gar nicht bemerkt haben bei diesem Auflauf hier. Und die Versammlung war bereits in vollem Gange. Am Rednerpult auf der Bühne stand Kellermann. Trotz der Hitze trug er eine Weste unter seiner Anzugjacke. Eine Strähne seines weißen Haares fiel ihm in die Stirn, während er sich über das Pult beugte. „... Härten sind in jeder Revolution unvermeidlich, das wissen wir. Aber hüten wir uns davor, die Methode der Rücksichtslosigkeit anzuwenden, die wir an den Nazis so tief verabscheuten. Gerechtigkeit, Billigkeit und Nachsicht sollen uns bei all unseren Schritten leiten; es sind demokratische Tugenden." Heftiger Applaus.

Der Mann im grauen Anzug hatte sich bis ins vordere Drittel des Saals vorgeschoben und stand nun seitlich im Gang. Dringender noch als einen Sitzplatz, brauchte er etwas zu trinken.

„Willmann, wie siehst du denn aus?", begrüßte ihn jetzt ein untersetzter Mann in knittrigem Zweireiher viel zu laut. Ein paar Leuten drehten die Köpfe und zischten. Kurtz, der hat mir gerade noch gefehlt, dachte sich der verschwitzte Willmann und winkte ab. „Später", stieß er nur hervor und entfernte sich wieder ein paar Reihen nach hinten, um vor Kurtz sicher zu sein. „Wohlan, vieles ist verloren, aber die Ehre kann wiedergewonnen werden", hörte er nun wieder Kellermann. Willmann pustete durch und musterte das Gesicht des Mannes, der den ersten deutschen Erfolgsroman des 20. Jahrhunderts geschrieben hatte. Willmann war immer etwas neidisch auf erfolgreiche Schriftsteller. Er selbst hatte sich mehrmals recht dürftig an diversen Romanen versucht, dann aber eingesehen, daß er dafür kein Talent besaß. Seitdem versuchte er in einem Anflug von Selbstironie, aus der Physiognomie eines Schriftstellers dessen Erfolgsrezept zu ergründen, wohlwissend, daß dies völliger Unsinn war. Willmann fixierte noch immer Kellermanns Antlitz, so als könne er ihm dadurch hinter die Stirn schauen. Er mußte daran denken, was Becher über Kellermann erzählt hatte. Sie hatten ihn vor ein paar Wochen in Werder aufgetrieben. Kellermann hatte sich die Idee mit dem Kulturbund angehört, kurz geschwiegen und dann ohne Pathos erklärt: „Also gut, versuchen wir es noch einmal mit dem deutschen Volk, vielleicht hat es die Lektion verstanden."

Im Saal selbst gab es keinen Ausschank, Willmann mußte also nochmal nach draußen. Er drängelte sich wieder nach hinten und verließ den Sendesaal, ging die Treppe runter und suchte nach der Bewirtung. Willmann irrte eine Weile durch die Gänge. Von oben Applaus. Er fand eine kleine Küche, in der Kannen mit Tee standen. Der Tee war kalt, aber das war Willmann gerade recht. Er trank gierig und kam langsam zur Ruhe. Erst jetzt fiel ihm wieder auf, daß seine Hosenbeine bis zu den Knien eingestaubt waren. Er klopfte sie so gut es ging ab. Dann wischte er über die Schuhe drüber und wusch seine Hände am Spülstein. Wenigstens Wasser gab es schon fast überall wieder. In den ersten Wochen nach dem Krieg mußten die Menschen noch stundenlang am Brunnen für Wasser anstehen.

Als abermals lange anhaltender Applaus zu hören war und die Kapelle einsetzte, ging Willmann wieder nach oben. Nun stand Becher auf dem Podium. Er ließ den Blick über die vielen Hundert Köpfe schweifen. Hier saß die kulturelle Zukunft Deutschlands, dachte Becher ergriffen. Schriftsteller, Journalisten, Künstler, Ingenieure, Theater- und Filmschaffende, Lehrer, Ärzte, ehemalige Häftlinge der faschistischen Konzentrationslager, antifaschistische Emigranten, Teilnehmer am inneren Widerstand, Kommunisten und christliche Demokraten, Liberale und Parteilose, Geistliche, die im Widerstandskampf gegen den Nationalsozialismus gestanden hatten, überzeugte Atheisten. Hier trafen sich heute Menschen, die, einst von Hitler verbannt, bei der ersten sich bietenden Gelegenheit heimgekehrt waren. Menschen, die jahrelang im Konzentrationslager verbracht hatten. Menschen, die der heimlichen Opposition angehört hatten und sich nur durch irgendwelche Zufälligkeiten vor der Hinrichtung hatten retten können. Hier saßen aber auch Menschen, die lange Zeit an Hitler geglaubt hatten und dies jetzt nicht verschwiegen.

Becher sammelte sich. „Nach zwölf Jahren Verbannung spreche ich das erste Mal wieder auf heimatlichem Boden zu deutschen Menschen", begann er von seinem Redemanuskript abzulesen. Seine Stimme klingt feierlich, fand Willmann. Im Großen Sendesaal war es mucksmäuschenstill.

„Sie werden es mir nachfühlen können, daß es mir schwer und bang ums Herz ist und daß ich tief erschüttert bin angesichts der ungeheuerlichen nationalen Katastrophe, deren Folge ich jetzt in unmittelbarer Nähe erlebe. Und sie werden verstehen, daß auch einem Dichter zunächst die Sprache und die Bildkraft und Wortgewalt fehlen, um die Totenstille von Millionen Gräbern, um das Schweigen der Trümmerlandschaft beredt zu machen. Denn jeder von uns fühlt, daß diese Totenstille, daß dieses Schweigen der Ruinen schreit – Rechenschaft fordert und Anklage erhebt. Nur auf Grund eines aufrichtigen Bekenntnisses unserer Mitschuld und Mitverantwortlichkeit kann es gelingen, uns aus dem Grab unserer Niederlage wieder zu erheben und als ein neues, freiheitliches deutsches Volk aufzuerstehen."

Im Auditorium hob Applaus an, aber Becher sprach schon weiter. „Wir, die wir heute zur Gründung des Kulturbundes zur demokratischen Erneuerung zusammengekommen sind, versprechen, die wiedergewonnene Freiheit des Geistes zur Tat werden zu lassen", fuhr er fort. „Nachdem wir zwölf Jahre lang durch den Nazismus in unserer freien Entwicklung behindert waren, sind wir von dem einen Willen beseelt: diese Freiheit zu wahren und zu festigen. Das kann nur dann geschehen, wenn wir klar die Gründe erkennen, aus denen diese Tyrannei möglich wurde. Die Aufgabe der Philosophie und der Wissenschaft wird es sein, aufzuzeigen, daß die faschistischen Ideologien Wahnideen sind, die von verbrecherischen Landsknechten im Interesse einer kleinen Gruppe von Volksfeinden zur Macht gebracht wurden. Und Aufgabe der Kunst wird es sein, an Stelle der Scheinwerte neue, echte Werte zu setzen."

Spontaner Applaus hob an. Becher blickte kurz auf, er wirkt ein bißchen ungeduldig, dachte sich Willmann, der es diesmal vorgezogen hatte, im hinteren Teil des Saals zu verharren.

„Die Kunst ist die Sache der Menschheit, Ausdruck von Gefühlen, die nicht nur ein bestimmtes Volk, sondern alle Menschen beseelen. An der wahren Kunst wird der Chauvinismus zuschanden. Wenn uns wieder dieser alle Menschen einende Geist der Kunst und Wissenschaft beseelt, werden wir im Innersten gegen die faschistischen Wahnideen gefeit sein; wir würden sonst unsere bessere Erkenntnis und damit uns selbst verleugnen. In diesem Sinn haben Kunst und Wissenschaft eine hohe politische Mission zu erfüllen, denn wahre Politik ist wahre Menschenerziehung. Dem Kulturbund kommt demnach eine große erzieherische Aufgabe zu. Er wird aber nicht, wie es der Faschismus tat, den Menschen Ideologien aufzwingen, sondern darum bemüht sein, in allen den wahren Geist der Menschlichkeit wachzurufen und zu fördern. Praktisch wird das geschehen durch kulturelle Veranstaltungen aller Art, durch Konzerte, besondere Aufführungen und Dichterlesungen, durch Vorträge und Kulturfilme und nicht zuletzt durch eine Zeitung. Damit wird der Bund aktiv mitwirken an dem einen großen Ziel: der demokratischen Erneuerung unseres Volkes."

Erneut gab es Applaus. Als Becher schließlich zum Ende seiner Rede kam, registrierte Willmann, wie im Saal beifällig getuschelt und genickt wurde.

„Wir befinden uns in einer hochdramatischen Situation, bei der die Jugend in vorderster Reihe steht, wenn wir zu einer Erziehung zur Freiheit, zu einer Neugeburt unseres Volkes, zu einer geistigen, geschichtlichen Neuschöpfung aufrufen. Alle Deutschen, die guten Willens sind, beschwören wir: Es werde Licht. Laßt endlich, endlich ein freiheitliches, wahrhaft demokratisches Deutschland auferstehen!"

Es gab lange anhaltenden Applaus, einige standen sogar auf. Viele schauten sich verwundert an. Wer war dieser Mann, der da so mitreißend gesprochen hatte?

Es sprachen noch der Anglist Dr. Schirmer, der Schauspieler Paul Wegener, Otto Bildschneider von der Evangelischen Kirche und Wolfgang Harich als Vertreter der Jugend. Aber im Mittelpunkt stand eindeutig die programmatische Rede Bechers. Er stahl Kellermann ein wenig die Schau, da seine Rede mahnender, fordernder und verheißungsvoller war. Es war eine Beschwörung der Vernunft. Der Schauspieler Kai Moeller verlas schließlich das Manifest des Kulturbundes zur demokratischen Erneuerung Deutschlands. Die Kundgebungsteilnehmer stimmten begeistert zu. Becher wurde mit großer Mehrheit zum Präsidenten des Kulturbundes gewählt.

Auch Willmann hatte kräftig applaudiert. Reden kann er ja, dachte er über seinen Chef. Willmann war jetzt sogar selbst ein bißchen in feierlicher Stimmung, auch wenn ihm der Magen knurrte. So war das wohl in dieser Zeit, dachte er. Den Kopf voller hehrer Ideen, der Magen leer. Wenigstens taten Willmann die Füße nicht mehr weh.

Die Blondine seufzte tief und ließ die Blätter auf ihre Brust sinken. So kann man doch keinen Text lernen. Was für ein Gepolter und Geschrei schon wieder da draußen. Sie wollte keinen Ärger mit den beiden haben, aber so langsam würde sie mal was sagen müssen. Wieso streiten die immer? Die Blondine überlegte. Hatten ihre Eltern sich auch so viel gestritten? Sie versuchte sich zu erinnern, doch ein markerschütternder Schrei ließ sie zusammenfahren. Also wirklich. Sie rappelte sich von ihrer Matratze auf, ging zur Tür, öffnete sie einen Spalt weit, lugte vorsichtig nach draußen. Genau in diesem Augenblick rannte die Frau wimmernd und mit weit aufgerissenen Augen den Flur runter, der Mann mit großem Messer und wuterfüllter Fratze hinter ihr her. Die Blondine schloß lautlos die Tür. Sie schaute sich im Zimmer um, sah nichts, womit sie die Tür verrammeln konnte. Sie schmiss sich auf die Matratze, zog die Knie unters Kinn. Das darf doch nicht wahr sein, dachte sie. Sie war doch nicht bei Schmargendorf dem Russen entkommen, um sich jetzt hier abstechen zu lassen, von diesem Irren. Sie überlegte, die Pappverkleidung von der Fensteröffnung zu reißen, um im Notfall nach Hilfe schreien zu können. Aber dann würde es noch kälter im Zimmer. Hatte er sie überhaupt wahrgenommen? Die Blondine horchte. Es war nichts mehr zu hören. War das ein gutes Zeichen oder ein schlechtes? Mußte sie zu Hilfe eilen? Die Blondine schloß die Augen, rührte sich nicht vom Fleck.

Der Krieg war vorbei, aber irgendwer wollte, daß sie keinen Frieden fand. Vor zwei Wochen hatte sich der Großvater umgebracht. „Ich bin zu alt, um die Grausamkeiten vergessen zu können", hatte er ihr noch geschrieben und sie um Verzeihung gebeten. Ihr Vater war lange tot, ihre Mutter irgendwo bei Uelzen. Vorgestern war sie vor Hunger mitten auf der Straße zusammengeklappt. Die Blonde lauschte.

Es war nichts zu hören in der Wohnung. Aber in die Küche würde sie sich erst wieder trauen, wenn die Pesoke nach Hause kam. Mußte ja bald kommen. Die Blondine nahm wieder ihre Blätter zur Hand, fixierte den Text. Kurz darauf war sie eingeschlafen.

Als sie aufwachte, war ihr kalt. Ihr Hals schmerzte. Im Halbdunkel sah sie an die Zimmerdecke. Sie hatte wirres Zeug geträumt. Irgendwie war es auch um ihre Mutter gegangen. Wie es ihr wohl ging? Auf den Brief hatte sie keine Antwort erhalten, aber das war auch erst drei Wochen her. Erst drei Wochen. Das klang so kurz. Aber wie hart waren diese drei Wochen gewesen, wie lang die Tage. Und die Nächte. Ein paar Mal war sie vor Hunger aufgewacht und vor Magenschmerzen nicht wieder eingeschlafen. Sie seufzte. Trübsal blasen brachte nichts. Sie raffte sich auf, ging zur Tür. Erst als sie die Hand an die Klinke legte, fiel ihr wieder die schreckliche Szene von vorhin ein. Sie hielt inne, fasste sich dann aber ein Herz, drückte die Klinke runter und ging in die Küche. Am Herd stand die Pesoke. Die Blondine war erleichtert.

„Na, Kindchen, isst du eine Fusselsuppe mit? Kannst es sicherlich brauchen", sagte die Pesoke.

„Ja, danke", entgegnete die Blondine und war sich unsicher, ob sie das Schauspiel der Eheleute erwähnen sollte. In der Küche deutete zumindest nichts auf Kampfspuren hin, registrierte sie erleichtert.

„Es wird immer toller, Kindchen, jetzt haben sie das Rote Kreuz verboten wegen Naziverstrickungen. Dabei haben wir eh kaum noch Ärzte und Sanitäter", schüttelte die Pesoke den Kopf und rührte im Kessel. Der Blondine fiel darauf nicht recht was Passendes ein, wollte viel eher wissen, was mit den Ditzens war.

„Wo sind denn der Schriftsteller und seine Frau?"

Die Frage war natürlich rein rhetorisch, denn die beiden hausten fast ausschließlich in ihrem kleinen Zimmer am Ende des Gangs.

„Die sind völlig überraschend in ihrem Zimmer", antwortete die Pesoke ironisch. Sie drehte sich zur Blondine um, die unschlüßig zwischen Ofen und Tisch stand.

„Frag sie doch, ob sie nicht rauskommen möchten, das Essen reicht auch für vier", brummte die Pesoke.

„Sie haben sich schon wieder so schlimm gestritten", entfuhr es der Blondine.

„Müßiggang ist aller Laster Anfang", knurrte die Pesoke und verließ die Küche. Die Blondine schaute ihr hinterher. Sie hörte die Suppenköchin leise fluchen, als sie an dem welligen Linoleum im Flur hängen blieb. Die Blondine schnupperte am Topf, dann setzte sie sich an den Küchentisch. Die warme Brühe würde ihrem Hals guttun. Ein wenig ängstlich schaute sie sich um, so als müßte hier irgendwo das Messer liegen, das der Ditzen vorhin in der Hand gehabt hatte.

„Sie kommen gleich", sagte die Pesoke, als sie wieder in die Küche an den Herd zockelte.

„Heute habe ich eine schöne Geschichte gehört, Kindchen."

Die Blondine sagte nichts, mochte es nicht, Kindchen genannt zu werden, nahm es der Pesoke aber nicht übel.

„Als die Russen bei Sarotti in der Fabrik waren, haben sie in der Verwaltung eine Million Mark gefunden. Lauter Scheine. Fünfziger, Hunderter und Tausender. Die Soldaten haben das ganze Geld aus dem Fenster geworfen. Unten auf der Straße standen die Leute und haben sich die Scheine interessiert angeschaut. Aber keiner hat was aufgehoben. Wenn die Russen das deutsche Geld aus dem Fenster schmeißen, wird es bald nichts mehr wert sein, haben die gedacht. Stell dir vor, eine Million auf der Straße und keiner hebt die Kröten auf. Die Direktion hat das Geld dann wieder einsammeln lassen. Es war aber doch nicht mehr ganz komplett." – „Wieso?", wollte die Blondine wissen.

„Sicher ist sicher, wird sich der ein oder andere Mitarbeiter gesagt haben", antwortete die Pesoke und gluckste.

„Wo haben Sie nur immer die ganzen Geschichten her?", fragte die Blondine anerkennend.

„Naja, in so einer Kette, da werden nicht nur Trümmer weitergereicht."

„Was für Geschichten?", fragte die Ditzen, die im Türrahmen stand.

„Die Russen haben bei Sarotti eine Million aus dem Fenster geworfen und niemand hat das Geld aufgehoben, weil sie dachten, es würde entwertet", fasste die Blondine zusammen. Sie war erleichtert, die junge Frau unverletzt zu sehen.

„Ob das immer so alles stimmt, was da erzählt wird", sagte Ditzen, der hinter seiner Frau erschienen war.

„Ich denke mir das nicht aus", knurrte die Pesoke.

„Also daß das Adlon abgebrannt sein soll, weil es betrunkene Russen aus Versehen angezündet haben, kann ich nicht glauben", sagte Ditzen.

„Das war wirklich tragisch. Da übersteht so ein schönes Hotel fünf Jahre Fliegerangriffe und zwei Monate Artilleriebombardement, und dann plündern Soldaten den Weinkeller und werfen eine Kippe weg", sagte die Pesoke ohne auf Ditzens Zweifel einzugehen.

„Und daß die erste Straßenbahn vom Zoo nach Halensee mit Fähnchen und Girlanden geschmückt gewesen sein soll, mag ich auch nicht glauben", sagte Ditzen und ließ sich ächzend am Küchentisch nieder.

„Das stimmt aber, das habe ich selbst gesehen", sprang die Blondine der Pesoke bei.

Nichts deutete bei den Ditzens auf den vorausgegangenen Streit hin. Beide wirkten nur etwas zerknittert, aber das war nicht ungewöhnlich. Er sah fürchterlich aus, grau, mit tiefen Augenringen, total ausgemergelt. Dem aparten Äußeren von Ulla Ditzen konnte dieses Siechtum da auf dem Zimmer aber anscheinend wenig anhaben.

Die Blondine musterte die Ditzen verstohlen, versuchte das Geheimnis ihres hübschen Äußeren zu ergründen. Vielleicht der dunkelblonde Pony mit der Stupsnase darunter. Oder die großen Augen, die vorhin in der Angst so weit aufgerissen waren. Die Blondine hoffte, das Bild rasch wieder aus dem Kopf zu bekommen. Große Sorge hatte sie da nicht. Es gab so viele schlimme Bilder dieser Tage. Oder doch die hohen Wangenknochen? Aber die hatte sie selbst. Es müssen ihre vollen Lippen sein, dachte die Blondine ohne Neid. Sich selbst fand sie eher knochig und ungelenk.

„Das ist sehr nett, daß sie an uns gedacht haben", sagte die Ditzen jetzt mit ihren vollen Lippen. Ihr Mann sagte nichts und blickte nur auf den Tisch.

Dann saßen die vier Bewohner der Meraner Straße 12, erster Stock rechts, gemeinsam am Tisch.

„Und was haben Sie beiden Hübschen heute so gemacht?", fragte die Pesoke scheinbar ganz harmlos. Der Blondine schoß das Blut ins Gesicht, die beiden würden denken, sie hätte sie verpetzt, aber niemand achtete auf sie.

„Was meinen Sie? Ich verstehe die Frage nicht", antwortete Ditzen ausweichend und etwas unwirsch, als er merkte, daß seine Frau nichts sagen würde.

„Was gibt es an der Frage nicht zu verstehen", entgegnete die Pesoke seelenruhig.

„Ich war auf dem Wohnungsamt und am Schlesischen Tor", sagte die Ditzen und erschrak über ihre eigenen Worte. Das mit dem Schlesischen Tor hätte sie besser nicht gesagt, jeder wußte, daß dort ein Schwarzmarkt war. Aber zum Essen hatte sie nichts beizusteuern. Doch die Pesoke ging gar nicht drauf ein.

„Und Sie, Herr Ditzen, was haben Sie gemacht?", fragte sie stattdessen.

„Ich bin hiergeblieben, ich gehe im Moment nicht gerne vor die Tür, da wird man nur krank."

„Ach", sagte die Pesoke sarkastisch und tauchte ihren Löffel in die Suppe. Auch die anderen am Tisch löffelten. In der Küche war jetzt nur das Schlürfen zu hören.

Ganz unrecht hat der Alte nicht, dachte sich die Blondine. Die Hälfte der Berliner Bevölkerung hat Ruhr und Durchfall. Die meisten Kühlhäuser in Berlin arbeiteten noch nicht wieder ordentlich. So kam das Fleisch nicht vorgekühlt auf die Lastwagen. Die Fliegen waren zudem emsige Überträger. Die Zeitungen hatten schon den „Krieg der Fliegen" ausgerufen. Zudem gab es jetzt immer mehr Menschen mit Typhus. Es war mit den ansteckenden Krankheiten so schlimm geworden, daß die Soldaten der Alliierten zum Schutz vor Ansteckung keine öffentlichen Lokale mehr betreten durften. Im Moment starben in Berlin monatlich mehr Leute als während des Krieges. Allerdings war die Ruhr schon wieder rückläufig. Der August war nicht sehr warm gewesen, hatte Abkühlung gebracht.

„Also bleiben wir alle in unseren Betten und Berlin in Schutt und Asche, oder wie?", fragte die Pesoke.

„Für den Wiederaufbau Berlins fühle ich mich nicht berufen", sagte Ditzen pikiert.

„Aber vielleicht fühlen sie sich ja für den Wiederaufbau der Wohnung hier berufen", konterte die Pesoke. „Wo ist überhaupt der Läufer hingekommen, der im Flur lag?"

„Also das ist immer noch meine Wohnung", schaltete sich Ulla Ditzen ein, die den Läufer für zwei Flaschen Cognac versetzt hatte.

„Aber sehr am Herzen scheint sie Ihnen nicht zu liegen", sagte die Pesoke.

In der Tat war die Wohnung in einem jämmerlichen Zustand. Nur drei der sechs Zimmer waren überhaupt bewohnbar. Die Seitenwand zum Nachbarhaus war eingestürzt, alle Fenster geborsten und notdürftig mit Pappe abgeklebt. Das

Linoleum im Flur und in der Küche stand an den Stoßkanten hoch, so daß man drübersteigen mußte.

„Wir haben im Moment andere Sorgen, wir haben ja noch nicht mal eine Zuzugsgenehmigung oder Lebensmittelkarten", sagte die Ditzen.

Die Pesoke ging nicht darauf ein und wandte sich wieder an ihn.

„Warum ziehen Sie nicht los und sammeln Nägel, die werden überall gebraucht."

Die Ditzen lachte schallend. Sie konnte wunderbar herzhaft lachen, staunte die Blondine. Ditzen blickte erst irritiert zu seiner Frau, dann zur Pesoke.

„Also ich muß doch sehr bitten, Frau Pesoke, ich bin Schriftsteller."

„Na dann schriftstellern sie eben", konterte die Pesoke.

„Ich habe ja keine Schreibmaschine, ich habe nicht mal Papier", ereiferte sich Ditzen und ließ dabei unerwähnt, daß er gerade auch keinen Antrieb und keine Idee hatte, was er denn zu Papier bringen sollte. Die Pesoke hatte jetzt ihren Suppenlöffel weggelegt und lehnte sich zurück.

„Ich bin Schneiderin, habe aber keine Nähmaschine. Bleibe ich deswegen den ganzen Tag im Bett? Nein, ich arbeite als Bauhilfsarbeiterin, für kümmerliche 72 Pfennige die Stunde."

„Sie sind Schneiderin?", fragte die Blondine und dachte an die fehlenden Kostüme im Theater.

„Warum eigentlich Nägel?", fragte Ditzen und musterte die nackten Wände.

„Nägel werden überall gebraucht. Auf dem Land sind sie Mangelware, die Bauern in Brandenburg geben einem gutes

Essen für Nägel, sie brauchen sie für ihre Scheunen", erklärte die Pesoke.

„Bei uns im Theater", schaltete sich die Blondine ein, „nehmen wir Nägel sogar als Eintritt."

„Nägel als Eintritt?", wunderte sich die Ditzen.

„Wir brauchen sie für unsere Bühnendekoration."

„Also ich werde garantiert keine Nägel sammeln gehen", sagte Ditzen und schaute ärgerlich in Richtung Blondine. Ulla Ditzen war still und dachte: Ich würde für Lebensmittel und Morphium lieber Nägel als meinen Schmuck hergeben. Ditzen saß jetzt wie ein Häufchen Elend am Tisch.

Die Blondine wollte keine schlechte Stimmung, sie saßen so selten mal alle beisammen.

„Schauen sie doch mal an einem der Zettelkästen, ob nicht jemand eine Schreibmaschine tauschen will", schlug sie vor.

„Ich habe ja eine Schreibmaschine, aber sie ist halt nicht hier", sagte Ditzen.

„Und jetzt warten Sie darauf, daß Ihnen jemand die Schreibmaschine vorbeibringt, oder wie?", zeigte sich die Pesoke unerbittlich. Die Ditzen sprang jetzt für ihren Mann in die Bresche:

„Es ist nicht fair, uns so anzugehen, wir haben es nicht leicht gehabt in letzter Zeit."

„Pah", machte die Pesoke. „Stellen Sie sich vor: Wir haben es alle nicht leicht gehabt in letzter Zeit. Also wirklich."

Daraufhin war es still am Tisch. Die Blondine hatte ihren Teller geleert und traute sich nicht nach Nachschlag zu fragen. Die Pesoke dachte an ihren toten Sohn und ihren verschollenen Mann. So antriebslos wie dieser Ditzen war ihr

Werner nie gewesen. Die Pesoke mußte daran denken, wie er damals auf ihrer Datsche am Nicolaisee die Grube ausgehoben und den schönen Maulbeerbaum gesetzt hatte. An nur einem Vormittag. Ihr guter Werner. Das war so ungerecht.

„Ich verstehe wirklich nicht, warum Sie sich so hängen lassen, Herr Ditzen. Mein Emil ist im Krieg geblieben und der Himmel weiß, ob mein Mann je zurückkommt. Ich wurde vier Mal ausgebombt, das ganze Hanseviertel ist kaputt. Aber es muß doch irgendwie weitergehen."

Die Pesoke war laut geworden, doch jetzt war sie still, und ihre letzten Worte klangen in der kahlen Küche nach. Sie wußte selbst nicht, wie es weitergehen sollte. Aber sich einfach den ganzen Tag ins Bett legen, nee, das konnte ja wohl nicht die Lösung sein.

Die Ditzen brach das Schweigen: „Sie sind sehr tapfer, daß Sie da jetzt jeden Tag in den Trümmern arbeiten." Sie schaute herüber. „Dazu muß man sich erstmal motivieren", schob die Ditzen noch nach. Die Pesoke ließ sich nicht einwickeln. „Schauen Sie, ich habe gebetet, ich würde den ganzen Tag Steine klopfen, wenn nur endlich dieser Krieg aufhören würde. Jetzt ist er vorbei, also müssen wir was tun."

Die Aufforderung hing über den Köpfen in der Küche. Niemand sagte etwas. Die Blondine wollte noch nicht zurück in ihr kaltes Zimmer und versuchte das Gespräch wieder in Gang zu bringen, freilich mit einem anderen Thema. „Haben sie schon gehört, die Alliierten haben das Rote Kreuz dicht gemacht."

„Was heißt *dicht gemacht*?", fragte die Ditzen.

„Na, verboten, vonwegen Entnazifizierung", half die Blondine.

„Den Sauerbruch haben sie auch schon wieder abgesetzt",
sagte die Pesoke und seufzte, allerdings weniger wegen Sauerbruch, als vielmehr weil sie wußte, daß ihre Schelte zuvor
damit wohl verpufft war.

„Das Rote Kreuz dicht gemacht", wiederholte die Ditzen
nachdenklich und sah dabei ängstlich ihren Mann an. Doch
der stierte vor sich hin wie eine Büste. Der Schriftsteller war
vermufft, der Vortrag dieser Person hatte ihn gekränkt. So
etwas hatte er nicht nötig. Sich für einen Teller Suppe solche Volksreden anhören zu müssen. Seiner Frau schwirrte
derweil etwas anderes im Kopf herum, aber diese Sorge behielt sie vorerst lieber für sich. Also wetterte sie in anderer
Richtung:

„Wie soll das alles was werden, wenn sie die fähigen Leute kaltstellen? Ich war heute auf dem Magistrat, Hauptamt
für Arbeitseinsatz. Da weiß kein Mensch mehr Bescheid, das
ganze Verwaltungspersonal haben sie entlassen. Wer da jetzt
noch rumsitzt, hat keine Ahnung oder ist über 100."

„Tja, die Russen haben angeordnet, alle Parteigenossen
aus der Stadtverwaltung zu entfernen", sagte die Pesoke,
während sie die Teller abräumte. Sie konnte sich über dieses
Thema nicht sonderlich aufregen, es gab im Moment Wich-
tigeres als die Verwaltung. Die Pesoke überlegte, ob sie sich
nochmal an den Tisch setzen sollte, aber als sie das mürri-
sche und verwitterte Gesicht Ditzens sah, hatte sie keine
Lust mehr auf eine Unterhaltung und nutzte die Gelegenheit, um sich zurückzuziehen. „Morgen ist auch wieder ein
harter Tag", empfahl sie sich mit vorwurfsvollem Unterton.
Jetzt hatte es die Blondine auf einmal auch eilig, die Küche

zu verlassen. „Ich muß noch für ein Vorsprechen üben", sagte sie leise und stand auf.

„Für was sprechen Sie denn vor?", fragte die Ditzen.

„Hokuspokus, von Curt Götz. Kennen Sie das?"

„Nein", sagte die Ditzen und fühlte sich irgendwie angegriffen. „Wird denn überhaupt schon wieder Theater gespielt?"

„Oh ja, es gibt schon wieder einige Theater, die spielen. Die Tribüne, das Renaissance, das Schloßpark ..."

„Und wo spielen Sie?", fragte die Ditzen.

„Ich gehöre zum Ensemble des Schloßparks. Kommen Sie doch mal vorbei. Sie müssen sich nur was Warmes anziehen, es ist nicht geheizt."

„Ja, mal schauen", sagte die Ditzen und versuchte nur halbherzig, Begeisterung vorzutäuschen. Die Blondine nickte unsicher. Sie ging ihren Text lernen, die Ditzens blieben schweigend in der kahlen Küche sitzen.

Schlüter Straße -------------------------------

Becher war mit besonderem Einsatz bei der Arbeit. Eifrig war er immer, aber heute wirkte er regelrecht aufgekratzt. Die Anweisungen wurden eine Spur fröhlicher erteilt, die Telefonate ein bißchen beschwingter geführt. Gerade eben hatte er den Befehl Nr. 039 der Sowjetischen Militäradministration auf dem Schreibtisch liegen: Konfiskation nazistischer und militaristischer Literatur. Becher überflog die aufgezählten Maßnahmen. „Na, das ist gründlich, was die Russen da vorhaben", sagte er leutselig und so laut, daß Willmann es im Nebenzimmer hören konnte. „Frau Widmann, bitte einmal abheften", zwitscherte er.

Hinter der Sekretärin Frau Widmann war auch Willmann in Bechers Büro getreten. Er wartete, bis die Sekretärin sich den Ukas genommen hatte. „Sag mal, Johannes, du bist ja heute außerordentlich gut gelaunt."

„Bin ich?"

„Aber ja, du klingst wie ein Singvogel."

„Jetzt hör aber auf, Heinz, ich mache nur meine Arbeit."

„Aber dich bringt selbst der längst bekannte Befehl zur Konfiszierung zum Jubeln."

„Na das vielleicht nicht, aber meine gute Laune hängt wohl mit meinem Besuch bei Herbert Ihering heute Morgen zusammen."

„Ihering?"

„Dem Theaterkritiker. Wir haben ihn neulich im Klubhaus in der Jägerstraße gesehen. Da hatte er mich eingeladen, seine Bibliothek zu Hause zu begutachten."

„Und die macht so viel gute Laune?"

„Stell' dir vor, er hat alle meine Werke bis 1933 in den Regalen stehen. Es kennt mich also doch wer."

„Das war doch klar", insistierte Willmann pflichtschuldigst. „Es war einfach schön, die Bücher bei einem so belesenen Mann im Regal stehen zu sehen", bekannte Becher.

Der Präsident des Kulturbunds hielt sich selbst für uneitel, aber ihn hatte es schon ein wenig bekümmert, daß ihn kaum jemand in Berlin wirklich kannte. Von seiner Rede zur Gründungsversammlung in der Masurenallee waren alle begeistert gewesen, aber er hatte schon auch die vielen fragenden und verblüfften Gesichter gesehen, wer das denn war, der Kellermann, dem großen Romancier, da so eloquent die Schau stahl. Aber das würde sich schon noch ändern, war sich Becher sicher.

Willmann gönnte seinem Weggefährten das Glücksgefühl. In den vergangenen zwölf Jahren hatte Becher von seinem Exil in Moskau aus unermüdlich versucht, die in der ganzen Welt verstreuten deutschen Exilliteraten irgendwie zusammenzuhalten. Eine spannende, aber undankbare Aufgabe. Meist blieben die Briefe unbeantwortet und niemand wußte, ob sie überhaupt angekommen waren oder die Adressaten noch lebten. Bechers grundsätzlich gute Laune dieser Tage hing auch damit zusammen, daß er diese Aufgabe nun ganz hochoffiziell in seiner Eigenschaft als Präsident des Kulturbunds nachgehen konnte und was zu bieten hatte. Wo er in den vergangenen Jahren nur Durchhalteparolen hatte ausgeben und kleine Aufträge für die Exilzeitschrift *Internationale Literatur* hatte vergeben können, war die Losung nun klar: Kommt heim nach Deutschland, euer Land braucht euch und eure Heimat wird wieder lebenswert.

Aber zu viel gute Laune ertrug Willmann einfach nicht. „Hast du schon gehört?, die Amerikaner haben den Sprenger festgenommen", sagte Willmann. Becher blickte von seinen Papieren auf.

„Den Sprenger festgenommen? Weswegen?"

„Das weiß niemand, er hat wohl erst unter Hausarrest gestanden, jetzt soll er am Wannsee verhört werden."

Becher schüttelte den Kopf. „Was soll denn das, den Unipräsidenten festnehmen?" Becher unterschrieb noch zwei

Papiere, dann hielt er inne und schaute auf Willmann, der im Türrahmen lehnte. „Ich versuche bei Oberst Tulpanov rauszubekommen, was da los ist."

Willmann nickte. „Was das Gerücht mit Bredel angeht ..."

„Ach ja", unterbrach Becher, „setze dich doch noch einen Augenblick, Paul."

Willmann setzte sich auf den Stuhl vor Bechers Schreibtisch und betrachtete die aufgehäuften Papiere.

„Also, das scheint zu stimmen, Matthes war heute Morgen hier und sagte, er hätte selbst eine solche Zeitschrift in den Händen gehalten."

Becher blickte Willmann fragend an.

„Hilf mir nochmal auf die Sprünge, wer ist Matthes?"

„Er ist von der Ortsgruppe in Feldberg, Mecklenburg", half Willmann.

„Feldberg", sinnierte Becher. „Also gut, ich werde unserem guten Willi Bredel einen Brief schreiben müssen, das geht so nicht. Wenn jeder Landesverband seine eigene Zeitschrift herausbringt, fällt der Kulturbund ideologisch auseinander. Das muß er doch wissen. Ist dieser Matthes noch in Berlin?

„Warum?"

„Ich würde ihn gerne einmal persönlich sprechen."

„Ich werde nachfragen, ob Matthes noch da ist. Als er sich von mir verabschiedete, wollte er irgendwelche Besorgungen machen. Ich denke, er wollte ein paar Tage in Berlin bleiben."

„In Ordnung, danke", sagte Becher. Willmann verharrte noch einen Augenblick, als wolle er etwas fragen, dann stand er auf.

Becher seufzte. Er würde den unangenehmen Brief an Willi Bredel lieber gleich schreiben. Willmann ging zurück in sein

Büro. Er war verblüfft. Glaubte Becher ihm nicht, wegen der Zeitschrift? Was konnte Becher von Matthes sonst wollen, einem grobschlächtigen Kommunisten aus der Provinz?

Morphium -----------------------------

Ditzen versuchte in der Zeitung zu lesen, die Ulla ihm mitgebracht hatte, aber das war schlichtweg unmöglich. Seine Frau wimmerte die ganze Zeit, ihre Hände zitterten. „Bitte Rudolf, ich brauche was, es geht nicht mehr."

Ditzen ließ die Zeitung sinken. „Wo soll ich denn jetzt was hernehmen, ich mache das Zeug nicht selbst."

„Dann besorge etwas, du mußt", sagte Ulla und war dabei recht laut.

„Sei doch still, du schreist ja das ganze Haus zusammen", flehte er.

Ditzen war verzweifelt. Er wußte nur zu gut, wie sehr seine Frau gerade litt. Er selbst hatte lange genug an dem Teufelszeug gehangen. Was heißt *hatte*? Er nahm es ja auch wieder, aber ganz so dem Morphium ausgeliefert wie seine Frau war er zum Glück nicht. Ditzen erinnerte sich an die schlimme Zeit, nach dem Ersten Weltkrieg, als er dem Morphium hoffnungslos verfallen war. Er war durch Berlin geirrt, immer auf der Suche nach einem Schuß. Hatte Rezepte gefälscht, Ärzte belogen, Apotheker angebettelt, absurde Schauspiele geliefert. Alles war dadurch vor die Hunde gegangen. Da hatte auch die Flucht aus Berlin nach Schlesien nicht geholfen. Um an Geld zu kommen, hatte er in seiner Stellung als landwirtschaftlicher Beamter Bilanzen gefälscht und wegen Unterschlagung ins Gefängnis gemußt. Sollte das alles wieder von vorne losgehen?, fragte sich Ditzen.

Dabei war längst schon wieder alles von vorne losgegangen. Seit Wochen schwankten sie zwischen Apathie und Selbstmordgedanken und verließen die verfallene Wohnung in der Meraner Straße nur noch, um Morphium, Alkohol, Zigaretten und Lebensmittel zu beschaffen. Und das alles auf dem Schwarzmarkt. Ullas Geld war aufgebraucht, die Gute versetzte jetzt schon ihren Schmuck, um an Ware zu kommen. Morphium hatte sie bislang recht elegant über ihre Freundin Vera beziehen können. Die war Krankenschwester beim Roten Kreuz. Das Verbot des Roten Kreuzes war zwar längst wieder aufgehoben, aber Vera hatte die Stellung gewechselt. Sie arbeitete jetzt in einem Hilfskrankenhaus im russischen Sektor. Da kam sie an alles ran, nur nicht an Morphium. Ulla hatte noch eine zweite Bezugsquelle, einen vornehmen Herrn aus Dahlem. Ein alter Bekannter ihres verstorbenen Mannes. Aber Dahlem war weit weg und Ditzen wußte nicht mal, wo er wohnte. Die Gänge hatte immer seine Frau besorgt.

„Du sitzt nur herum, ich hasse dich", zischte Ulla. Sie lag zusammengekrümmt am Boden, das hübsche Gesicht ganz blass und schweißnass. Was sollte er tun? Es war längst Sperrstunde. Er hatte keine Ahnung, wo er jetzt mitten in der Nacht Morphium herbekommen sollte.

„Versuche doch zu schlafen, mein Engel", probierte es Ditzen und beugte sich über seine Frau.

„Lass mich", schrie die und stieß ihm mit dem Ellenbogen in die Rippen. Ditzen blieb die Luft weg. Aber mehr als dieser Puffer schmerzte Ditzen, seine Frau so elend und hilflos zu sehen. Er würde sich jetzt auf die Straße stürzen, ins dunkle Berlin. Und sei es nur, um den Anblick seiner leidenden Frau nicht mehr ertragen zu müssen.

„Ich gehe los und hole etwas", sagte Ditzen bestimmt. Seine Frau rührte sich nicht, sie zitterte nur.

Es war weit nach Mitternacht, als Ditzen verbotenerweise auf die Straße trat. Es war überraschend mild draußen. Fast wärmer, als in dem feuchten Verließ, in dem sie hausten. Ditzen sog die frische Luft ein und versuchte sich zu erinnern, wo es hier im Bayerischen Viertel einen Arzt oder eine Apotheke gab. Er ging die Meraner Straße runter Richtung Grunewaldstraße. Er war noch nicht weit gekommen, da hielt er inne. Ihm kam jemand entgegen. Ein Schutzpolizist? Ditzen drückte sich in eine Toreinfahrt. Er hörte, wie sich schlurfende Schritte näherten. Ditzen hielt den Atem an. Das klang nicht nach einem Polizeimeister. Die Gestalt kam an ihm vorbei, taumelte mehr, als daß sie ging, beachtete ihn nicht. Irgendeine arme Seele, dachte sich Ditzen. Wahrscheinlich ein Flüchtling, der bis zum Morgen raus sein mußte aus Berlin. Er hatte in der Zeitung gelesen, daß Menschen ohne Bleibe und festen Wohnsitz nicht länger als einen Tag in Berlin bleiben durften. Dem war die Sperrstunde wahrscheinlich egal, der hatte andere Sorgen, dachte sich Ditzen und ging weiter. Auch er hatte keine allzu große Angst vor einem Schutzmann, aber gebrauchen konnte er ihn jetzt nicht. Der würde ihm wahrscheinlich kaum beim Beschaffen von Morphium helfen. Schlimmer aber wäre eine Patrouille der Alliierten, die schossen erst und fragten dann.

Ditzen hatte die Kreuzung zur Grunewaldstraße erreicht. Er schaute über den großen leeren Platz und versuchte sich zu erinnern, ob es hier in der Nähe eine Arztpraxis gab. Würde er dann einbrechen, fragte sich Ditzen verwundert. Aber er kannte sich hier einfach nicht mehr aus. Als junger Mann hatte er schon mal in Schöneberg gewohnt. Aber das war 30 Jahre und zwei Kriege her. Es sah alles so anders aus. Was er hier machte, war doch sinnlos. Er konnte nicht irgendwo nach Morphium fragen wie nach Zigaretten. Selbst mit einem Rezept wäre das schwer geworden, denn wenn die Apotheke kein Morphium hatte, nützte das ganze Rezept nichts. Ditzen kehrte um. Doch je näher er der Wohnung wieder kam, desto unschlüßiger wurde er. Ulla würde womöglich das ganze Haus zusammenschreien. Das würde nur Ärger geben. Die Pesoke hatte sie beide ohnehin auf dem Kieker. Auch wenn es Ullas Wohnung war, eine Zuzugsgenehmigung hatten sie nicht, sie hausten illegal in der Meraner Straße und die Pesoke wußte das. In seiner Verzweiflung bog Ditzen kurzentschlossen nach rechts in die Bozener Straße ein. Aber es war nur eine kleine Querstraße zur Meraner Straße, was sollte er hier finden? Er hatte den Gedanken noch nicht zu Ende gedacht, da stutzte er. Auf der linken Seite der Straße konnte er trotz der Dunkelheit ein Schild erkennen. Ditzen trat näher heran und presste die Augen zu schmalen Schlitzen zusammen. *Arzt für Haut- und Geschlechtskrankheiten*, las er. Das konnte die Rettung sein, falls Praxis und Wohnung im selben Haus waren. Ditzen klingelte kurzerhand. Er erschrak, als er die Klingel in der nächtlichen Stille schrillen hörte. Immerhin, sie funktionierte. Er trat zwei Schritte zurück und beobachtete, ob sich im Haus etwas tat. Es blieb alles ruhig und dunkel. Ditzen wollte in seiner Verzweiflung gerade nochmal klingeln, als sich im zweiten Stock ein Fenster öffnete. Ein Mann schaute nach unten, sagte nichts.

„Meine Frau, ein Notfall", wisperte Ditzen.

„Ich komme runter", kam es zurück.

Keine 30 Sekunden später zeigte sich ein Mann an der Haustür. Er war ein paar Jahre älter als Ditzen, dafür kleiner und rundlich.

„Wie kann ich helfen?", fragte der Mann, während Ditzen ins Treppenhaus trat.

„Meine Frau hat eine Blutvergiftung, sie braucht Morphium, haben Sie welches da?

„Morphium gegen Blutvergiftung?", fragte der Arzt argwöhnisch. Er musterte die lange hagere Gestalt mit dem schmalen Gesicht. Die Stimme kam ihm irgendwie bekannt vor. Dann fiel es ihm ein.

„Sie sind Hans Fallada, oder?"

Ditzen fühlte sich geschmeichelt. Trotz des trüben Lichts hatte der Mann ihn erkannt.

„Ja, der bin ich in der Tat. Haben sie nun Morphium?"

„Wir können ganz offen reden, Herr Fallada, ich bin selbst lange Jahre Schriftsteller gewesen. Was fehlt Ihrer Frau?"

„Nun, um ganz ehrlich zu sein, Morphium, Herr Doktor. Sie hat sich ein bißchen an das Zeug gewöhnt."

„Wo ist Ihre Frau?"

„In unserer Wohnung, keine fünf Minuten von hier."

„Warten Sie hier, ich hole meine Sachen."

„Haben Sie Morphium?", rief Ditzen dem Doktor hinterher.

Der Arzt drehte sich um, nickte und ging nach oben.

Ditzen war erleichtert. Und auch ein bißchen stolz. Er hatte im nächtlichen Berlin trotz Sperrstunde Morphium aufgetrieben. Ulla würde sehr zufrieden sein. Hoffentlich war sie tapfer geblieben und hatte niemanden geweckt. Mit einem mulmigen Gefühl dachte er an ihr kleines Zimmer, in dem sie seit Wochen hausten wie zwei bettlägerige Bettelstudenten.

Ditzen bedauerte jetzt, daß er keine Zigaretten eingesteckt hatte, so überstürzt war er aufgebrochen. Auf offener Straße hätte er sich während der Sperrstunde nicht getraut zu rauchen, aber hier im Hausflur würde ihm so eine Zigarette jetzt guttun. Wie lange war er jetzt unterwegs? Wie lange hatte er Ulla warten lassen?

Apropos, der Doktor ließ nun auch schon ziemlich lange auf sich warten. Er würde doch wiederkommen? Was, wenn er die Polizei verständigt hatte? Aber nein, der Mann hatte auf ihn einen seriösen Eindruck gemacht. Was hatte er gesagt, er sei selbst Schriftsteller gewesen? Stimmte das? Kannte er den Mann? Er hätte auf den Namen am Klingelschild achten sollen. Ditzen war eben im Begriff, vor die Tür zu treten, um sich den Namen auf dem Schild anzuschauen, als der Doktor die Treppe runterkam. Er trug einen Hut und eine kleine Ledertasche.

„Gehen wir", sagte er.

„Haben Sie eine Zigarette?", fragte Ditzen.

„Eine Zigarette? Nein", antwortete der Doktor verdattert. Die beiden Männer traten aus dem Haus. Ditzen schlug zügigen Schrittes den Weg Richtung Meraner Straße ein, den Doktor im Schlepptau.

„Schreiben Sie aktuell etwas, Herr Fallada?"

„Nein, noch nicht, ähm, ich bin noch am Sondieren."

„Ich schreibe auch nicht mehr, ich konzentriere mich jetzt auf meine Praxis. Die ganze Schriftstellerei hat auch nicht viel eingebracht. Ich habe das mal ausgerechnet. In 15 Jahren habe ich durchschnittlich nur 4,50 Mark am Tag für Schreibarbeit verbuchen können. Ich habe mich schon im Krieg für die Armee entschieden. War Oberstabsarzt. Die Armee ist für mich die aristokratische Form der Emigration, wenn Sie verstehen."

Während seiner Ausführungen war der Doktor immer langsamer geworden. Ditzen war ungeduldig.

„Kommen Sie, bitte, kommen Sie, meine Frau ..."

„Ja, natürlich. *Meine* Frau hat sich nach dem Krieg erschossen, auf offener Landstraße. Die Russen, Sie verstehen?"

„Das tut mir leid", brachte Ditzen mit flüchtiger Höflichkeit hervor. Herrjeh, wer war der Mann? Sie waren noch keinen Block weit gekommen, und er hatte ihm schon seine halbe Lebensgeschichte erzählt. Konnte er diese Type überhaupt auf Ulla loslassen, in ihrem Zustand? Wahrscheinlich war es besser, er würde dem Wasserfall an der Haustür einfach ein paar Spritzen abschwatzen und ihn stehenlassen, dachte Ditzen. Aber langfristig gesehen war das nicht sehr klug, denn danach würde er den guten Doktor wahrscheinlich nicht mehr anzapfen können. Welchen Eindruck er selbst auf den Arzt machen mußte, fragte sich Ditzen nicht.

Der Doktor ging immer noch einen halben Schritt hinter Ditzen.

„Ein Nazi soll ich gewesen sein. Dabei war ich nie in der Partei, auf keiner Versammlung. Sicher, im Parteiprogramm stand ein übler antisemitischer Paragraf, aber wer glaubt denn, was in Parteiprogrammen steht? Das habe ich nicht mal zu Ende gelesen. Wußten Sie, daß ich zunächst Theologie studiert habe? Das war in Marburg", sprudelte der Doktor weiter.

„Kommen Sie, kommen Sie."

Es war eine merkwürdige Szene, die sich da im nächtlichen Schöneberg abspielte. Da schlichen zwei verhinderte Schriftsteller durch die Straßen. Der eine konnte, der andere wollte nicht mehr schreiben. Der lange hagere Ditzen vorne weg, der munter konversierende Doktor hintendrein.

Sie waren an der Meraner Straße 12 angelangt. Der Doktor schaute am Haus hoch. „Hier wohnen Sie."

Es war weniger eine Frage als eine freudige Feststellung. Da wohnte der berühmte Fallada kaum fünf Minuten von ihm entfernt.

Dann war der Arzt aber doch mal sprachlos, als er das Zimmer der Ditzens betrat. Es war weniger die zusammengekrümmte junge Frau am Boden, die den Doktor erschrak, als vielmehr der Gesamteindruck des Zimmers. Es war bis auf ein Sofa, zwei Koffer und einen eingerissenen Karton leer. Als Bettstatt schienen ein paar Kleidungsstücke und aufgeplatzte Kissen zu dienen. Nicht mal eine Matratze lag am Boden. Eine Zimmerecke schien feucht zu sein, es roch modrig.

Der Arzt sammelte sich und ging tapfer auf die Frau zu.

„Wenn ich mich vorstellen darf, Benn, mein Name, Gottfried Benn."

„Ihr Name interessiert mich nicht, haben Sie was für mich?, fragte die Ditzen grob.

„Ja, ich werde Ihnen jetzt helfen, aber das ist keine Lösung auf Dauer, Sie müssen in eine Klinik", sagte der Doktor, während er die vielen Einstiche an den Unterarmen der Frau musterte. Benn griff in seine Arzttasche und wickelte aus einem Geschirrtuch eine Spritze aus, die er offenbar schon vorbereitet hatte.

Anders als seine Frau, konnte Ditzen mit dem Namen Benn durchaus was anfangen. Ditzen hatte zwar kaum etwas von dem Lyriker gelesen, aber hatte er nicht vor dem Krieg einen Brief der *Union Nationaler Schriftsteller* erhalten, der von Gottfried Benn unterschrieben war? Sein Verleger Rowohlt hatte ihm dann erklärt, Benn sei ein hochanständiger Mann, er solle ruhig freimütig auf die Frage nach seinen Auslandskontakten antworten. Wo waren seine Antworten gelandet? An wen hatte Benn sie weitergeleitet?

Ditzen betrachtete den Mann, der sich über seine Frau gebeugt hatte. Er war ihm dankbar für die Hilfe. Der Doktor schien es aber auf einmal eilig zu haben. Nachdem er Ulla die Spritze gesetzt hatte, drückte er Ditzen noch eine Ampulle in die Hand und empfahl sich.

„Meine Praxis macht in ein paar Stunden auf und es wird ein langer Tag."

Ditzen bedankte sich und brachte ihn noch zur Tür. Benn drehte sich im Treppenhaus noch einmal um: „Ich rühre keinen Finger mehr, um wieder mit den neuerlichen Machthabern der Kunst in Berührung zu kommen."

Dann lupfte er seinen Hut und verschwand in der Nacht. Als Ditzen wieder in das abgerissene Zimmer trat, hatten sich Ullas Gesichtszüge schon merklich entspannt. Sie hatte sich auf das Sofa geschmiegt und die Augen geschlossen. Sie schien süßen Träumen nachzuhängen.

Als Ditzen ihren seligen Gesichtsausdruck sah, hatte er plötzlich auch wieder Sehnsucht nach einer Spritze.

------------------------------*Verschollen*

Becher spulte ein beträchtliches Arbeitspensum ab. Schon früh am Morgen saß er am heimischen Schreibtisch, ordnete seine Gedichte und tippte mit glühendem Gesicht seinen Roman in die Tasten, der in ein paar Wochen in Druck gehen sollte. Ab neun Uhr saß er dann im Büro in der Schlüterstraße, erledigte die Korrespondenzen für den Kulturbund und versuchte Kontakte zu knüpfen zu den Kulturschaffenden in Berlin und der Welt. Heute wollte er noch an Heinrich Mann schreiben und ihn zur Rückkehr nach Deutschland bewegen. In den knapp drei Monaten, die seit der Gründung des Kulturbunds vergangen waren, hatten Becher und seine Kollegen schon einiges auf die Beine gestellt. Mit der *Täglichen Rundschau* hatte der Kulturbund eine Zeitung, mit dem *Sonntag* eine Wochenzeitung und mit *Aufbau* eine Monatszeitschrift auf den Weg gebracht. Zudem war der angegliederte *Aufbau-Verlag* entstanden, in dem Willmann mit Kurt Wilhelm, Klaus Gysi und Otto Schiele als Treuhänder fungierte. Ein Verlag und drei weitere Druckereiprodukte, das war in Zeiten von Papierknappheit eine ganze Menge und nur möglich, weil die Russen die Zuteilung des notwendigen Druckpapiers sicherstellten.

Becher war eben dabei, nochmal einen Brief an Otto Nagel, den Leiter des Kulturbunds in Brandenburg, zu überfliegen, als Frau Widmann sein Zimmer betrat.

„Ein Herr Matthes wartet draußen für Sie."

„Matthes? Wer soll das sein?"

„Von der Ortsgruppe in Feldberg, Sie hatten vor ein paar Tagen nach ihm verlangt."

„Ach richtig, bitten Sie ihn doch herein."

Ins Zimmer kam ein großer breitschultriger Mann mit Rauschebart. Ihm war sichtlich anzumerken, daß er nicht wußte, warum er in der Schlüterstraße vorzusprechen hatte.

„Hallo Herr Matthes, Becher mein Name, bitte setzen Sie sich doch."

„Danke, Herr Becher."

Matthes nahm Platz und dann seine Mütze vom Kopf, die er unschlüßig in den Händen behielt.

„Wie läuft es denn so in Feldberg, alles in Ordnung bei euch?", begann Becher leutselig.

„Ja, danke. Na, wir haben auch unsere Probleme, aber deswegen haben Sie mich sicherlich nicht kommen lassen", sagte Matthes schroffer, als er eigentlich wollte. Er war nicht ungeduldig, eher verunsichert. Becher ließ sich nicht beirren.

„Ich wollte Sie fragen, ob Sie mir etwas über Hans Fallada sagen können. Kennen Sie ihn?"

„Ich kenne ihn. Aber ich habe keine Ahnung, wo er steckt."

„Nanu, ist er nicht mehr in Carwitz?"

„Nein, er war zuletzt Bürgermeister in Feldberg, aber er ist abgehauen."

„Was soll das heißen, abgehauen? Und wohin?"

„Ich kann es Ihnen nicht sagen, Genosse Becher."

Matthes zögerte einen Augenblick, dann schob er nach: „Er war wohl zuletzt gesundheitlich etwas angeschlagen."

Becher merkte wohl, daß Matthes mehr wußte, als er sagte. Ihn überraschte, daß Fallada das Amt eines Bürgermeisters übernommen hatte. Auch Günther Weisenborn war nach dem Krieg ein paar Wochen Bürgermeister gewesen, im brandenburgischen Luckau. Das schien eine Marotte der Russen zu sein, Schriftsteller zu Bürgermeistern zu machen. Nun wußte Becher aber auch, daß Günther ein gewisses organisatorisches Geschick hatte und zupacken konnte. Becher kannte nur die Bücher von Fallada, von organisatorischen Talenten Falladas hatte er nichts gehört, aber das mußte ja nichts heißen. Er wollte jetzt nur aus diesem Stockfisch rausbringen, was da los gewesen war.

„Lieber Herr Matthes", setzte er wieder an, „ich bin sehr daran interessiert zu erfahren, wo Herr Fallada steckt. Er ist ein großer Schriftsteller und wir brauchen ihn jetzt. Es wäre sehr hilfreich, wenn Sie mir sagen könnten, was mit Fallada passiert ist."

Matthes fühlte sich nicht ganz wohl in seiner Haut. Er hatte Becher verschwiegen, daß es die KPD-Ortsgruppe selbst gewesen war, die Fallada bei der Besetzung des Bürgermeisteramts mit einer gewissen Boshaftigkeit ins Gespräch gebracht hatte. Die einfachen Menschen in Feldberg hatten nicht viel übrig gehabt für den großen Schriftsteller. Zum Bücher lesen hatten sie keine Zeit. Dieser Fallada hingegen schien nie etwas Richtiges zu arbeiten, trieb sich tagsüber mit den Kindern auf dem See rum und bekam Besuch von Leuten, die genauso arbeitsscheu waren wie er.

Da Matthes aber selbst eine gewisse Neugier über den Verbleib Falladas verspürte und er sich persönlich nichts hatte zu Schulden kommen lassen, wollte er Becher nichts verschweigen.

„Das Ganze ist etwas aus dem Ruder gelaufen", begann Matthes und kratzte sich am Kopf. „Eigentlich wäre das keine große Sache gewesen mit dem Amt des Bürgermeisters. Ein paar repräsentative und administrative Aufgaben. Aber der russische Offizier, der in Feldberg das Sagen hat, ein junger schneidiger Major, hat sich wohl irgendwie in die fesche Frau vom Fallada verguckt. Also hat er Fallada ständig Anweisungen gegeben und ihn rumgeschickt, damit er ihn los war. Das war dann wohl irgendwann zu viel für ihn."

Becher kam nicht ganz hinterher. Was wollte ein junger schneidiger Major mit der Frau von Fallada? Becher hatte im Exil Bilder von ihr in einer Zeitschrift gesehen. Das konnte er sich so gar nicht vorstellen, diese etwas burschikose Frau.

„Ich verstehe nicht ganz, in Falladas Frau verguckt? Sie ist doch in seinem Alter."

„Ach so, nein. Fallada ist geschieden und jetzt mit einer deutlich jüngeren Frau verheiratet, mit der Losch."

„Der Losch? Muß ich die kennen?"

„Vom Seifen-Losch."

„Ach", sagte Becher, ohne recht etwas mit der Information anfangen zu können. Vom Seifen-Losch hatte er zwar schon gehört, aber er kannte weder einen Losch, noch dessen Ex-Frau.

Becher versuchte sich einen Augenblick zu sortieren. Fallada hatte eine deutlich jüngere Frau geheiratet und war mit ihr vor der Aufdringlichkeit eines russischen Offiziers geflohen. Aber was wußte dieser Matthes sonst noch darüber?

„Fallada wurde also drangsaliert und das war zu viel für ihn. Haben Sie irgendeine Ahnung, wo er hin sein könnte?"

„Er hatte wohl einen Zusammenbruch. Seine Frau soll versucht haben, sich umzubringen. Sie waren dann beide im Carolinenstift in Neustrelitz. Von da sollten sie eigentlich zurückkommen. Sind sie aber nicht."

Becher zündete sich eine Zigarette an und bot auch Matthes eine an. Der Hüne griff dankbar zu, dafür ließ er sogar einen Augenblick seine Mütze los.

Becher lehnte sich in seinen Stuhl zurück und blies den Rauch aus.

„Und was sagt die Gerüchteküche in Feldberg?"

Matthes nahm einen tiefen Zug und tat, als würde er nachdenken.

„Die einen vermuten, sie sind tot, andere sagen, sie wollten nach Berlin. Aber eine behördliche Zuzugsgenehmigung haben sie wohl keine beantragt, was man so hört."

„Nach Berlin? Das hätten wir hier doch mitbekommen. Ich habe hier auch schon einige Leute nach ihm gefragt, die ihn von früher kennen. Bei denen hätte er sich doch gemeldet."

Matthes zuckte seine breiten Schultern. Becher dachte einen Augenblick nach.

„Wissen Sie, wann Fallada ins Krankenhaus kam?"

„Das muß Mitte August gewesen sein."

„Vor sechs Wochen", dachte Becher laut. Er überlegte noch einen Augenblick, ob er weitere Fragen an Matthes hatte, dann bedankte er sich und verabschiedete seinen Besuch. Der Große ging Richtung Tür, blieb dann aber auf halbem Wege stehen und zögerte.

„Ja, Genosse Matthes?", ermunterte Becher ihn.

„Diese Frau", begann Matthes während er sich halb herumdrehte. Er knetete unentschlossen seine Mütze in den großen Händen. „Sie kann manchmal etwas anstrengend sein für einen Mann, wenn Sie verstehen."

Becher verstand nicht wirklich und überlegte, ob ihn diese Information weiterbrachte bei der Suche nach Fallada.

„Ich danke Ihnen, Genosse Matthes", sagte er dann nur. Matthes nickte und verließ nun rasch den Raum.

Als er gegangen war, grübelte Becher noch eine Weile. Es war sehr unersprießlich. Schlimm genug, daß die Manns, Zweigs, Seghers, Feuchtwangers und Hesses in alle Welt verschwunden und nicht erreichbar waren. Jetzt waren auch noch die Schriftsteller vor der eigenen Haustür verschollen. Fallada zusammengebrochen, seine neue Frau mit Suizidgedanken. Ob er über das Krankenhaus in Neustrelitz etwas erfahren konnte?

Das würde langwierig werden, die hatten dort jetzt sicherlich anderes zu tun. Becher beschloß stattdessen, über die russische Militärkommandantur herauszufinden, ob Fallada irgendwo in Berlin gemeldet war.

Ditzen betrachtete seine Frau mit missmutigem Blick. „Wie du dich wieder gemalt und lackiert hast. Du bist herausgeputzt, als würdest du auf einen Ball gehen."

„Nicht auf einen Ball, aber auf den Schwarzmarkt, das ist so etwas Ähnliches", erwiderte Ulla gut gelaunt.

„Na, dann grüße mir die Festgesellschaft", knurrte Ditzen. Ulla drückte ihrem Mann einen Kuß auf die Wange. Sie musterte ihn und mußte schmunzeln. Mit dem Lippenstift auf seiner ausgemergelten Wange sah er ulkig aus.

„Bis später", sagte sie und machte sich auf den Weg. Ditzen sagte nichts. Ulla ärgerte sich, als sie nach unten auf die Straße ging. Er hätte mir wenigstens viel Glück oder sowas wünschen können, dachte sie. Er würde das nie verstehen. Der Schwarzmarkt war wirklich ein gesellschaftliches Ereignis. Eine Mischung aus Theaterbühne und Jahrmarkt. Die Attraktionen waren keine Tingelbuden, sondern die Ware. Und Ware war praktisch alles, auch man selbst. Das offene Tragen von Schmuck war wie eine Warenpräsentation. Und die Präsentation und das Anbieten der Ware waren eine hohe Kunst. Ulla Ditzen beherrschte diese Kunst, schließlich hatte sie Verkäuferin gelernt. Mit ihrer freundlichen, lebenslustigen Art und ihrem hübschen Gesicht hatte sie nicht nur die Kunden bei Seifen-Losch becirct, sondern auch den großen Chef selbst. Unter den vielen Verkäuferinnen in seinen 50 Filialen in Berlin hatte er schließlich sie ausgewählt und zur Frau genommen. Aber der Schwarzmarkt war ein diffizileres Geschäft als eine Drogerie oder ein reicher Mann. Ein zu selbstsicheres Auftreten machte den Käufer argwöhnisch, es verriet Schieberkompetenz. Eine zu große Unsicherheit ließ hingegen den gewieften Schwarzhändler frohlocken: da stand ein dankbares Opfer. Also mußte der Verkäufer je nach Situation eine gewisse Unsicherheit vorspielen. Herausgeputzt sein war wichtig. Wer einen wohlhabenden Eindruck machte, signalisierte: Ich habe es nicht nötig etwas zu kaufen oder verkaufen. Ich wickle mein Geschäft, wenn es sein muß, zu einer anderen Stunde, an einem anderen Ort ab.

Die Ditzen nahm die Straßenbahn Richtung Tiergarten. Erst mal schauen, was am Brandenburger Tor los war. Es gab etwa 70 Tauschmärkte in Berlin, einige davon auch legal. Die Schwarze Börse am Brandenburger Tor gehörte nicht dazu. Der Schwarzmarkt dort war beliebt, weil der angrenzende Tiergarten genügend Fluchtmöglichkeiten bot. Am Brandenburger Tor war fast immer etwas los. Das wußte natürlich auch die Polizei. Zwei Mal am Tag gab es dort Razzien im richtig großen Stil. Mit ganzen Kolonnen von großen Pritschenwagen fuhr die Schmiere vor und kesselte den Jahrmarkt der Schieber ein. Einmal hatten sie 1500 Leute auf einmal mitgenommen. Dann ging es im Konvoi in die Dircksenstraße. Dort war genügend Raum für die schwarze Gesellschaft, der Platz war freigebombt.

Ulla Ditzen war selbst einmal auf einen solchen Pritschenwagen geraten. Auf der offenen Ladefläche saß die Festgesellschaft dicht mit anderen zusammengepfercht und kaute, was das Zeug hielt. Jeder schlang noch schnell die essbaren Beweismittel hinunter. Die Ware bekamen sie in der Dircksenstraße sowieso abgenommen. Viel mehr passierte den meisten nicht. Auch Ulla hatte sich gegenüber dem Wachtmeister einfach dumm gestellt und etwas von Spazierengehen gefaselt.

Der Nachweis für Vergehen gegen die Verbrauchsregelungsverordnung war schwierig. Die Polizei selbst sprach von einem Kampf gegen Windmühlen und war ohnehin nur für die deutsche Klientel zuständig. Wenn die Uniformierten auftauchten, ließ das die Soldaten der Alliierten völlig kalt. Meistens jedenfalls. Einmal hatte die Ditzen gesehen, wie britische Soldaten deutsche Polizisten verprügelt hatten. Hin und wieder tauchte auch Militärpolizei auf. Die wiederum kümmerte sich nicht um die deutsche Bevölkerung, die untereinander tauschte. Sie hielten nach eigenen Soldaten Ausschau, die sich derweil schnell verdrückten. Wenn die Jeeps wieder abfuhren, ging der Handel fröhlich weiter.

Als Ulla Ditzen das Brandenburger Tor erreichte, war sie enttäuscht. Der große Platz war wie leergefegt. Offenbar hatte es gerade eine Razzia gegeben. Die Ditzen überlegte. Ein weiterer beliebter Schwarzmarkt war in der Müllerstraße im Wedding. Das war im französischen Sektor und die Franzosen scherten sich kaum um den Schwarzmarkt. Allerdings ließen sich im Wedding keine amerikanischen und britischen Soldaten blicken und die brauchte die Ditzen, wenn sie ihren Schmuck loswerden wollte. Die Amerikaner und Engländer kauften nur Uhren und Schmuck. Die Russen kauften auch Ferngläser, Fotoapparate, Rasiermesser oder Kleidung, Stiefel und seidene Unterwäsche für ihre Frauen. Aber die Ditzen machte nicht gerne Geschäfte mit den Russen. Sie boten als Tauschobjekt oft nur minderwertige Lebensmittel oder Brühwurst, die sich nicht lange hielt. Die Ditzen mochte den Gedanken nicht, ihren kostbaren Schmuck direkt gegen Wurst, Speck, Zucker oder Brot einzutauschen, dabei machte man garantiert ein Minusgeschäft. Das Einzige, was die Ditzen von Russen nahm, war Alkohol. Denn den wiederum kaufte man besser nicht bei Deutschen. Da wurde zu viel Schindluder getrieben. Da wurde oft giftiger Methylalkohol angeboten oder angeblicher Trinkbranntwein mit Chemikalien versetzt. Auch Maschinenöl als Speiseöl anzubieten, war beliebt.

Die Amerikaner durften offiziell keine Dollar zum Handeln einsetzen. Viele hielten sich daran und boten stattdessen Zigaretten zum Tausch an. Nicht, weil sie so gesetzestreu waren, sondern weil sie dabei ein gutes Geschäft machten. Für ein Päckchen Camel, Lucky Strike oder Chesterfield zahlten die Amerikaner selbst zehn Cents und bekamen dafür auf dem deutschen Schwarzmarkt 130 Mark. Die wechselten sie dann bei ihrer Zahlstelle im Verhältnis 10:1 in Dollar um. Ein wirklich lohnendes Geschäft. Eine amerikanische Zigarette war sieben, acht Mark wert. Manchmal fuhren die Amerikaner mit Jeeps im Schritttempo am Schwarzmarkt entlang. In die Innenfläche der Hand hatten sie mit Lippenstift eine „7" oder eine „8" gemalt. Die Zigaretten waren immer gleich groß und schwer und damit eine internationale Währungseinheit. Wie bares Geld. Das versuchte Ulla auch immer ihrem Mann einzuschärfen, der rauchte wie ein Schlot.

Die junge Frau war am Potsdamer Platz angekommen. Der Schwarzmarkt zog sich bis hinüber zum ausgebrannten Reichstag. Es war der größte Basar Europas. Hier war noch mehr los als sonst, viele waren wohl wegen der Razzia vom Brandenburger Tor rübergekommen. Der Potsdamer Platz war vor dem Krieg einer der verkehrsreichsten Plätze Europas. Jetzt war er ein Symbol für das ausgebrannte Zentrum Berlins. Während in den Außenbezirken wieder Leben war und teilweise schon S-Bahnen fuhren, war daran am Potsdamer Platz noch nicht zu denken. Als Schwarzmarkt taugte er aber bereits wieder ganz gut. Denn hier trafen drei Sektorengrenzen aufeinander: der amerikanische, der britische und der russische Sektor. Inmitten ausgeglühter Stahlskelette und eingestürzter Betondecken wurde alles verkauft, was es gab oder nicht gab. Luxuriöses Parfüm aus Frankreich, Eipulver und Kaugummi aus Amerika, schottischer Whiskey, Mittel gegen Geschlechtskrankheiten, Penicillin, Morphium, Konserven aus der Vorkriegszeit, altmodische Kleider und neuwertiger Schreibkram. Hier wechselten täglich große Bündel Geldscheine, Schmuckstücke und Zigaretten den Besitzer. Die Schieberei war nicht nur Volkssport, sondern ein lohnendes Geschäft. Mit einem einzigen geglückten Tauschgeschäft ließ sich mehr Profit machen, als mit einer Woche harter Arbeit. Die Ditzen hielt in dem Getümmel Ausschau nach einem britischen Offizier, mit dem sie schon zweimal ein Geschäft abgewickelt hatte. Er sprach recht gut Deutsch, zumindest deutlich besser Deutsch, als Ulla Englisch, was wiederum nicht schwer war. Für einen Soldaten unüblich, stieg er auch aus seinem Auto aus, wenn er Geschäfte machte. Die meisten Soldaten blieben nämlich im Fahrzeug sitzen. Einerseits, um bei Gefahr im Anmarsch schneller abhauen zu können, andererseits, um eine Position der Stärke zu demonstrieren. Besonders dreist war einmal ein russischer Offizier in der Keithstraße gewesen. Er hatte in seinem offenen Fahrzeug einen großen Behälter mit Butter stehen und prüfte die angebotenen Uhren eingehend, bevor er pfundweise Fett für Gold gab. Immerhin, beschissen wurde man von den Soldaten nicht, was abgemacht war, wurde eingehalten, das war der Ditzen als körperlich unterlegener Frau wichtig.

Ein Schieber mit einer großen Narbe auf der Wange pries jetzt laut ein Wörterbuch an. „Die 100 meistgebrauchten Wörter der Liebe. Liebeserklärungen in Deutsch, Französisch, Englisch und Russisch. Der unfehlbare Schlüssel zu den Herzen der Alliierten", schrie er lauthals und grinste die hübsche Ulla bei den letzten Worten unverschämt an. Sie wollte gerade ein Gähnen andeuten, als sie von links einen kurzen Pfiff hörte. Sie drehte sich zur Seite. Ihr Vorhaben, den englischen Offizier zu finden, war fehlgeschlagen. Er hatte sie gefunden. Sie versuchte sich ihre Erleichterung nicht anmerken zu lassen.

„Hi darling, sind Sie Ihren Schmuck immer noch nicht los?"

„Das darf ich Ihnen doch nicht verraten, das verdirbt die Preise", erwiderte Ulla kokett.

Der Engländer lächelte. „Was haben Sie denn für mich?"

Ulla Ditzen hielt ihre linke Hand vor die Brust und spreizte die Finger, um die zwei Ringe zu zeigen, gleichzeitig tippte sie auf die goldene Brosche, die sie trug.

Ein paar Meter weiter war jetzt Aufruhr. Offenbar gab es Uneinigkeit über einen Anzug, an dem zwei Frauen zerrten. Der Engländer hatte sich Ullas Schmuck kaum angesehen.

„Gehen wir ein Stück? Ich kaufe Ihnen die Brosche ab. Für die Ringe habe ich keine Verwendung, fürchte ich. Die Hände, die ich in Erinnerung habe, sind deutlich weniger zart als ihre."

„Gerne, aber die Brosche ist nicht billig zu haben, das muß ich Ihnen gleich sagen. Da habe ich besondere Erinnerungen dran."

„Es wäre schlimm, wenn Sie keine Erinnerungen an Ihren Schmuck hätten."

Die Ditzen lächelte vielsagend. Während sie Richtung Reichstag schlenderten, musterte sie ihn von der Seite.

„Woher können Sie so gut Deutsch?"

„Ich habe zwei Jahre in Aachen studiert."

„Und wie lange bleiben Sie noch in Berlin?"

„Ich fürchte, ich werde noch eine ganze Weile hier sein."

„Sie mögen Berlin nicht, das kann ich verstehen, im Moment mag niemand Berlin."

Der Engländer schaute von der Seite in das junge, rosige Gesicht der Ditzen.

„Verstehen Sie mich bitte nicht falsch, ich mag ihr Land sehr. Aber ich war zuvor schon in Afrika, Italien und Frankreich und wenn ich irgendwann zurück nach England komme, werde ich mich dort als Fremder fühlen."

Die Ditzen schwieg einen Augenblick. Statt Heimweh hatte der Offizier offenbar Angst, nach Hause zurückzukehren. Sie wollte lieber nicht fragen, für wen dann der Schmuck sein sollte, wenn er nicht nach Hause wollte. Nachher ging ihm selbst auf, daß er gar keine Verwendung für den Schmuck haben würde.

„Warum schickt Ihr Mann Sie los, um Schmuck zu verkaufen?"

„Mein Mann hat viele Talente, aber meinen Schmuck zu verkaufen, gehört nicht dazu."

Der Offizier wirkte enttäuscht. Er hatte sich wahrscheinlich eine andere Antwort erhofft. Da gab es also einen Mann an der Seite dieser hübschen Blondine.

„Also, was wollen Sie für die Brosche haben?", fragte er geschäftsmäßig und blieb stehen.

„Sie ist sicherlich ihre 5000 Mark wert."

Der Engländer zog die Augenbrauen hoch. „So viel wollte ich eigentlich nicht ausgeben." Er hatte sich spendabel zeigen wollen, aber so viel Geld hatte er gar nicht dabei.

„Ich gebe mich auch mit 4000 zufrieden, aber weniger geht wirklich nicht. Ein paar Strümpfe kosten mittlerweile schon 200 Mark."

Der Offizier griff in die Hosentasche und zählte sein Geldbündel durch. „Ich gebe ihnen 3200, wenn ich noch einen Kuß on top kriege."

„On top?"

„Verzeihen Sie. 3200, wenn ich noch einen Kuß als Zugabe erhalte."

Die Ditzen hob das Kinn und schaute den Engländer mit gespielter Strenge an. „So, so, eine Zugabe wollen Sie."

Der Engländer legte den Kopf schief und schaute sie stumm an.

„Na, dann wollen wir mal nicht so sein", gab sich die junge Frau gnädig. Der Engländer drückte ihr das Geld in die Hand und hielt sie fest, während er sich zu ihr hinunterbeugte. Er küßte sie zärtlich auf den Mund. Sie erwiderte den Kuß, ziemlich lange sogar für eine Zugabe.

Als sich die beiden trennten, hätte der Engländer die Brosche fast vergessen.

Die Ditzen war ganz zufrieden mit ihrem Tausch. Sie schob das Geldbündel vorne in ihren Schlüpfer und achtete darauf, daß sie dabei niemand beobachtete. Die beiden Ringe würde sie in Dahlem bei Schurian losschlagen und direkt in Morphium umsetzen. Mit dem Geld vom Engländer war sie erstmal ein paar Tage flüssig und konnte Alkohol und Lebensmittel kaufen. Den Alkohol würde sie in der Torstraße oder in der Brunnenstraße organisieren. Für Lebensmittel war die Brunnenstraße die beste Adresse. Dort war ein legaler Tauschmarkt, wo vor allem Mütterchen saßen, die die Habseligkeiten ihrer verstorbenen Männer verhökerten, um über die Runden zu kommen. Aber auch viele, die bei den Bauern in Wartenberg oder Ahrensfelde Lebensmittel ergattert hatten, kamen in die Brunnenstraße, um Obst, Gemüse, Brot und Kartoffeln mit Profit zu verkaufen. In Berlin war kaum Obst und Gemüse zu bekommen. Das bißchen, das in den Schrebergärten wuchs, wurde von der hungrigen Bevölkerung meist noch grün herausgerissen und verschlungen. Daher waren die Vorortzüge, die schon wieder fuhren, hoffnungslos überfüllt. Hamsterzüge nannten sich die Vorortbahnen. Die Leute fuhren auf den Puffern oder Wagendächern mit oder hingen an den Türen und Trittbrettern. In den Rucksäcken hatten sie alles, was sie hofften, bei den Bauern gegen Speck, Wurst, Eier oder Kartoffeln loswerden zu können. Andere suchten auch auf den abgeernteten Feldern nach Nahrung, sie gingen stoppeln.

Die Ditzen blieb lieber in Berlin. Sie wollte schauen, ob sie in der Brunnenstraße ein paar bezahlbare Tomaten für ihren

Mann bekam. Er schwärmte immer so von seinem Gemüse-
garten in Carwitz und jammerte, daß es hier keine Tomaten
und Gurken gebe.

In der Brunnenstraße angekommen, sah die Ditzen bald
einen alten Mann, der tatsächlich ein paar Tomaten anbot.

„Was wollen Sie für die Tomaten haben?", fragte die Ditzen und setzte dabei einen Blick auf, als ob es eine Auszeich-
nung wäre, ihr die Tomaten zu schenken.

„150 Mark, weil Sie es sind, Teuerste", sagte der Mann und
grinste hämisch.

Die Ditzen lachte auf. „Haben Sie Diamanten drin versteckt?"

„Die sind aus Werder und ihr Geld wert", erwiderte der
Mann knapp.

„Ach, Sie haben die einfliegen lassen, deshalb der absurde
Preis", sagte die Ditzen. „Wieso überhaupt Werder, ich dachte, da gibt es nur Erdbeeren und Kirschen?"

Der Mann schien gegen Ditzens Charme immun und beachtete sie nicht weiter, sondern wühlte in seinen Kartoffeln
rum. Die Ditzen ging weiter. Die Tomaten hatten wirklich
gut ausgesehen, dachte sie, waren aber bestenfalls 80 Mark
wert. Was hatte die Pesoke gesagt? 72 Pfennig die Stunde?
Dann mußte sie ... naja jedenfalls sehr lange für die Tomaten
arbeiten. 150 Mark, dafür würde sie ja schon spielend zwei
kleine Ampullen Morphium bekommen. Es war wirklich gro-
tesk, Morphium war billiger als Brot.

Mehr Glück als mit den Tomaten hatte sie mit Kartoffeln.
Sie erstand fünf Kilo zu einem guten Preis von einer älteren
Frau, die einen Bruder in Bernau hatte und von ihm regelmä-

ßig versorgt wurde, wie sie verriet. Kartoffeln waren generell nicht so überteuert wie andere Produkte, da man sie auch auf Lebensmittelkarte bekam. Wenn man denn eine hatte. Nachdem die Ditzen auch noch Brot gekauft hatte, das allerdings etwas tietschig war, schlenderte sie gut gelaunt zurück und wollte jetzt doch nochmal bei den Tomaten aus Werder vorbeischauen, aber die waren doch tatsächlich verkauft. Naja, dann mußte sie sich halt wieder das Gejammer von ihrem Ollen anhören.

------------------------------Das Treffen

Bei Ditzens in der Meraner Straße war mal wieder dicke Luft. Schlechte Luft war sowieso immer. Ditzen saß auf mehreren Kleidungsstücken am Boden und starrte missmutig in die Zeitung. Er war sauer auf Ulla. Sie war schon wieder bei diesem Schurian in Dahlem gewesen. Schurian war Direktor der Bauernbank und ein alter Freund von Ullas erstem Mann. Sie hatten recht bald nach ihrer Ankunft in Berlin bei Schurian vorgesprochen und waren ziemlich abgekanzelt worden. Nicht mal eine Zigarette hatte der Herr Bankdirektor ihnen angeboten und sie schnell wieder hinauskomplimentiert. Ditzen hatte das persönlich genommen. Schurian war halt ein alter Freund seines Vorgängers. Er hatte Ulla verbieten wollen, nochmal zu Schurian zu gehen, aber sie hatte sich nicht daran gehalten. Ulla selbst war auch etwas enttäuscht. Besonders großzügig war Schurian nicht bei den Tauschgeschäften, die sie miteinander machten. Dabei hatte er sie angeblich immer gemocht.

Sie sah die große unversehrte Villa in Dahlem und ließ sich davon blenden. Aber seit die Alliierten die Banken aufgefordert hatten, die Schlüssel für Schließfächer und Tresore rauszurücken, sah es bei Schurian selbst auch alles andere als rosig aus. Ulla war aber auch sauer auf Rudolf. Der hatte gut reden. Sie selbst hätte sich liebend gern die Besuche in Dahlem erspart, aber Schurian kam nun mal an Morphium ran, wahrscheinlich über irgendeinen Chefarzt. Und sie bezog das Morphium lieber über Schurian als auf dem Schwarzmarkt, wo auch viel Schindluder mit gestrecktem oder verunreinigtem Zeug getrieben wurde.

„Jetzt leg doch mal die Zeitung weg.“

„Ich muß die aber lesen, das ist wichtig.“

„Oh ja, das ist ganz wichtig, das hilft uns ungemein weiter, wenn du Zeitung liest.“

Ditzen versuchte sich mühsam zu beherrschen.

„Als ob du davon Ahnung hättest“, presste er hervor.

„Dann kläre mich Ahnungslose doch auf, inwiefern uns das hilft, wenn du Zeitung liest“, konterte Ulla sarkastisch.

„Ich habe etwas gesucht und stell dir vor, ich habe es auch gefunden“, improvisierte Ditzen.

„Ach, was hast du denn gefunden, das Kreuzworträtsel?“

Ditzen schwieg. Ulla lag auf dem Rücken und rauchte. Sie formte einen Kringel und schaute ihm hinterher, während er Richtung Decke stieg und sich verflüchtigte. Hätte sie auf ihren Mann geschaut, hätte sie gesehen, daß seine Fingerknöchel weiß waren, so zornig umklammerte er die *Berliner Zeitung*, die seit ein paar Tagen herauskam. Darin war er mehrfach auf den Namen Wiegler gestoßen, den alten Cheflektor beim *Ullstein-Verlag.* Ob er Arbeit für ihn hätte? Ditzen hatte eigentlich keine große Lust, nach Wiegler zu suchen, aber der Streit mit Ulla hatte ihn jetzt ein bißchen in Zugzwang gebracht. Er nahm endlich die Zeitung runter und schaute auf seine Frau. Sie hatte die Augen geschlossen, als würde sie schlafen, die Asche war ziemlich weit runtergebrannt.

„Ich werde jemanden besuchen gehen", hörte er sich sagen, nur um sicherzugehen, daß seine Frau nicht schlief.

Ulla stützte sich auf die Ellenbogen und sah ihn erstaunt an. „Ach, wen denn?"

„Einen alten Geschäftspartner, du kennst ihn nicht."

„Was für Geschäfte, Morphium?"

„Du liebe Güte, nein, das ist ein Verlagsmensch."

„Und was willst du von dem?"

„Das wirst du schon sehen."

„Fein, wann wollen wir los?"

Ditzen lachte auf. „Wir? Da muß ich alleine hin, da kann ich dich nicht mitnehmen."

„Das wäre ja noch schöner, ich komme mit."

„Tust du nicht."

„Werden wir ja sehen."

„Was soll das jetzt, wir haben Geschäftliches zu besprechen, da kann ich dich nicht gebrauchen."

„Tu bloß nicht so wichtig, was für Geschäfte sollen das denn sein?"

„Verlagsgeschäfte, davon hast du keine Ahnung."

„Verlagsgeschäfte", äffte die Ditzen ihn nach. Davon hatte sie in der Tat keine Ahnung. Aber wenn ihr Mann zum ersten Mal seit Wochen das Haus verließ, dann wollte sie dabei sein.

„Du findest dich doch ohne mich gar nicht zurecht da draußen."

„Na, darauf lasse ich es ankommen."

„Ich nicht." Ulla war wild entschlossen mitzugehen. Endlich tat sich mal etwas. Seit sie in Berlin waren, bestand das Leben nur aus Dahinvegetieren und Nahrungsbeschaffung. Dabei war sie doch eine Frau von Welt. Ihr erster Mann, Kurt Losch, war ein Bonvivant gewesen. Der hatte nicht nur Geld gehabt, sondern auch gemalt und sich in Künstlerkreisen herumgetrieben. Ausgelassene Feiern, exzentrische Persönlichkeiten, geistreiche Komplimente. Darin hatte sie sich gerne gesonnt, das fehlte ihr nach Kurts Tod. Als sie dann in Feldberg als junge Witwe von Fallada hörte und daß der ein international anerkannter Schriftsteller sei, da hatte sie ihre Chance gewittert. Zu der Welt der Literaten wollte sie gerne dazugehören. Daß sie den alten Zausel dann auch noch mochte, traf sich umso besser. Doch seitdem hatte er es ihr nicht unbedingt leicht gemacht. Die schillernden Besucher, die Ditzen vor dem Krieg in Carwitz empfangen hatte, kannte sie nur noch vom Hörensagen. Stattdessen waren sie aus Feldberg geflohen und siechten nun in ihrer zusammengebombten, einstmals so schönen Wohnung dahin. Sie würde auf alle Fälle mitkommen, beschloß sie.

Ditzen war schwer irritiert. Er wußte nicht, warum Ulla so beharrlich mitwollte und wie er sich jetzt verhalten sollte. Einfach sitzenbleiben? Er hatte Wiegler zuletzt 1938 gesehen. Das war sieben Jahre her. Da konnte er doch jetzt nicht einfach mit seiner neuen Frau dort aufkreuzen. Er wußte außerdem gar nicht, ob er Wiegler wirklich in Tempelhof, im alten

Verlagsgebäude von Ullstein, finden würde. Ulla musterte ihn nun, studierte ihn. Da hatte er keine Lust drauf. Ächzend erhob er sich vom Sofa.

„Gehen wir?", fragte Ulla ganz unschuldig.

„Jetzt lass mich doch mal in Ruhe, du bleibst hier."

Ulla antwortete nicht. Sie krabbelte in ihre Kruschelecke und begann sich zu schminken. Ditzen ging ins Badezimmer und versuchte, sich so gut wie möglich zurecht zu machen, auch wenn sein einziger Anzug schon ziemlich herunter war. Brauchte ja niemand von Ullstein zu merken, daß er hier hauste wie ein Zigeuner und den größten Teil des Tages verdämmerte. Als er fertig war, wußte er nicht so richtig weiter. Gerne hätte er jetzt die Pesoke oder die Kleine gefragt, welche Linie schon wieder nach Tempelhof fuhr, aber die waren beide nicht zu Hause. Naja, würde er eben auf der Straße jemanden fragen, das konnte ja nicht so schwer sein.

„Also, ich gehe los", sagte Ditzen, mehr um sich selbst Mut zuzusprechen.

„Bin schon fertig", tönte es aus dem Zimmer. Ditzen drückte sich rasch durch die Wohnungstür. Er war aber noch keine fünf Treppenstufen weit gekommen, als Ulla ebenfalls durch die Tür schlüpfte.

„Hättest mich fast vergessen", zwitscherte sie fröhlich.

Ditzen drehte sich genervt um: „Zum letzten Mal, ich kann dich nicht mitnehmen, begreife es doch."

„Ich kann ja draußen warten, ich störe bestimmt nicht."

„Warum piesackst du mich so", schrie Ditzen durch das düstere Treppenhaus.

„Ich bin deine Frau, ich will mit dir zusammen sein."

In einem wirren Impuls schubste Ditzen seine Frau die Treppe hoch. Ulla schrie überrascht auf, konnte sich aber noch rechtzeitig abstützen und einen Sturz vermeiden. Sie sammelte sich einen Augenblick und folgte ihrem Mann dann trotzig auf die Straße.

Ditzen wurde seine Frau nicht los. Sie lief immer ein paar Schritte hinter ihm, dirigierte ihn aber mit knappen Anweisungen in Richtung Haltestelle.

Kurz darauf saßen sie gemeinsam in der überfüllten Straßenbahn nach Tempelhof. Sie hatten beide noch einen Sitzplatz gefunden, schwiegen sich jetzt aber eisern an. Ulla rauchte mit gespielter Gelassenheit eine Zigarette, stieß energisch den Rauch aus. Mitten in das Gesicht der ihr gegenüber sitzenden Dame. Die rundliche Matrone hüstelte gekünstelt und musterte die Ditzen mit Abscheu. Wie geschminkt das Fräulein war und wie affektiert die rauchte.

„Immer die selben aufgedonnerten Weiber", polterte die Matrone.

„Und immer die selben ollen Pappeulen", konterte die Ditzen prompt.

Im vollbesetzen Waggon gab es schallendes Gelächter. 1:0 für Ulla Ditzen. Selbst der finster dreinschauende Mann neben ihr konnte sich ein Lächeln nicht verkneifen. Ach, dann soll sie halt mitkommen, dachte sich Ditzen versöhnlich. Wer wußte schon, ob er Wiegler überhaupt finden würde.

Als sie am Teltowkanal aus der Trambahn ausstiegen, sah Ulla ihren Mann forschend und etwas unsicher an. Er kräuselte die Nase und bot ihr dann mit einem vorwurfsvollen Blick kopfschüttelnd seinen Arm an.

Das Druckhaus Tempelhof stand tatsächlich noch, aber der alte Backsteinbau hatte im Krieg einiges abbekommen. Auch der markante Turm hatte gelitten. Das Haus war von einem riesigen Schuttwall umzingelt. Ditzen schaute sich um, blickte Richtung Gebäude, ob er irgendein Lebenszeichen darin erkennen konnte, irgendein Signal, das die Mühen einer Kraxelei lohnen könnte. Ulla sah ihn an und dann auf den Berg aus Schutt.

„Müßen wir da rüber?"

„Ich fürchte schon."

„Na dann los."

Ulla kraxelte voran, Ditzen stolperte hinterher. Als Ulla auf dem Wall stand, wartete sie auf ihren Mann und blickte in Richtung des verlassen wirkenden Gebäudes. Sie hörte ihn hinter sich schnaufen.

„Was machen wir hier?", fragte sie, ohne den Blick von der zerschossenen Fassade zu nehmen.

„Wir besuchen einen ehemaligen Kollegen", keuchte Ditzen.

„Hier? Hier ist doch niemand. Hier liegt doch alles in Trümmern."

„Falls es dir noch nicht aufgefallen ist, ganz Berlin liegt in Trümmern. Irgendwo müssen die Menschen ja arbeiten."

Auf dem Kamm des Schuttwalls blieb Ditzen stehen und verschnaufte. Er stemmte die Hände in die Hüften und schaute sich um. Das Wasser im Teltowkanal floß braun und träge durch die Trümmerlandschaft. War hier nicht irgendwo eine Brücke? Der Gebäudekomplex vor ihm wirkte düster und verlassen.

„Komm schon", hörte er Ulla, die den Wall fast schon wieder hinab geklettert war. Seine junge Frau in ihrem dunkelroten Kleid war der einzige Farbtupfer in dieser Ödnis. Wie klein sie vor diesem riesigen Backsteinbau wirkt, dachte sich Ditzen mit einem Anflug von Zärtlichkeit.

Ditzen begann mutlos mit dem Abstieg. Der alte Wiegler würde ganz sicher nicht jeden Morgen auf dem Weg zur Arbeit solch einen Hindernisparcours absolvieren. Aber er war entschlossen, sich seine eigenen Zweifel nicht anmerken zu lassen. Als er vor dem Gebäude stand, hörte er Ulla ein paar Meter neben sich.

„Meine schönen Schuhe sind ganz eingestaubt."

„Meine schönen Schuhe sind ganz eingestaubt", äffte er sie krächzend nach. „Hättest ja nicht mitkommen brauchen."

Schweigend suchten sie nach dem Eingang zum Vestibül. Als sie schließlich in der ehemaligen Empfangshalle standen, bot sich ihnen ein Bild der Verwüstung. Der Boden war mit Betonbrocken und Glassplittern übersät, an einer Stelle im vorderen Teil war der Boden bis zum Unterkeller durchgebrochen. Die Glaselemente des Schrägdachs waren an vielen Stellen geborsten, eine Längswand des Vestibüls war bröckelig und sah nicht sehr vertrauenserweckend aus.

Es war ein Jammer. Mitte der 20er Jahre war hier die größte und modernste Druckerei Europas entstanden. Selbst aus Schweden waren Techniker und Architekten angereist, um den ersten in Eisenbeton gegossenen Hochbau Berlins zu bestaunen.

Ditzen wollte seine Niederlage gerade eingestehen, da stupste ihn seine Frau an und flüsterte: „Schau mal, da ist wer." Ditzen hielt das für einen von Ullas Scherzen, aber tatsächlich, im vorderen Teil der zugigen Halle saß jemand an einem Schreibtisch, mit dem Rücken zu ihnen. Der Anblick eines Postbeamten mit Ärmelschonern mitten in der Sahara hätte nicht grotesker sein können.

Ditzen durchmaß festen Schrittes das Inferno.

„Hey, Sie Mensch", rief er aus.

Der Mann fuhr erschrocken herum, der Stuhl kratzte mit unangenehmem Geräusch über den Betonboden.

„Wo kommen Sie denn her?", rief der Mann erschrocken zurück.

„Wer in einer Empfangshalle sitzt, muß schon mal mit Besuch rechnen", antwortete Ditzen belustigt und erleichtert, daß es Leben in diesem Gebäude gab.

„Aber doch nicht von hinten."

„Wo ist denn hinten?"

„Sind Sie über den Schutt gestiegen?"

„Gibt es eine andere Möglichkeit?"

„Der Eingang ist in der Zastrowstraße, dort ist freigeräumt."

„Ach so, das wußte ich nicht."

Ulla schaute auf ihre staubigen Schuhe.

„Wie kann ich Ihnen denn helfen?", fragte der Mann in Hut und Mantel, der offenbar tatsächlich so eine Art Pförtner war.

„Sagen Sie, finde ich hier wohl Paul Wiegler?"

„Immer reinspaziert, fünfter Stock, Zimmer ... Moment ..." Der Pförtner mit Hut schaute in ein zerfleddertes Verzeichnis, das mit handschriftlichen Eintragungen bekritzelt war.

„Zimmer 5113. Der Aufzug tut es noch nicht, aber der Paternoster läuft."

„Vielleicht wollen Sie vorher Herrn Fallada melden?"

„Wüßte nicht, was ich lieber täte, aber das Telefon tut es gerade nicht. Gehen Sie mal ruhig hoch mit Ihrer Tochter."

„Ähm." Ditzen überlegte kurz, ob er das Missverständnis aufklären sollte, aber der Pförtner war schon wieder in seine Lektüre vertieft.

Ulla gluckste. „Komm, Vati, hier drüben geht's längs."

„Ach, hör doch auf, mich immerzu zu ärgern, Ullakind", entgegnete Ditzen gutgelaunt.

Auf dem Weg zum Paternoster wagte Ulla nochmal einen Vorstoß.

„Und wen besuchen wir da jetzt?"

„Paul Wiegler."

„Muß ich den kennen?"

„Er war vor dem Krieg Cheflektor bei Ullstein. Ich habe dort damals einige Geschichten veröffentlicht. Jetzt habe ich seinen Namen ein paar Mal in der Zeitung gesehen."

Der Paternoster tat es tatsächlich noch. Als sie den ersten Stock passierten, roch es allerdings nach Rauch, irgendwo wurde auf Eisen gehämmert. Im zweiten Stock qualmte es. Die Ditzens schauten sich an.

„Brennt es hier?", fragte Ulla.

Ditzen zuckte seine schmal gewordenen Schultern.

„Vielleicht machen die Drucker ein offenes Feuer, um sich zu wärmen."

Im fünften Stock sprangen sie heraus. Der Rauch war hier nicht mehr wahrzunehmen. Das Ehepaar irrte ein wenig durch die Etage, bis es Zimmer 5113 gefunden hatten. Ditzen klopfte kurz an die Tür und trat dann ein, ohne ein *Herein* gehört zu haben. Am Schreibtisch saß ein alter Mann und schaute irritiert auf. Ditzen stutzte. Ist das Wiegler? Er mußte es sein, aber du lieber Himmel, war der alt geworden. Ein Greis. Was der Krieg aus uns macht, dachte Ditzen.

Wiegler war in diesem Herbst 1945 gerade 67 geworden, 14 Jahre älter als Ditzen. Bei ihm war die Verwirrung mindestens ebenso groß, denn er mußte zusätzlich zum ausgemergelten Ditzen noch die Erscheinung von Ditzens 30 Jahre jüngeren Frau verarbeiten. Beide nebeneinander zu sehen, war in etwa wie der Anblick einer gelben Rose neben einem verwitterten Turm. Zudem trug Ditzen noch seine dunkle Brille, die ihn ein Stück weit tarnte.

Daher war es nicht verwunderlich, daß Ditzen als erster die Fassung wiedererlangte.

„Mein lieber Paul, schön Sie zu sehen."

Tatsächlich, dann muß er es sein, dachte Wiegler.

„Mensch Fallada, gibt es Sie doch noch", brachte er hervor und ergriff die ausgestreckte Hand von Ditzen.

„Und Sie sind ...?", sagte Wiegler mit einem Blick auf die Ditzen.

„Verzeihung, das ist meine Frau, Ulla."

Wiegler war verblüfft. Wie kam der olle Kerl an so ein Prachtweib? Zugegeben, eine etwas zu forsche Aufmachung, aber jung und strahlend.

„Schön, daß Sie mal vorbeischauen, Fallada. Wie ist es Ihnen denn so ergangen?"

„Ja, man schlägt sich so durch. Sagen Sie mal, brennt es hier im Haus?"

Wiegler winkte ab. „Nur ein bißchen. Die Nazis haben hier im Haus bis zuletzt ihre Propagandazeitschriften gedruckt. Das *Signal* und den *Panzerbär*. Als die Russen das Haus im April besetzt haben, haben sie die ganzen Paletten mit Zeitschriften einfach angezündet. Dadurch ist die Buchbinderei im ersten und zweiten Stock völlig ausgebrannt."

„Im April?", staunte Ditzen. Das war ein halbes Jahr her. Wiegler winkte wieder ab. „Wir haben schon so viel Wasser draufgegossen, aber es fängt immer wieder irgendwo an zu kokeln."

„Es wird aber schon wieder gearbeitet", staunte Ditzen.

„Aber es ist nicht einfach, wahrlich nicht einfach, Fallada. Wir machen jetzt hier die *Berliner Zeitung*, aber mitten in den Vorbereitungen haben uns die Russen eine der Druckmaschinen weggeholt. Das hat alles verzögert. Die großen Rotationsmaschinen haben sie zum Glück nicht transportiert bekommen. Jetzt stehen wir ja unter amerikanischer Militärverwaltung. Sie liefern uns immerhin ein Mittagessen frei Haus, drüben vom Fliegerhorst. Dafür geht heute mal wieder das Telefon nicht, wir müssen uns ohnehin schon zu dritt eines teilen. Auch mit Papier ist es nicht einfach. Deswegen ist das auch noch ein etwas dünnes Blättchen."

„Aber durchaus schon lesenswert", antwortete Ditzen, um überhaupt etwas zu sagen. Dann stockte er. Durch den Streit mit Ulla hatte er sich gar keine Taktik zurechtgelegt. Er wollte natürlich wissen, ob Wiegler Arbeit für ihn hätte, irgendein Projekt, irgendwas zu schreiben. Aber Wiegler jetzt einfach nach Arbeit fragen, das brachte er nicht übers Herz. So gut kannten sie sich nicht, vielmehr kannte Wiegler ihn nur als gefeierten Schriftsteller. Da konnte er doch nicht um Arbeit betteln. Noch dazu vor Ulla, das ging nicht. Er war in der Achtung seiner jungen Frau ohnehin schon arg gesunken, da konnte er nicht noch vor ihren Augen den Bittsteller machen.

„Ist der alte Ullstein denn auch schon wieder da?"

„Ach nein, der ist noch in England. Was ist mit Ihnen, sind Sie gerade an etwas dran, was schreiben Sie?", fragte Wiegler.

„Im Moment noch nichts, ich bin noch in der … in der Sondierungsphase."

So, so, Sondierungsphase nennt sich das, dachte Ulla, verzog aber entgegen ihrem Naturell keine Miene.

„Seit wann sind Sie denn in Berlin? Sie waren doch glaube ich zuletzt irgendwo in Mecklenburg zu Hause."

„Seit September. Wir hatten das Landleben ein bißchen satt. Aber hier in Berlin ist es ja auch nicht einfach."

„Wem sagen Sie das, Fallada. Die Stadt ist nicht wiederzuerkennen. Traurig das alles."

„Aber es ist schon erstaunlich, so nach und nach lassen sich doch alle wieder in Berlin blicken, ich habe neulich schon den Reger getroffen."

Ulla war verdutzt. Wann das denn, was erzählt der denn da?

„Ja, mit dem hatte ich auch schon wieder zu tun", sagte Wiegler und verschwieg, daß er mit Reger schon wegen seiner Stelle hier bei der Zeitung aneinandergeraten war. Ditzen wußte nicht weiter. Der Gesprächsstoff war ihm schon ausgegangen. Und nein, er würde hier auf keinen Fall um Arbeit flehen.

„Wir sind von der Chausseestraße ins Gebäude gelangt", sagte er hilflos.

„Von der Chausseestraße? Geht das denn? Die Nazis haben doch die Brücke über den Kanal gesprengt."

Wiegler schüttelte den Kopf. „Als ob man den Russen in Tempelhof noch hätte aufhalten können."

Es war wieder einen Augenblick still.

„Also gut, ich glaube, wir müssen jetzt auch weiter, Sie haben sicher genügend zu tun", gab Ditzen auf.

„Nun ja, ich kann nicht klagen. Danke jedenfalls für Ihren Besuch."

Die beiden Männer schüttelten sich die Hände.

Das war es schon mit dem Geschäftstermin? Dafür habe ich mir meine Schuhe ruiniert?, dachte sich Ulla verwundert und stand ebenfalls auf. Die Ditzens waren schon an der Tür.

„Schön, daß Becher Sie endlich gefunden hat", sagte Wiegler noch.

Ditzen drehte sich um: „Becher? Welcher Becher?"

Jetzt war es an Wiegler, irritiert zu sein.

„Ich verstehe nicht ganz. Sie kennen Becher nicht? Wie haben Sie mich dann gefunden?"

„Na, auf gut Glück, ist doch das alte Ullsteinhaus."

„Ullstein. Ich verstehe. Na, das wird noch dauern, bis die wieder loslegen können, die planen jetzt vor allem Buchübersetzungen."

„Buchübersetzungen?"

Wiegler nickte. „Ich soll mal eine Aufstellung machen über die wichtigsten amerikanischen und englischen Bücher, die seit 41 erschienen sind."

„Verstehe", sagte Ditzen, der diesen Becher schon wieder vergessen hatte. Aber Wiegler hakte nach.

„Dann haben Sie noch gar nicht mit Becher gesprochen? Der sucht Sie überall."

„Bedauere, ich kenne keinen Herrn Becher."

Wiegler wunderte sich mal wieder über die Ignoranz einiger Autoren.

„Johannes Becher ist der Präsident des Kulturbunds, der vor ein paar Monaten gegründet wurde."

„Und ein nicht ganz unbekannter Lyriker", schob Wiegler noch nach. Die Spitze konnte er sich nicht verkneifen.

Schon wieder ein Lyriker, dachte sich Fallada und hatte kein sonderlich schlechtes Gewissen, diesen Becher nicht zu kennen. Von diesem Kulturbund hatte er aber schon was gehört, die hatten jetzt auch einen Verlag gegründet. Ditzen war währenddessen wieder zwei Schritte auf Wieglers Schreibtisch zugegangen.

„Und wissen Sie, was Herr Becher von mir will?"

„Das hat er nicht gesagt. Wahrscheinlich geht es um irgendein Projekt des Kulturbunds."

„Und wo finde ich diesen Becher?"

„Charlottenburg, Schlüterstraße. Dort wo die Reichskulturkammer war."

„Ach da. Ja, danke, Wiegler, dann schaue ich da bei Gelegenheit mal vorbei." Ditzen versuchte, sich seine Freude nicht anmerken zu lassen. Jetzt war dieser Besuch keine komplette Niederlage mehr für ihn.

Die beiden Männer schüttelten sich erneut die Hände. Ulla, die an der Tür stehengeblieben war, verstand kein Wort von dem, was die beiden Ollen da faselten.

Als die beiden Ditzens im Paternoster nach unten fuhren, fragte Ulla: „Fahren wir jetzt nach Charlottenburg?

„Ich weiß nicht, wie spät ist es denn?

„Keine Ahnung, meine Uhr habe ich doch verkloppt."

„Hast du noch was dabei? Sonst müßte ich erst mal nach Hause."

„Habe ich", sagte die Ditzen und fischte flink zwei Ampullen aus ihrer Handtasche.

„Doch nicht hier drin", ereiferte sich Ditzen und spähte nach unten auf das folgende Stockwerk.

Diesmal nahmen sie den Ausgang zur Zastrowstraße. Dann marschierten sie schweigend um das Gebäude herum. Auf der Chausseestraße, im Schatten des Ullsteinhauses, setzten sich die Ditzens erstmal jeder eine Spritze Morphium.

Ohne das Morphium wären die Ditzens wohl gleich noch nach Charlottenburg gefahren. So aber verdöste das Paar seinen Rausch behaglich am Teltowkanal und nahm den Besuch in der Schlüterstraße erst anderntags auf sich. Diesmal sträubte sich Ditzen nicht, seine Frau mitzunehmen, sie hatte ihm ja gestern gewissermaßen Glück gebracht. Sie verließen das Haus gemeinsam mit der Blondine, die zur Probe nach Steglitz mußte.

„Ja dann, viel Glück bei Ihrem Besuch", sagte die Blondine artig, als sie sich auf der Straße trennten.

„Danke, viel Erfolg bei der Probe", wünschte die Ditzen.

„Was weiß die von unserem Besuch, was hast du der denn erzählt?", wollte Ditzen von seiner Frau wissen.

„Nichts, nur daß wir einen Termin beim Kulturbund haben."

„Naja, einen Termin haben wir ja gerade nicht."

„Und du bist noch in der Sondierungsphase, ich weiß."

Ditzen schwieg. Jetzt machte sich seine Frau schon über ihn lustig.

Die Ditzen dreht sich noch mal nach der Blondine um.

„Ich weiß gar nicht, was die Kleine im Theater will. Die Vogelscheuche will doch kein Mensch auf der Bühne sehen. Sie hat ein Gesicht wie eine abgemagerte Dogge."

Ditzen sagte nichts. Er fand die Kleine gar nicht so häßlich. Sicher, abgemagert war sie, aber wer war das nicht dieser Tage. Er selbst war ja auch nur noch Haut und Knochen. Außerdem fand er es etwas unpassend, wenn seine Frau die Kleine *Kleine* nannte, schließlich konnte sie nicht viel jünger sein als seine Frau.

Die ehemalige Reichskulturkammer lag in unmittelbarer Nähe zum Kurfürstendamm. Die einstige Prachtstraße selbst war so sehr zusammengebombt, daß sie teilweise unpassierbar war. Aber als die Ditzens die Schlüterstraße 45 erreichten, staunten sie nicht schlecht. Inmitten der Ruinen stand das Haus Schlüterstraße 45 unversehrt. Das war etwas ganz anderes als das zerbombte Druckhaus. Im Inneren des vornehmen Gebäudes kam ihnen ein weißhaariger Pförtner entgegen.

„Womit kann ich dienen?"

„Wir wollen zu Herrn Becher."

„Der Präsident hat sein Büro im zweiten Stock. Der Fahrstuhl ist hier rechts", sagte der Weißhaarige freundlich.

Im zweiten Stock staunten die Ditzens erneut. Sie waren anscheinend keineswegs die einzigen, die zu Herrn Becher wollten. Im Vorzimmer saßen etwa ein halbes Dutzend Männer, die geduldig ausharrten. Zwei Sekretärinnen tippten eifrig in die Schreibmaschinen.

Das ist ja hier eine richtig große Nummer, dachte Ditzen. Dann zuckte er innerlich zusammen. Gerade war ihm eingefallen, daß er Becher ja gar nicht gekannt hatte. Was, wenn Wiegler Becher das zwischenzeitlich erzählt hatte? Das wäre schon sehr peinlich. Würde sich das nachteilig auswirken? Er hoffte, daß das Telefon in Tempelhof immer noch nicht funktionierte.

Eine der Sekretärinnen schaute jetzt von ihrer Schreibmaschine auf.

„Kann ich Ihnen helfen?"

„Fallada mein Name, Hans Fallada. Ich möchte zu Herrn Becher, er sucht wohl auch nach mir."

„Sie haben Glück, Herr Fallada, der Präsident ist gerade heute am Vormittag aus dem Riesengebirge zurückgekehrt."

„Aus dem Riesengebirge?", wunderte sich Ditzen.

„Ja, er war bei Hauptmann. Einen Moment bitte, ich melde Sie. Nehmen Sie doch Platz so lange."

„Welcher Hauptmann?", fragte Ulla.

„Sei doch still", zischte ihr Mann und sah sich unsicher um. Ein paar der Männer schauten belustigt herüber. Logisch, das war hier der Kulturbund, jeder hier kannte Hauptmann. Nur seine Frau nicht.

„Hauptmänner gibt es viele", murrte die Ditzen.

„Würdest du bitte mal still sein, ich muß nachdenken", flehte Ditzen.

Er weiß nämlich selber nicht, welcher Hauptmann gemeint ist, dachte die Ditzen. Aber sie war jetzt still, ihr Mann war ja so schnell aus der Fassung zu bringen.

Ditzen überlegte. Becher war bei Hauptmann gewesen. Lebte der denn überhaupt noch? Wie alt war der mittlerweile? Was wußte er über Gerhart Hauptmann? Klar, er hatte fast alles von ihm gelesen, aber gab es da irgendein Detail, mit dem er glänzen konnte? Ditzen wollte seine Unkenntnis über Becher irgendwie gutmachen. Doch viel Zeit zum Überlegen bekam er nicht mehr.

„Herr Becher erwartet Sie jetzt, Herr Fallada, bitte", sagte Frau Widmann. Die anderen Wartenden schauten auf. Doch niemand sagte etwas. Geduld war gerade nicht das Problem der Menschen in Berlin. Ditzen registrierte es mit Wohlwollen. Er wurde vorgelassen. Man kannte und erwartete ihn. Er stand auf und schaute auf Ulla. Er wollte ihr mit einem Blick zu verstehen geben, doch bitte hier im Vorzimmer zu warten. Doch Ulla wollte sich diesen Becher nicht entgehen lassen und stand ebenfalls auf. Ditzen sagte nichts, er hatte Angst, seine Frau würde ihm hier vor allen Leuten vielleicht eine Szene machen.

Als sie das Zimmer von Becher betraten, staunte Ditzen schon wieder. War bereits das Vorzimmer üppig ausgestattet gewesen, so war dieses Zimmer, oder vielmehr dieser Saal, ganz in Weiß und Blau gehalten und ziemlich geschmackvoll eingerichtet. Goebbels sei Dank. Wo vorher der Leiter der Reichskulturkammer logiert hatte, saß nun der Präsident des Kulturbunds zur demokratischen Erneuerung Deutschlands.

„Mein lieber Fallada, schön Sie endlich zu sehen", stürmte Becher auf ihn zu. Ditzen war über den herzlichen Empfang etwas verblüfft, wirkte überrumpelt. Falls er schon weiß, daß ich ihn gar nicht kannte, kann ich ihm doch nicht in die Arme fallen wie einem alten Bekannten, dachte Ditzen.

„Schön, Sie kennenzulernen", brachte er schließlich hervor und bestaunte während des heftigen Händeschüttelns insgeheim das blütenweiße Hemd, das sein Gegenüber trug.

„Und wen haben Sie uns da mitgebracht?", fragte Becher immer noch beschwingt.

„Meine Frau Ulla."

„Reizend. Sehr angenehm, gnädige Frau. Setzen Sie sich doch."

Na, da kann ich den russischen Offizier verstehen, dachte Becher und zündete sich eine Zigarette an.

„Sie auch?"

Die Ditzens bedankten sich beide und griffen zu.

„Ich habe gehört, Sie waren bei Hauptmann", heuchelte Ditzen Interesse, um ein bißchen Initiative zu zeigen.

„Ja, wir waren mit einer kleinen Delegation für fünf Tage in Agnetendorf. Es war ein ziemliches Abenteuer. In Schlesien geht es gerade etwas wild zu. Aber Hauptmann geht es den Umständen entsprechend gut. Er hat sich bereit erklärt, Ehrenvorsitzender unseres Kulturbundes zu werden. Vielleicht schreibt er auch mal etwas für uns, wenn es ihm wieder etwas besser geht. Und Sie, Herr Fallada, wo haben Sie gesteckt, was haben Sie gemacht, seit der Krieg aus ist? Wir haben Sie überall gesucht."

„Ach, das ist eine unerfreuliche Geschichte. Die Russen haben mich bekniet, in Feldberg den Bürgermeister zu mimen, und die Sache ist mir ehrlich gesagt etwas über den Kopf gewachsen. Dieser Major Miasnik war hinter meiner Frau her und wollte mich zugrunde richten, fürchte ich."

Ditzen wunderte sich selbst über seine offenen Worte, aber wenn er Hilfe haben wollte, konnte er ja keine heile

Welt vorgaukeln, dachte er sich. Also fing er an zu erzählen von der überstürzten Flucht aus Feldberg und den Problemen bei der Ankunft in Berlin. Der Wohnung, die halb zerbombt und halb besetzt war und obendrein noch geplündert. Von der fehlenden Zuzugsgenehmigung und den damit fehlenden Lebensmittelkarten. Wie sie Ullas Erspartes schon auf dem Schwarzmarkt hatten opfern müssen. Hier und da warf auch Ulla etwas ein, sie wollte nicht nur schweigend daneben sitzen. Bis auf den Krankenhausaufenthalt und die Drogenproblematik verschwiegen die Ditzens so gut wie nichts, ließen nur den kümmerlichen Alltag der vergangenen Wochen in der Meraner Straße außen vor.

Becher hörte sich alles geduldig an, er war ein guter Zuhörer. Ab und zu machte er sich eine Notiz. Seine hochtrabenden Pläne mit Fallada hatten schon beim Anblick des Mannes, der zwei Jahre jünger sein sollte als er selbst, einen ersten Dämpfer erhalten. Fallada sah schlecht aus, sein Anblick mit den eingefallenen Wangen und der dunklen Brille hatte fast etwas Gespenstisches. Wie eine seiner so hervorragend gelungenen zwielichtigen Romanfiguren sah er aus. Becher hatte gehofft, Fallada könne schon eine Arbeit vorweisen, die dem Kulturbund oder dem Aufbau-Verlag gut zu Gesicht stünde, aber er traute sich gar nicht danach zu fragen.

„Jetzt schauen wir erstmal, daß Sie wieder auf die Beine kommen", sagte er stattdessen in väterlichem Ton. „Das mit der Zuzugsgenehmigung sollten wir klären können, und das mit den Lebensmittelkarten auch. Ich denke, Sie können mit der Einser rechnen und Ihre Frau zumindest mit der Zweier, die sonst nur Schwerarbeiter kriegen."

Die Ditzens schauten sich hoffnungsvoll an. Ein guter Mensch, dachte die Ditzen, ein Engel im blütenweißen Hemd, dachte ihr Mann.

Die glücklichen Gesichter seiner Gäste ermutigten Becher jetzt doch zu einem Vorstoß.

„Wie sieht denn Ihre Einnahmensituation derzeit aus, lieber Fallada, haben Sie etwas zum Veröffentlichen? Der Aufbau-Verlag steht in den Startlöchern. Was gedenken Sie als Nächstes zu schreiben, wie sehen Ihre Pläne aus?", fragte Becher unbekümmert.

„Nun ja, Herr Becher, ich fürchte, da kann ich im Moment mit nichts Konkretem dienen. Es ist ja auch so, daß meine ganze Bibliothek, meine Schreibmaschine und meine Notizen alle noch in Feldberg sind. Ich habe nicht mal Papier."

„Auch das werden wir versuchen, irgendwie zu regeln, lieber Fallada, Sie müssen ja wieder arbeiten können, wir brauchen jetzt unsere guten Schriftsteller, damit sie das deutsche Volk wachrütteln und ermutigen."

„Ich will es gerne versuchen, Herr Becher", sagte Ditzen und kam sich vor wie ein Schulbub, der nach einem Tadel Besserung gelobte. Dabei war er desillusioniert. Es war trostlos. Vielleicht würde er nie wieder ein Buch schreiben. Zu wem soll ich noch sprechen? Die Deutschen haben doch keine Lust mehr, Bücher zu lesen, dachte sich Ditzen. Aber das konnte er ja hier und jetzt nicht sagen.

Die beiden Männer tauschten noch ein paar Nettigkeiten aus, dann verließen die Eheleute Bechers Büro mit einem warmen Gefühl im Magen. Becher schaute Ulla Ditzen versonnen hinterher.

Die Tägliche Rundschau

Bereits eine Woche nach Unterzeichnung der deutschen Kapitulationsurkunde war in Berlin wieder eine Zeitung erschienen. Am 15. Mai 1945 war die erste *Tägliche Rundschau* erhältlich. *Frontzeitung für die deutsche Bevölkerung* hieß es in der Unterzeile, der von der Sowjetischen Militäradministration herausgegebenen Zeitung. Die Druckerei war zunächst in der Zimmerstraße, dort wo bis Kriegsende noch der *Völkische Beobachter* gedruckt worden war. Die *Tägliche Rundschau* erschien sechsmal die Woche, nur montags gab es einer Berliner Tradition gemäß keine Zeitung. Wegen der Papierknappheit erschienen werktags nur vier Seiten. Bei der ersten Auflage wurden 150 000 Exemplare gedruckt, ab Mitte September bereits 400 000. Die Zeitung kostete nur 20 Pfennig und fand reißenden Absatz. Das lag nicht unbedingt an der Qualität des Blatts. Die Aufmachung war wenig ansprechend und die überwiegend russischen Redakteure hatten keine Kenntnisse über Berlin, geschweige denn über Deutschland. Daher wurden vor allem die Vorzüge und Errungenschaften der Sowjetunion angepriesen und der Alltag in Russland beschrieben. Unter vorgehaltener Hand hatte die Zeitung der Sowjetischen Militäradministration daher den Beinamen *Klägliche Rundschau*. Um die Zeitung für die deutsche Bevölkerung interessanter zu machen, wurden händeringend und mit Handzetteln deutsche Mitarbeiter gesucht. Daß die Zeitung dennoch reißenden Absatz fand, hatte einen schlichten Grund: Es gab keine anderen Informationsquellen. Zwar sendete bereits seit dem 13. Mai der Berliner Rundfunk, aber kaum jemand hatte ein Radiogerät. Viele Volksempfänger hatte der Krieg zerstört. Was unversehrt geblieben war, wurde in den ersten Maitagen von russischen Soldaten aus den deutschen Wohnstuben getragen. Für die Propagandaartikel in der *Täglichen Rundschau* interessierte sich niemand. Allerdings wurden dort auch spannende Suchanzeigen wie *Wer nimmt wichtigen Brief mit nach Dresden?* oder *Wer fährt nach Magdeburg und würde von dort mein Gepäck mitbringen?* abgedruckt. Auch über Sonderzuteilungen für Tabak oder Anrechtsnummern für Fleisch aus Notgeschlachtungen wurde in der *Täglichen Rundschau* informiert. Zudem wurden fortlaufend lange Namenslisten der im Durchgangslager Frankfurt/Oder eingetroffenen Kriegsgefangenen publiziert.

Die Redaktion saß in den ersten Tagen in der Göhrener Straße am Prenzlauer Berg und zog dann in ein dreistöckiges Gebäude am Friedrichshain um. Genau dort, im zweiten Stock des Gebäudes, klingelte an einem Mittwochmorgen im Oktober 1945 das Telefon des Feuilletonchefs.

„Hauptmann Pereswetow."

„Seien Sie gegrüßt, Genosse Roman, Becher hier."

„Guten Morgen, Herr Becher. Haben Sie das Konzept für die Artikelserie Kellermanns durchgesehen?"

Der Hauptmann kam immer sofort auf den Punkt, dachte sich Becher. „Hat sich Bernhard noch nicht bei Ihnen gemeldet? Er wollte da erstmal selbst drüber schauen und Sie dann kontaktieren."

„Nein, hat er noch nicht. Wir würden damit ja gerne kommenden Dienstag starten, also ..."

„Ich kümmere mich darum, Genosse Roman. Ich rufe allerdings wegen etwas anderem an. Sie würden mir einen persönlichen Gefallen tun, wenn Sie Hans Fallada als freien Mitarbeiter anwerben könnten."

„Fallada?" Pereswetow war überrascht.

„Ja. Er ist ein begnadeter Schriftsteller und wir erwarten uns noch viel von ihm, aber im Moment macht er eine schwere innere Krise durch. Wir müssen ihm ein bißchen auf die Beine helfen, fürchte ich."

„Ja, wenn Sie meinen. Was kann er denn für uns schreiben?"

„Er kann doch irgendetwas Unterhaltsames für die Sonntagsausgabe schreiben. Fallada ist ein vorzüglicher Novellist. Sie würden mir damit wirklich einen Gefallen tun. Vielleicht hat er auch schon ein paar Novellen oder Kurzgeschichten parat, die wir drucken können. Honorieren Sie das ruhig mit dem Höchstsatz. Er ist es wert."

„Wie erreiche ich ihn denn, hat er Telefon?"

„Nein, Telefon hat er nicht, Sie müssten jemanden in die Meraner Straße 12 schicken, erster Stock. Vielleicht schicken Sie auch ein bißchen Papier mit, er hat keins."

„Ich kümmere mich darum, Herr Becher, versprochen. Und Sie klären dafür mit Kellermann, wie die Serie heißen soll und mit welchem Text wir starten, ja?"

„Das mache ich jetzt gleich als Nächstes, versprochen, Genosse Roman."

Nachdenklich legte der Offizier den Hörer auf die Gabel. Wenn Roman Timofejewitsch Pereswetow den Namen Fallada hörte, hatte er immer dieses eine Bild aus der *Berliner Illustrierten* von 1934 vor Augen. Die Ausgabe war ihm bei der Durchsicht von Archivmaterial in die Hände gefallen. 1934.

Viele namhafte Schriftsteller hatten Deutschland bereits verlassen, da prangte in der *Berliner Illustrierten* eine ganzseitige Aufnahme von Hans Fallada mit Frau und Hund. Ein zufriedener Mann in ländlicher Idylle. Schaut her, es gehen nicht alle Schriftsteller, schien dieses Bild zu sagen. Seitdem war Fallada für Pereswetow ein Symbol für Nazideutschland. Aber an eine Parole oder Propaganda von Fallada konnte er sich in diesem Zusammenhang nicht erinnern, das mußte er sich eingestehen. Die Macht der Bilder, seufzte Pereswetow. Er wollte sein Feuilleton sauber halten. Es war schlimm genug, daß in der Wirtschaftsredaktion dieser Aust rumsprang, der früher den *Volkswirt* geleitet hatte und NSDAP-Mitglied gewesen war. Sie konnten ja bei guten deutschen Journalisten nicht wählerisch sein. Aber bei freien Mitarbeitern im Feuilleton? Pereswetow überlegte, wen er zu Fallada schicken würde. Er hatte schon die Hand am Hörer, da hielt er inne. Er würde selbst zu Fallada gehen, er mußte dieses Bild von 1934 aus dem Kopf bekommen.

Pereswetow fuhr in die Meraner Straße 12. Die Haustür war halb aus den Angeln, die konnte er problemlos passieren. Doch auf sein Klopfen im ersten Stock öffnete niemand. Anderntags fuhr er wieder hin, erneut erfolglos. Stimmte die Adresse? Der russische Offizier rief Becher an.

„Klopfen Sie stärker, das ist eine große Wohnung", riet ihm Becher.

Also fuhr Pereswetow mit seinem Jeep ein drittes Mal in die Meraner Straße. Es war Nachmittag, als er zum dritten Mal dort klopfte. Und nochmal klopfte. Und schließlich richtig laut gegen die Tür polterte. Tatsächlich hörte er jetzt drin Stimmen. Endlich öffnete jemand. Pereswetow erschrak. Du liebe Güte, dachte er. Vor ihm stand ein ausgemergelter Mann mit dunkler Brille im Pyjama. Auch eine weibliche Person, die deutlich jünger war und jetzt neugierig um die Ecke lunzte, trug Pyjama. Es war schon früher Nachmittag, aber offensichtlich hatte er die beiden geweckt, dachte sich Pereswetow. Mit dem Bild von 1934, das einen zufriedenen und wohlgenährten Mann zeigte, hatte diese Gestalt nichts gemein.

Ditzen war ebenso erschrocken, als er die russische Uniform sah. Die Meraner Straße lag im amerikanischen Sektor, aber was hatte das schon zu bedeuten dieser Tage.

„Sie wünschen?", fragte Ditzen recht reserviert.

„Verzeihung, Pereswetow mein Name. Sind Sie Hans Fallada?"

„Ja, der bin ich", sagte Ditzen gedehnt und etwas zögerlich.

„Ich bin der Leiter der Feuilletonredaktion bei der *Täglichen Rundschau*. Ich habe mit Herrn Becher telefoniert und wollte fragen, ob Sie nicht vielleicht eine Kurzgeschichte oder Novelle für unsere Sonntagsausgabe hätten."

Pereswetow kam sich reichlich blöd vor. Wie ein Bittsteller stand er, ein hoher Offizier, in diesem düsteren Flur vor dem abgemagerten Männchen im Pyjama. Aber er hatte Becher diesen Gefallen versprochen. Ob Becher wußte, wie dieser Fallada hier hauste? Fallada wirkte auch eher erschrocken, als erfreut, fand Pereswetow.

„Ach so. Ja, ich weiß jetzt gar nicht, ob ich etwas für Sie habe. Moment", murmelte Ditzen und verschwand in einem Zimmer am Ende des Flures. Pereswetow folgte ihm langsam, um einen Blick in das Zimmer zu erspähen. Mein Gott, dachte Pereswetow. Aus dem halbdunklen Raum kam ein übler Geruch. Weiter traute sich der Offizier gar nicht vor. Ditzen kam auch schon wieder aus dem Zimmer mit ein paar zerknickten Zetteln in der Hand.

„Das ist alles, was ich im Moment habe, aber ich weiß nicht, ob das für eine Tageszeitung taugt."

„Ich werde es mir anschauen, vielen Dank", sagte Pereswetow und war froh, daß er noch seine Lederhandschuhe trug, als er das zerfledderte Papier entgegennahm.

„Schauen Sie", sagte Pereswetow und klopfte auf den dicken Umschlag, den er die ganze Zeit wie eine Bewerbungsmappe in den Händen gehalten hatte. „Ich habe Ihnen Papier mitgebracht." Als er auf den Umschlag klopfte, fiel dem Offizier auf, daß er die ganze Zeit ziemlich laut gesprochen hatte, so, als würde er mit einem alten, kranken Menschen sprechen.

„Das ist sehr gut, vielen Dank. Ich habe zumindest schon einige Briefe zu schreiben." Ditzen zeigte zum ersten Mal ein halbwegs freundliches Antlitz.

Pereswetow war erleichtert, als er die Wohnung verließ. Auf die Straße zu treten, war wie eine Befreiung. So, als hätte er endlich eine unangenehme Aufgabe erledigt, die er lange Zeit vor sich hergeschoben hatte. Das war ein großer Gefallen für Becher, dachte sich Pereswetow. Immerhin, das Bild von 1934 war aus seinem Kopf. Aber Pereswetow war sich nicht sicher, ob ihm das neu entstandene Bild besser gefiel. Es war schwer vorstellbar, daß von dieser traurigen Gestalt im Pyjama etwas zu erwarten war.

Die Blondine stürmte auf den Eingang zu. *Tauschen Eintrittskarten gegen Nägel,* war seitlich rechts angeschlagen. An der Kasse saß der alte Kunz und bog Nägel gerade.

„Na, Paul, wird denn alles fertig?"

„Wird schon, wird schon. Bis das Publikum kommt, sind die Handwerker draußen. Aber kalt ist es drin, sehr kalt."

„Dann spielen wir alles ein bißchen schneller, damit uns warm wird", witzelte die Blondine. Der alte Kunz lachte kurz auf und widmete sich dann wieder seinen Nägeln.

Hinter der Bühne traf die Blondine als ersten Staatsanwalt Werner Piedath. „Schau mal, die Leni hat uns eine riesige Schüssel rote Grütze vorbeigebracht."

„Ich glaube, ich bin viel zu aufgeregt, um etwas zu essen", gestand die Blondine. „Aufgeregt sind wir alle, wäre ja schlimm wenn nicht, am Premierentag", entgegnete Piedath.

„Wer ist hier aufgeregt, kann ja gar nicht sein", überspielte Gerichtspräsident Arthur Schröder gutgelaunt sein Lampenfieber. „Wer wird denn aufgeregt sein, wenn man nach zwölf Jahren mal wieder auf der Bühne steht, haha."

Wie fast alle im Ensemble hatte Schröder in den 30er Jahren und während des Kriegs vor allem für den Film gearbeitet und lange nicht mehr Theater gespielt. Die meiste Routine besaß noch die junge Winnie Markus, die während des Kriegs durchgängig am Theater in der Josefstadt in Wien gespielt hatte. Allerdings hatte sie einige Tage vor Kriegsende durch einen betrunkenen russischen Soldaten eine schwere Schußverletzung am linken Bein erlitten. Daher saß sie jetzt auch in einer Ecke der Garderobe und hatte ihr linkes Bein hochgelegt, um es vor ihrem Auftritt noch etwas zu schonen.

„Das mit den Stühlen hat sich übrigens geklärt", sagte Verteidiger Erwin Biegel.

„Ach genau, wo waren die denn jetzt?", fragte die Blondine.

„Ein Kinobetreiber in Spandau meinte, er könne sie besser gebrauchen als wir", sagte Biegel.

„Also das ist ja allerhand", ereiferte sich die Blondine. „Was hätten wir denn gemacht, wenn die Klappstühle nicht rechtzeitig aufgetaucht wären?"

„Wir hätten Bretter auf Ziegelsteine gelegt", sagte Biegel.

Eine Woche vor der großen Premiere von *Hokuspokus* waren auf einmal über Nacht alle Stühle abhanden gekommen. Erst drei Tage vor der Premiere tauchten sie wieder auf.

„Hat man den Dieb denn dingfest gemacht?"

„Boleslaw hat sich wohl mit dem Betreiber geeinigt, er wird uns ein paar Spenden für unsere Kulisse geben."

Wie auf Kommando erschien Regisseur und Theaterintendant Boleslaw Barlow in der kleinen behelfsmäßigen Garderobe.

„Und Hilde, hast du dir überlegt, ob du den Prolog abliest, oder frei vorträgst?"

„Ich glaube, ich werde ablesen, ich bin so aufgeregt", sagte die Blondine kleinlaut. Mit ihrer Nervosität hatte die Blondine ein bißchen zu kämpfen. Vor ein paar Wochen sollte sie für die an Masern erkrankte Gerty Soltau einspringen und die Rolle der Fanny im Stück *Zum goldenen Anker* kurzerhand übernehmen, aber sie fiel vor Aufregung in Ohnmacht, allerdings auch vom Hunger geschwächt. Denn das Ensemble bekam als Lebensmittelkarte nur die Zweier, die Einser hatte das Bezirksamt Steglitz abgelehnt. Begründung: „Die Arbeit des Schauspielers besteht nur aus einem leichten Hin- und Hergehen auf der Bühne."

„Das ist kein Problem, wenn alles gut läuft, werden wir das Stück ja noch ein paar Mal spielen", sagte Barlog in väterlichem Ton.

„Was soll denn da schief gehen", blökte Schröder dazwischen.

„Sobald du dich sicher fühlst, trägst du frei vor, ja? Und immer dran denken, nicht schneller werden. Wir haben keine Eile, auch wenn unser Publikum frieren wird."

„Ich versuche dran zu denken, Herr Barlog."

Barlog war seit Kindheitstagen in das Theater vernarrt. Als Schüler hatte er sich nach einer Vorstellung der Dreigroschenoper im Theater am Schiffbauerdamm vor das Auto von Carola Neher gelegt und sie so gezwungen, sich seine Liebeserklärung anzuhören. Da er auch für sein Leben gern las, begann er in der alten Buchhandlung Buschhardt in der Bülowstraße eine Buchhändlerlehre. Das Schönste für den jungen Barlow war gewesen, daß nur zwei Häuser weiter der Verlag Samuel Fischer residierte. Wann immer es ging, rannte er mit Bestellzetteln rüber in den Verlag, um einen Blick auf die Hauptmanns, Wassermanns und Kellermanns zu erhaschen, die dort ein- und ausgingen. Bei Buschhardt flog er dann allerdings raus. Er hatte den Hausfrauen und Dienstmädchen unter den Kunden versucht, ihre Courths-Maler-Romane madig zu machen und sie auf Mann und Fontane umzuschulen und sie damit verschreckt.

Zwischenzeitig war Barlog auch mal beim Film gelandet, aber er mochte die Schnoddrigkeit der Filmleute nicht und eine größere Karriere als Regisseur war ihm ohnehin versagt geblieben, weil er sich bei der Besetzung der Filme, so Goebbels, als etwas eigenmächtig erwiesen hatte. Aber Barlog war nach eigener Aussage ohnehin mit dem „Bazillus Theater" infiziert.

Das Schloßbergtheater war zur ersten Aufführung von Curt Goetz' *Hokuspokus* bis auf den letzten Platz besetzt. Die Menschen im Publikum hatten sich für die Komödie in vier Akten in dicke Mäntel und Decken gehüllt. Denn beheizt war der Saal nicht, dafür fehlte es an Kohle, auch wenn einige Gäste Briketts mitgebracht hatten. Auch Kostüme und Requisiten waren Mangelware. Hans Söhnker, der den Peer Bille gab, hatte den Kollegen aus seinen privaten Beständen eigene Anzüge und Kleider mitgebracht. Für die Deko steuerte er zudem noch eine prächtige Mammutvase bei. Auch Scheinwerfer fehlten, die Bühne war alles andere als optimal ausgeleuchtet. Stattdessen malte Bühnenbildner Robert Herlth für die Gerichtsszene einfach eine Sonne auf die Kulisse.

So saß die Blondine dann auf einem Stuhl im Halbdunklen am Bühnenrand und trug den Prolog vor.

„Der Anfang ist in allen Sachen schwer; bei vielen Werken fällt er nicht ins Auge ..." Das Publikum lauschte gebannt und war erstaunt über die ruhige, sonore Stimme der noch jungen Blondine.

Nicht nur der Prolog, die ganze Kriminalkomödie verzauberte die Menschen und ließ sie für zwei Stunden ihren Alltag mit all den Sorgen und Problemen vergessen. Die Menschen waren ausgehungert nach Humor und guter Laune. Der Begeisterung konnten auch die vereinzelten Stromausfälle keinen Abbruch tun. Im zweiten Akt spielte das Ensemble einmal für zehn Minuten nur bei Kerzenschein.

Als besonderes Bonbon hatte Barlog eine Grußbotschaft von Autor Curt Goetz organisiert, der seit 1939 in den USA weilte, wo er während einer Tournee vom Ausbruch des Krieges überrascht worden war. So verlas Arthur Schröder also dem gerührten Publikum die Botschaft aus dem fernen Amerika.

Nach der Premiere wurde das Ensemble vom Publikum mit Dankbarkeit überschüttet. Eine ältere Frau, die vorne in der ersten Reihe gesessen hatte, fasste die Blondine im Foyer am Arm. „Daß ich sowas Schönes nochmal erleben darf, hätte ich nicht mehr für möglich gehalten", sagte sie mit Tränen in den Augen. Für die Blondine hatte es diesmal nur für die Rolle der Sprecherin gereicht. Aber Kollege Hans Söhnker ging nach dem ersten Akt zu Barlog und flüsterte: „Die Kleine hat richtig was drauf, die können wir doch mal in einer größeren Rolle besetzen."

Hokuspokus war ein großer Erfolg für das Theater in Steglitz, das noch in den 20er Jahren einen eher schlechten Ruf gehabt hatte. Doch nach dem Krieg wurden die Karten neu gemischt. Barlog hatte von den Amerikanern eine Lizenz für das Theater erhaltet und vom Berliner Volksbildungsstadtrat einen Kredit über 40 000 Papiermark bewilligt bekommen. Das war nicht weiter schwer gewesen. Als Volksbildungsstadtrat fungierte sein früherer Deutschlehrer Dr. Heise.

Aber nicht nur in Steglitz wurde Theater gespielt. Auch im Renaissance-Theater in Charlottenburg, im Deutschen

Theater in Mitte, im Hebbel-Theater in Kreuzberg, im Metropol-Theater, das vorübergehend in der Schönhauser Allee untergebracht war, und im Volkshaus Lichtenberg wurde schon wieder gespielt. Paul Wegener, der Präsident der Kammer der Kunstschaffenden, hatte sich in Zeitungsaufrufen „An alle Freunde des Theaters" gewandt und sie gebeten, ihre Schränke nach Büchern und Theaterstücken zu durchsuchen und diese einem Archiv für die Bühnen und Schauspieler zur Verfügung zu stellen. „Jeder Freund des Theaters möge bedenken, daß er in der Lage ist, durch ein bescheidenes Opfer selbst am Wiederaufbau der deutschen Theaterkultur Anteil zu nehmen." Die Sammelstelle befand sich in der Schlüterstraße 45.

Wer nicht ins Theater ging, suchte seine Zerstreuung im Kino. An den Eingängen gab es lange Schlangen, obwohl viele Vorstellungen wegen der Sperrstunde bereits am Nachmittag begannen. Schon Ende Juni spielten wieder über 120 Lichtspieltheater. Vor allem die russische Besatzungsmacht legte Wert auf die vielen Kinos, und oft reichte den sowjetischen Nachrichtenoffizieren schon eine weißgetünchte Häuserwand zur Filmvorführung. Das deutsche Publikum war genügsam und ließ auf der Suche nach ein bißchen Ablenkung vom Nachkriegshorror auch sowjetische Filme mit Untertiteln über sich ergehen. Doch schöner war es natürlich, von eigenen Landsleuten auf der Bühne unterhalten zu werden.

Frau Widmann hatte ein schelmisches Grinsen im Gesicht, als sie sich den großen Stapel Post auflud und zu ihrem Chef hinüberschwankte.

Becher schaute von seiner Korrespondenz auf und hatte eine dunkle Vorahnung. „Was ist das?"

„Noch mehr Einsendungen, Herr Becher." Frau Widmann öffnete die Arme und der Postberg ergoß sich auf Bechers Schreibtisch.

„Sie brauchen gar nicht so zu grinsen, Frau Widmann", sagte Becher gutgelaunt. „Du meine Güte, was haben wir uns da nur aufgehalst."

Die *Tägliche Rundschau* hatte einen Literaturpreis ausgeschrieben und Becher saß mit in der Jury. Die Resonanz auf den Aufruf war überwältigend, es gab mehr als 10 000 Einsendungen und die Auswertung würde sie wohl noch Monate beschäftigen.

„Heinz, komm doch mal bitte rüber."

„Oh nein, Joachim, das ist deine Angelegenheit", wiegelte Willmann mit einem Grinsen ab, als er im Türrahmen erschien.

„Ist ja gut, ich weiß, aber du mußt was anderes für mich übernehmen, ich komme einfach nicht dazu, ich muß mich ja auch noch um den Furtwängler kümmern."

„Was ist mit Furtwängler?"

„Die Amerikaner stimmen seiner Entnazifizierung nicht zu." Becher schüttelte den Kopf. „Dabei wurde er schon in Wien entnazifiziert. Reine Schikane, wenn du mich fragst.

Gerade jetzt, wo Borchard tot ist, bräuchten wir ihn dringender denn je."

„Borchard ist tot?"

„Hast du das nicht mitbekommen? Erschossen, von einem amerikanischen Soldaten. Sein Chauffeur hat an einer Straßensperre nicht angehalten. Dabei saß er in einem englischen Dienstwagen."

Willmann schüttelte den Kopf.

„Und wie kann ich da helfen?"

„Dabei, fürchte ich, nicht. Aber du kannst unserem Freund Fallada einen Besuch abstatten und ihm diese Akte geben", sagte Becher, während er aus der oberen Schublade seines Schreibtischs ein Aktenbündel nahm und auf den Posthaufen draufwarf.

Das Schriftstück hatten sie von Otto Winzer erhalten, der die Verantwortung für Volksbildung und Kultur trug und das Archiv der Gestapo durchforstet hatte. Ein Berliner Arbeiterehepaar hatte mit kleinen antifaschistischen Aktivitäten die Gestapo in Bewegung gehalten, nachdem die Frau im Krieg ihren Bruder verloren hatte. Willmann wollte einen Aufsatz darüber schreiben, doch Becher hatte ihn davon abgehalten: Der Stoff tauge für mehr als nur für einen Aufsatz und Fallada sei der Richtige dafür. Willmann war skeptisch gewesen.

„Ist das die Klabautermann-Sache?", fragte er jetzt.

Die Gestapo hatte die Operation zur Ergreifung des Ehepaars mit dem Kennwort *Klabautermann* versehen.

„Ja. Eigentlich wollte ich selbst mal bei Fallada vorbeischauen, aber du siehst ja ...", sagte Becher und nickte in Richtung der unzähligen Briefe auf seinem Schreibtisch.

„Alles klar. Ich verschaffe mir nochmal einen Überblick über die Akte und besuche Fallada dann."

Als Willmann nach nebenan gegangen war, erschien Frau Widmann bei Becher im Zimmer.

„Frau Widmann, sagen Sie nicht, Sie haben noch mehr Post."

„Nein, es ist nur ... ich habe das eben mit Furtwängler gehört. Wissen Sie, ich habe ihn gegen Ende des Krieges noch selbst in der Philharmonie erlebt. Er war so unerschütterlich. Die Sirenen heulten, die Bomben flogen, aber Furtwängler blieb auf seiner Kanzel und hat weiter dirigiert, und die Menschen sind geblieben, so schön war das. Ich finde, Furtwängler muß unbedingt wieder dirigieren dürfen."

„Nun ja, Frau Widmann, an mir soll es gewiss nicht liegen, ich bemühe mich."

„Diesen anderen Mann, diesen Bormann ..."

„Borchard. Leo Borchard, Frau Widmann."

„Den kenne ich überhaupt nicht."

„Er war ein freier Dirigent, Frau Widmann. Der Magistrat hatte ihn kommissarisch mit der Leitung der Philharmoniker betraut. Wie gesagt, Frau Widmann, ich bemühe mich."

„Danke, Herr Becher", sagte Frau Widmann und verschwand nach nebenan. Becher nahm sich vor, künftig bei Gesprächen mit Willmann die Tür zu schließen.

Etwa zwanzig Minuten später zeigte sich Willmann wieder im Türrahmen.

„Sag mal, ist das die ganze Akte? Ich glaube, da fehlt etwas."

„Falls du den vierten Band meinst, liegst du richtig. Den haben wir absichtlich aussortiert, um die Sache nicht zu verkomplizieren."

„Inwiefern?"

„Dieses Ehepaar, die Hampels, haben sich am Ende gegenseitig beschuldigt, um ihre Haut zu retten. Ziemlich unschön. Das will ja niemand lesen. Damit bringen wir Fallada nur in Verlegenheit."

„Ach so, verstehe."

Willmann war etwas verärgert, daß Becher ihm das erst auf Nachfrage mitteilte. Er zögerte, ob er insistieren sollte, überlegte es sich dann aber anders, als er sah, daß Becher schon wieder in seine Post vertieft war. „Na gut, ich fahre dann mal rüber. Brauchst du Rosenberg?"

Becher überlegte kurz und schaute auf den Stapel Post.

„Nein, ist in Ordnung, ich bleibe dann hier. Bis später. Ach so, du mußt bei Fallada sehr laut klopfen."

Willmann runzelte die Stirn, nickte und machte sich auf den Weg nach Schöneberg.

Am Nachmittag stand Willmann wieder bei Becher im Zimmer.

„Also, was die Akte Hampel angeht: Fallada hat abgelehnt." Willmann hatte versucht, den triumphierenden Unterton in seiner Stimme zu verbergen und war recht zufrieden mit dem Ergebnis.

Becher sah Willmann eine Weile wortlos an.

„Was hat er gesagt?"

„Na ja, daß er darüber keinen Roman schreiben wolle, weil ihm das Thema nicht behagt."

„War das alles? Was hat er genau gesagt?"

Willmann überlegte.

„Er hat gesagt, er lehne ab, weil er nicht besser erscheinen wolle, als er gewesen ist, er sei kein Widerstandskämpfer gewesen."

Becher griff nach seinen Zigaretten

„Setz dich mal einen Augenblick, Heinz."

Becher zündete sich eine Zigarette an.

Willmann setzte sich etwas verdutzt.

„Jetzt bin ich aber gespannt."

„Schau mal, der Mann soll für uns den ersten großen antifaschistischen Roman nach dem Krieg schreiben, da müssen wir uns schon auch ein bißchen Mühe geben", frotzelte Becher, der große Stücke auf seinen Humor hielt.

„Ach so, dann sag das doch gleich, seit wann geben wir uns Mühe?", nahm Willmann den Seitenhieb scheinbar gut gelaunt auf. In Wahrheit brodelte es in ihm. Er hatte den Stoff selbst bearbeiten wollen und sich das absolut zugetraut. Stattdessen mußte er diesen Fallada bekien, das zu übernehmen. Ob Becher wußte, daß der ach so große Schriftsteller da wie ein Vagabund hauste?

Becher freute sich über Willmanns Antwort und schmunzelte. „Glaubst du, es kann noch andere Gründe haben, daß er den Stoff ablehnt?"

Willmann dachte nach, ob er Becher von Falladas irritierendem Auftritt in dessen Behausung erzählen sollte, ließ es dann aber sein. Das könnte ihm als Neid ausgelegt werden, weil er diesen Stoff nicht selbst hatte bearbeiten dürfen. Aber wenigstens das mußte er loswerden:

„Na ja, wenn du mich so fragst: Wo soll er den großen Roman überhaupt schreiben? Ich könnte in dieser Bude nicht mal einen Einkaufszettel verfassen."

„Ach komm, Heinz. Die besten Romane sind im Gefängnis entstanden."

„Aber da hat man dann auch seine Ruhe. Seine Frau scheint dagegen ziemlich agil zu sein. Sie haben ja nur das eine Zimmer, und da stehen, soweit ich das gesehen habe, nicht mal Möbel drin."

„Gut, er hat ja selbst schon gesagt, daß diese Wohnung kein Zustand ist", gestand Becher und zog an seiner Zigarette. Für einige Sekunden war es still im Raum. Willmann überlegte, ob er nochmal anbieten sollte, den Stoff selbst zu bearbeiten. Aber er hoffte insgeheim, daß der Vorschlag von Becher selbst kommen würde.

„Wir werden ihm also auch noch eine neue Bleibe besorgen müssen", sagte Becher stattdessen, lehnte sich zurück und stieß den Rauch aus. Die Sache wuchs sich zu einem richtig großen Projekt aus. Sie hatten das mit der Zuzugsgenehmigung für die beiden geklärt, hatten ihnen Lebensmittelkarten beschafft und Fallada obendrein Aufträge für die *Tägliche Rundschau* besorgt. Das war gar nicht so einfach gewesen. Pereswetow schien nach seinem Besuch nicht gerade begeistert. Auch die Aufnahme in den Kulturbund war nicht reibungslos verlaufen. Ein paar Mitglieder hatten gemurrt, Fallada sei Trinker, den wollten sie nicht im Kulturbund. Fallada hatte sich dann auf Bechers Anraten hin in einem öffentlichen Brief zu den Zielen des Kulturbunds bekannt. „Das Land eines Mozart, Heine, Eichendorff muß zu retten sein", hatte er geschrieben. Jetzt also auch noch ein neues Zuhause, dachte sich Becher.

„Also gut, sag ihm, wir kümmern uns um eine neue Bleibe für ihn."

Willmann war nicht begeistert. Genauer gesagt war er sogar ziemlich angefressen. Becher wollte eher diesem Suffkopf ein neues Leben aufbauen, als seinem langjährigen Weggefährten diese literarische Chance zu geben. Aber Willmann blieb ganz Sekretär.

„Na, eine andere Wohnung war ja jetzt keine Bedingung von ihm, um den Roman zu schreiben. Ich kann jetzt nicht hingehen und sagen, *Ihnen behagt der Stoff nicht, aber mit einer neuen Wohnung wird es schon gehen, oder?*"

„Natürlich nicht, darüber wollte ich ja mit dir sprechen. Schau, du mußt sein psychologisches Interesse wecken. Er soll nicht zum Chronisten einer Widerstandsbewegung werden. Es geht hier um den Alleingang zweier kleiner Individuen gegen das große System. Sie sind selbst alles andere als Widerstandskämpfer. Um das Menschlichbleiben geht es. Um ganz normale Deutsche, die sich mit ihren bescheidenen Mitteln auflehnen. Das ist das Thema. Sowas interessiert ihn doch. So eine Art *Kleiner Mann was nun* im Nazi-Deutschland. Probiere es doch bitte so noch einmal, ja?"

Willmann seufzte.

„Na gut, mache ich. Vielleicht bringt es was", sagte Willmann im Aufstehen, dachte aber kurz darüber nach, überhaupt nicht mehr hinzufahren.

„Nicht vergessen, Fallada ist viel mehr Psychologe als Politiker", rief ihm Becher hinterher.

Mit grimmiger Entschlossenheit ließ sich Willmann schließlich ein zweites Mal in die Meraner Straße fahren. Nach dem Gespräch mit Becher hatte er sich zunächst wie nach einer Standpauke gefühlt. Er hatte sich in seinen Bürostuhl fallen lassen, die Füße auf den Schreibtisch gelegt und über seine Optionen nachgedacht. Würde das überhaupt rauskommen, wenn er nicht nochmal in dieser Bruchbude vorstellig würde? Der Aufwand, den Becher betrieb, bereitete ihm allerdings ein bißchen Sorge. Wahrscheinlich würde Becher schließlich selbst mit Fallada sprechen und ihn überzeugen. Dann würde er dumm dastehen. Letztlich überzeugte sich Willmann mit einem ganz pragmatischen Grund: Der Kerl hatte von ihnen eine Zuzugsgenehmigung und eine Einser bekommen, da sollte er auch was dafür tun.

Als er an der Wohnungstür im ersten Stock klopfte, wurde Willmann gehörig aus dem Konzept gebracht. Er hatte sich wieder auf eine längere Wartezeit und mehrmaliges Poltern an der Tür eingestellt und war daher verblüfft, als ihm fast umgehend geöffnet wurde. Vor ihm stand, tja wer eigentlich? Sah Falladas Frau nach dem Badbesuch und in ordentlicher Kleidung so viel anders aus?

Die Blondine mußte über das verwirrte Gesicht des Besuchers schmunzeln. „Kann ich Ihnen helfen?", fragte sie schließlich, weil Willmann sich nicht rührte.

„Ähm, Willmann mein Name, vom Kulturbund. Ist Herr Fallada zu Hause? Ich müßte ihn sprechen."

„Ich glaube, Sie haben Glück", antwortete die Blondine und fragte sich, ob dem Mann ihre leichte Süffisanz aufgefallen war.

„Warten Sie doch so lange in der Küche, ich schaue mal nach."

Die Blondine überlegte, ob sie den Mann auf die unzureichenden Lebensmittelkarten ihres Ensembles ansprechen sollte, ließ es dann aber bleiben. Jemand, der Hausbesuche machte, konnte keine große Nummer im Kulturbund sein. Mit einem eleganten Schwung drehte sie sich und ging den Flur runter.

Willmann hätte ihr am liebsten die Frage „Und Sie sind?" hinterher gerufen, beherrschte sich aber. Er war froh, nicht selbst in die Gruft des Schriftstellers zu müssen.

Willmann hoffte, daß die junge Frau nochmal in die Küche zurückkehren würde, und versuchte, sich eine schlaue Frage für sie zu überlegen. Er war richtig enttäuscht, als schließlich Fallada in die Küche geschlurft kam. Über seinen gestreiften Pyjama hatte er sich einen zerknitterten Überzieher geworfen.

Liebe Güte, dachte Willmann, es ist schon Nachmittag. Wieder war Willmann versucht, Fallada gar nicht mehr auf den Roman anzusprechen und ihm nur mitzuteilen, daß sie eine andere Wohnung für ihn finden wollten. Aber was wäre das für ein Besuch gewesen? Auch seinem Impuls, den Pyjamaträger zu fragen, wer die junge Frau eben an der Tür gewesen war, widerstand Willmann, er war schließlich verheiratet.

„Ich habe eine gute und eine schlechte Nachricht", begann Willmann.

„Die schlechte Nachricht nehmen Sie besser gleich wieder mit, ich will nur die gute hören", antwortete Ditzen grimmig. Der Schriftsteller schien sichtlich irritiert, ihn gleich zweimal an einem Tag empfangen zu müssen. Aber das sollte nicht sein Problem sein, dachte sich Willmann und ging auch nicht auf das ein, was Ditzen gesagt hatte.

„Wir werden Ihnen eine andere Wohnung besorgen, aber ich muß nochmal wegen der Romanidee insistieren."

„Welcher Romanidee?"

Falls Ditzen sich über die Zusage einer anderen Wohnung freute, war ihm davon jedenfalls nichts anzumerken. Willmann überlegte, ob der große Romancier das Gespräch vom Vormittag tatsächlich vergessen hatte oder nur bockig war.

„Die Akte Hampel, die Widerstandskämpfer." Willmann biss sich auf die Zunge. Das Wort hatte er eigentlich vermeiden wollen.

„Fangen Sie schon wieder damit an", ereiferte sich der Mann im Pyjama. „Ich habe Ihnen doch gesagt, daß ich nicht dazu tauge, etwas über Widerstandskämpfer zu schreiben. Das ist mir auch alles zu düster, ohne Leben, Hoffnung, Jugend."

„Sehen Sie es nicht als Widerstandsdrama, sehen Sie es als eine Art *Kleiner Mann was nun?* im Nationalsozialismus, im Krieg."

Ditzen schwieg. Willmann sah, wie jemand in die Küche lunzte, ebenfalls im Pyjama. Ditzens Frau, aber sie war wieder weg. Ditzen bekam das nicht mit, weil er mit dem Rücken zur Tür stand. Er überlegte vielmehr, ob dieser traurige Romanstoff eine Bedingung für die neue Wohnung war. Aber er würde die Wohnung ja sicherlich nicht erst bekommen, wenn der Roman fertig war.

„Also gut", sagte er schließlich ohne große Überzeugung oder Begeisterung. „Geben Sie schon her."

Das war jetzt einfach gegangen, dachte Willmann. Misstrauisch schob er das Aktenbündel über den Küchentisch. Unfassbar, daß er jemand anderen überreden mußte, diesen verheißungsvollen Stoff zu bearbeiten.

Willmann überließ Ditzen 90 Seiten der Akte Hampel, die aus dem Archiv der Gestapo stammte.

„Sie müßten morgen nochmal bei uns vorbeischauen, damit wir das schriftlich regeln."

Das war nicht mit Becher abgesprochen, erschien ihm aber sinnvoll. Und es gab ihm selbst auch wenigstens eine kleine Genugtuung. Umso mehr, als Ditzen für einen Moment erschrak, an eine vertragliche Verpflichtung hatte er nicht gedacht. Er brummte aber nur, auch sein Kopf signalisierte keine Zustimmung.

Am 18. Oktober 1945 wurde jedoch ein Vorvertrag über das Buchprojekt *Im Namen des Deutschen Volkes – Streng geheim* abgeschlossen. Demnach sollte Ditzen das Manuskript der Aufbau Verlags-Gesellschaft bis zum 31. Januar 1946 vorlegen. Gleichzeitig wurde der Vorabdruck in der *Neuen Berliner Illustrierten* vereinbart, dem Blatt, bei dem Bechers Frau Lilly das Sagen hatte.

---------------------------*Der Umzug*

Die Laune von Erwin Hoof war schonmal besser gewesen. Erst der Ärger mit seiner Gisela, und nun schickte der Krause vom Wohnungsamt Pankow ihn schon wieder zu diesem Fallada. Das war bestimmt schon das sechste oder siebte Mal. Hoffentlich würde Fallada nicht wieder von der Berliner Front anfangen und warum er desertiert sei, das ging ihm auf die Nerven.

Wenigstens durfte er wieder den schnieken Militärjeep fahren, den ihm die Kommandantur in Pankow zu Verfügung gestellt hatte.

Hoof fuhr in der Wolfshagener Straße vor. Dort waren die Ditzens provisorisch untergekommen, nachdem die Situation in der Meraner Straße eskaliert war. Der BEWAG-Mann hatte eines Nachmittags den Strom abgestellt, weil der Verbrauch zu hoch war. Die Pesoke war fast durchgedreht, als sie von ihrem Trümmerschippen nach Hause kam. Der Verbrauch war natürlich nur so hoch, weil die Ditzens den ganzen Tag in der Wohnung rumhingen. Da hatte der zaghafte Einwand der Ditzen, die Pesoke würde sich immer ihr Brot auf der Herdplatte rösten, nicht viel geholfen. Die Pesoke hatte mit der Polizei gedroht, weil sie noch nicht wußte, daß die Ditzens mittlerweile offiziell in Schöneberg gemeldet waren. Dennoch war die Stimmung ziemlich angespannt und Ditzen hatte Becher um dringende Hilfe gebeten. Bis nun ein geeignetes Haus gefunden war, hatte das Wohnungsamt Pankow den Ditzens auf Vermittlung von Becher eine kleine Wohnung Ecke Kavalierstraße zugewiesen. Hoof gab nun den Makler und zeigte dem Ditzen leerstehende Häuser. Aber bislang hatte der immer alles abgelehnt.

Hoof parkte den Jeep direkt vor dem Haus. Ein kleines Mädchen auf der anderen Straßenseite sah keck zu ihm rüber. Wenn er rechtzeitig fertig würde, wollte er Gisela später noch mit dem Jeep abholen. Das würde gewiss Eindruck machen und ein bißchen für gutes Wetter sorgen.

Hoof klingelte bei Ruhroff, den Vormietern, die noch auf dem Klingelschild standen. Auf seiner Anweisung vom Wohnungsamt stand übrigens Fallada-Ditzen. Auch komisch, dieser Doppelname. Der Herr Schriftsteller höchstpersönlich öffnete die Tür, wirkte etwas hektisch.

„Ah, junger Mann, kommen Sie rein, ich hatte Sie ganz vergessen."

Typisch. Ging ja auch nur um ein Haus, dachte sich Hoof.

„Ich stecke mitten in der Arbeit. Darf ich Ihnen eine Scheibe Brot anbieten? Ein junger Mann wie Sie hat bestimmt Hunger."

„Ja, danke, bei Brot sage ich nicht nein."

Mit Lebensmitteln war Herr Fallada-Ditzen oder wie auch immer stets großzügig. Aber von seinen Zigaretten bot er nie eine an, dabei rauchte er eine nach der anderen. Ditzen kam aus der Küche mit einem Ranken Brot und drückte ihn Hoof in die Hand. Dann verschwand er im Schlafzimmer. Hoof stand kauend im Flur. Von der Frau, die höchstens fünf Jahre Jahre älter war als er selbst, war nichts zu sehen. Neulich hatte Hoof gesehen, wie sie noch im Bett gelegen hatte, als er kam. Am hellichten Tag.

Ditzen hatte inzwischen seine Jacke angezogen, die ihm etwas groß zu sein schien.

„Was schauen wir uns denn heute an, junger Mann?", fragte Ditzen, während die beiden zum Jeep gingen.

„Ein Haus in der Nähe der Bornholmer Straße, mit großem Garten. Das wird Ihnen gefallen."

Man soll die Hoffnung ja nie aufgeben, dachte sich Hoof, während er den Wagen startete.

„Nun, wir werden sehen", sagte Ditzen zurückhaltend.

Wie das schon wieder klang, dachte Hoof. Auf dem Weg Richtung Bornholmer Straße fing der doch schon wieder an: „Sagen Sie, was mich noch beschäftigt hat nach unserer Unterhaltung neulich: Wie kommt es, daß ein junger Mann wie Sie nicht in Kriegsgefangenschaft geraten ist?"

„Ich weiß es nicht. Vielleicht hatte ich einfach Glück. Ich war ja desertiert und trug keine Uniform."

„Erstaunlich. Sie haben damit ihr Leben riskiert."

Es war einen Augenblick still im Fahrzeug. Hoof dachte nicht daran, Konversation zu betreiben, dazu war er nicht verpflichtet. Er war hier nur der Fahrer.

„Wieso arbeiten Sie eigentlich beim Magistrat, auf dem Schwarzmarkt könnten Sie doch sicherlich viel mehr Geld verdienen?"

Also wirklich, mußte er auf so etwas antworten?

„Sie fragen mich, warum ich eine legale Beschäftigung einer illegalen vorziehe?"

„Ja, wenn man es so sieht", sagte Ditzen nachdenklich und machte ein spitzes Gesicht. Beide Männer schwiegen wieder. Bevor er gleich die nächste bescheuerte Frage stellt, frage ich lieber mal, dachte sich Hoof.

„Heißen Sie jetzt eigentlich Fallada oder Ditzen?"

„Fallada ist mein Künstlername, den habe ich mir zugelegt." Ditzen wartete auf eine Nachfrage, aber die kam nicht. „Wenn Sie wissen wollen, warum ich so heiße, müssen Sie den Schimmelreiter von Storm lesen. Das Büchlein kann ich Ihnen sogar geben. Wenn Sie meine eigenen Bücher lesen wollen, müssen Sie sich die aber kaufen", sagte Ditzen und lachte kurz.

Einen Teufel werde ich tun, dachte sich Hoof.

Sie waren vor dem Haus angekommen.

„So, das hier rechts ist es, das mit dem Erker."

„Das sieht schön aus", sagte Ditzen.

Im jungen Hoof kam Hoffnung auf. Vielleicht würde er diesen Auftrag heute endlich zu Ende bringen. Dann würden die Nörgelei von Krause und die Fragerei von diesem Fallada ein Ende haben. Aber es war auch nicht das erste Mal, daß dem Herrn Schriftsteller ein Haus scheinbar zusagte und er es dann im Nachgang doch ablehnt.

„Ich war selbst noch nicht drin, also schauen wir mal", sagte Hoof und versuchte aufmunternd zu klingen.

Das Haus war geräumig, die Küche im Verhältnis zum Rest des Anwesens vielleicht etwas klein. Das Prunkstück war aber sicherlich der Garten, mit altem Baumbestand und einem großen Fliederbusch.

Ditzen schaute sich im Garten um. Hoof versuchte in seiner Miene zu lesen, was er dachte.

„Lassen Sie mich noch einen Augenblick allein im Garten? Sie können schon wieder zum Auto gehen, ich komme auch gleich", sagte Ditzen.

„Wie Sie wünschen", sagte Hoof etwas verblüfft.

Der junge Mann ging seitlich am Haus vorbei in Richtung Jeep. Was sollte das jetzt? Durfte er Fallada überhaupt alleine lassen? Aber was konnte er schon anstellen. Hoof war sich nicht sicher. Vorsichtshalber machte er kehrt und spähte in den Garten. Ditzen stand hinter dem Fliederbusch und hantierte mit einer Spritze. Er setzt sich eine Injektion, staunte Hoof. Er zog sich schnell zurück und ging zum Wagen. Was hatte das zu bedeuten? Veranstaltete Fallada den ganzen Zinnober nur, um regelmäßig ungestört sein zu können? Wurde er zum Narren gehalten? Hoof dachte nach. Hatte sich Fallada bei den bisherigen Besichtigungen auch abgesetzt? Er konnte sich nicht erinnern, ihm war nichts dergleichen aufgefallen.

Ditzen kam jetzt schon zurück zum Jeep. Hoof versuchte sich nichts anmerken zu lassen, das würde nur Ärger für ihn bedeuten.

„Ein wirklich sehr schönes Anwesen", sagte Ditzen, während er in den Jeep kletterte.

„Welche Hausnummer ist das?"

„Welche Hausnummer?" Erneut war Hoof verblüfft, das hatte er doch schon einmal gefragt bei einem der vorherigen Objekte. Hoof sah in seine Unterlagen.

„Das ist die Nummer 7."

„Nummer 7, sehr schön."

„Und, werden Sie es nehmen?", fragte Hoof frei heraus.

„Wir schauen mal, wir schauen mal", sagte Ditzen.

Nicht schon wieder, dachte sich Hoof. Ob er ihm einfach mal seine Problematik schildern sollte? Ganz offen? Mit so einem Schriftsteller mußte man doch reden können.

„Darf ich ganz offen sein, Herr Fallada, oder Herr Ditzen?"

„Fallada. Und nur zu, junger Mann."

„Mein Chef macht mir die Hölle heiß, weil Sie immer noch kein Haus gefunden haben. Ihm sitzt wohl auch wiederum jemand im Nacken, die Sache hat eine recht hohe Priorität, glaube ich. Es ist nur so ..., die Sache fällt auf mich zurück. Es heißt, ich sei unfähig oder würde mir keine Mühe geben."

„Wo denken Sie hin, junger Mann. Das hat doch nichts mit Ihnen zu tun."

„Aber woran liegt es, war da wirklich noch nichts Passendes dabei? Vielleicht kenne ich Ihre Anforderungen nicht gut genug."

Ditzen sah angestrengt nach vorne auf die Straße, aber sie waren ja noch nicht losgefahren. Das fiel ihm wohl auch auf. „Es ist so", sagte er schließlich, während er den jungen Fahrer fest anblickte. „Ich will keinen Besitz von den Nazis. Das habe ich Becher auch schon gesagt. Damit möchte ich in Ruhe gelassen werden."

Wer ist Becher?, fragte sich Hoof.

„In Ordnung, dann gebe ich das mal so weiter", sagte Hoof, ohne zu wissen, ob ihm das weiterhelfen würde.

Es war das letzte Mal, daß Hoof Ditzen zu Gesicht bekam. Hoof meldete die Dünkel Ditzens an den Pankower Wohnungsamtsleiter Felix Krause, Krause meldete es an den Magistrat, der Magistrat an den Pankower Kommandanten der SMAD, Sergej Karakane, Karakane an Oberst Tulpanow, der informierte Becher.

Becher seufzte und rieb sich seine hohe Stirn. Jetzt wurde selbst die Quartiersuche zur Chefsache. Er überlegte kurz und griff dann zum Hörer.

„Becher hier, den Genossen Pieck bitte." Ein paar Sekunden später war Pieck in der Leitung. „Hallo Genosse Wilhelm, sag mal, glaubst du, wir kriegen den Fallada im Städtchen unter?"

Es war einen Augenblick still in der Leitung.

„Du fragst Sachen, Hans."

„Es ist ein wirklich wichtiges Projekt, finde ich, und Fallada ist immerhin ein bedeutender Schriftsteller."

„Wenn es ein wichtiges Projekt ist, dann kriegen wir das hin, ich versuche, das zu klären."

Sechs Tage später stand fest: Ditzen würde nach Niederschönhausen in den Eisenmengerweg 19 ziehen. Das Haus hatte vorher Anton Ackermann gehört und war zwischenzeitig von den Russen als Möbelmagazin genutzt worden.

Die Filmemacher -----------------------

Paul Wandel klopfte mit seinem roten Füllfederhalter ein paar Mal gegen das Glas vor ihm auf dem Tisch.

„Bitte, meine Herren, wir wollen dann anfangen. Nehmen Sie doch bitte Ihre Plätze ein, soweit das noch nicht geschehen ist."

Das vielstimmige Gemurmel ebbte ein wenig ab, während die Männer Platz nahmen. Wandel ließ seinen Blick zufrieden über die Reihen der Filmemacher, Schriftsteller und Kulturfunktionäre schweifen.

„Zunächst einmal freue ich mich, so viele bekannte Gesichter zu sehen. Wie Sie alle wissen, sind wir heute hier zusammengekommen, um über den Aufbau einer neuen Filmproduktion zu beraten. Ich persönlich wünsche mir Filme, die einen neuen Geist atmen, Filme mit humanistischem, antifaschistischem und demokratischem Inhalt, die nichts gemein haben mit der Tradition der Ufa. Ich hoffe auf viele anregende Ideen und kontroverse Gespräche. Aber, das will ich vielleicht noch zu bedenken geben: Wir sind ein bißchen in Eile. Die von uns benötigten Fachleute wandern teilweise in andere Betriebe ab, weil sie als Produktionsarbeiter bessere Lebensmittelkarten bekommen. Dies nur als Hinweis. Das Wort würde ich nun zunächst mal gerne Herbert Volkmann erteilen, der, wie Sie alle wissen, in der Zentralverwaltung für Volksbildung für Literatur und Kunst zuständig ist. Bitte, Herbert."

„Danke, Paul", antwortete der Angesprochene und ließ nun ebenfalls seinen Blick über die Herren an den Tischen schweifen. Dabei fiel sein Blick auch auf Rudolf Ditzen, der ihm recht zerknittert aussah. Damit lag Volkmann goldrichtig, denn Ditzen fühlte sich überhaupt nicht wohl in seiner Haut. Was habe ich hier verloren, dachte der sich. Das sind doch alles Parteifunktionäre hier. Und überhaupt, was habe ich mit dem Film zu schaffen, ich bin Schriftsteller, ich bin Romancier."

Mit Unbehagen dachte er an die beiden Male zurück, bei denen er bislang mit den Filmleuten zu schaffen gehabt hatte. Aus der Drehbucharbeit an der Verfilmung zu *Kleiner Mann was nun?* war er ausgestiegen, den fertigen Film hatte er abscheulich gefunden. Das andere Mal war beim *Eisernen Gustav* gewesen. Die Tobis hatte ihn gebeten, einen Film für Emil Jannings zu schreiben. Die Drehbuchautoren hatten dann genörgelt, der Roman biete viel zu viel Stoff für nur einen Film und sie hätten so viel Arbeit damit. Zu guter Letzt hatte er dann auch noch auf Goebbels Geheiß das Ende des Romans umschreiben müssen und der Film war nie erschienen, weil sich Goebbels und Rosenberg wegen des Projekts in die Haare bekommen hatten. Die Tobis wollte schließlich die 5000 Reichsmark Anzahlung von ihm zurück.

Ditzen war nur auf Wunsch von Becher im Adlon erschienen. Na, was heißt im Adlon, das war ja komplett zerstört. Sie saßen in einem Nebengebäude des Hotels. Becher hatte ihn gebeten, dort zu erscheinen, weil er den Stoff für diese Akte Hampel liefern sollte. Das sollte auch verfilmt werden. Aber für das Manuskript, das er in knapp zehn Wochen abliefern sollte, hatte er noch nicht eine einzige Zeile geschrieben. Der Gedanke, sich nachher wieder mit den Filmleuten herumschlagen zu müssen, machte ihm die Arbeit an der Akte nicht angenehmer. Auch daran erinnerte ihn diese Versammlung hier.

Ditzen ließ wie zuvor Wandel und Volkmann seinen Blick über die Reihen schweifen. Aber er kannte niemanden, außer den Weisenborn, aber selbst den nur flüchtig. Ditzen beugte sich zu seinem Nebenmann.

„Sollte der Rühmann nicht auch dabei sein?", flüsterte er.

Sein Nachbar schaute ihn verdutzt an.

„Heinz Rühmann? Der ist doch noch nicht mal entnazifiziert."

Ditzen nickte nur betreten. Sagte er doch, eine reine Parteiveranstaltung der KPD hier. Ditzen hörte gar nicht mehr zu. Und die Filmemacher einigten sich im Adlon zunächst mal nur darauf, wie der neue deutsche Film auf keinen Fall aussehen sollte.

Max Rosenberg polierte noch einmal behutsam den beigen Lack der Motorhaube. Danach überprüfte er zum dritten Mal den Inhalt des Kofferraums. Drei Benzinkanister, Werkzeug, Reserverad und der Wagenheber, alles da. Es konnte losgehen – fehlten nur noch seine beiden Fahrgäste. Auf diesen Fallada war er gespannt. Von dem hatte er damals *Kleiner Mann was nun?* gelesen. Das sollte was heißen. Rosenberg las nicht viele Bücher. Seit dem Krieg schon gleich gar nicht mehr.

Rosenberg hatte das Kriegsende in einem Arbeitslager für Migranten im Tessin erlebt. 1937, als 20-Jähriger, war er vor den Nazis in die Schweiz geflohen. Im August war er in seine Heimatstadt Berlin zurückgekehrt und seit gut zwei Monaten der Fahrer Bechers. Den hatte er bis zu seinem Dienstantritt nicht gekannt. Obwohl, indirekt schon. Eine Woche bevor er bei Becher anfing, war auf einer Kundgebung im Lustgarten Bechers Gedicht *Kinderschuhe aus Lublin* vorgetragen worden. Da wußte er schon, daß er bald für Becher arbeiten würde und hatte den Versen mit Vorfreude gelauscht, auch wenn ihm das Gedicht etwas lang vorgekommen war und er nicht alles verstanden hatte, das mit den Zwergen und der Engelspuppe und so. Aber eine der vielen Strophen war hängengeblieben. Wie ging die noch?

Die Deutschen waren schon vertrieben / da fand man diesen schlimmen Fund / Wo sind die Kinder nur geblieben? / Die Schuhe tun die Wahrheit kund.

Während Rosenberg sich an das Gedicht erinnerte, kam dessen Urheber aus seinem Haus.

„Oha, ein flotter Wagen, Herr Rosenberg", begrüßte Becher seinen Fahrer.

„Guten Morgen Herr Becher. Ein Volvo PV 444. Der hat 40 Pferdestärken und einen Fallstromvergaser, damit fliegen wir quasi nach Schwerin", begeisterte sich Rosenberg.

„So, so. Wieviel hat denn mein Topolino? Ich weiß sowas gar nicht."

„13", antwortete Rosenberg und grinste.

„So, 13", antwortete Becher abwesend.

Für solche technischen Details hatte Becher nichts übrig, obwohl er ein begeisterter Autofahrer war. Manchmal ließ er Rosenberg auf dem Beifahrersitz Platz nehmen und fuhr selbst von der Victoria- in die Schlüterstraße. Becher und Rosenberg hatten dabei einen kleinen Wettstreit laufen, wer mit weniger Schaltvorgängen von Niederschönhausen nach Charlottenburg kommen würde. Denn die ersten beiden Gänge waren beim Topolino nicht synchronisiert, weswegen das Schalten mit dem etwas nervigen Zwischengas erfolgen mußte.

„Hier, noch ein bißchen Wegzehrung", sagte Becher und hielt ein Paket hoch. „In den Kofferraum?"

„Ja, warten Sie, ich verstaue es. Das ist ja ein Riesensack."

„Meine Frau hat es gut gemeint. Na, verhungern werden wir jedenfalls nicht, das ist ja auch schon mal was dieser Tage", sagte Becher. „Ist Fallada noch nicht da? Er wollte längst hier sein."

„Ich habe ihn jedenfalls nicht in den Kofferraum gepackt, falls Sie das meinen, Herr Becher."

Becher blickte die Straße runter.

„Wir fahren ihm einfach die paar Meter entgegen."

Becher und Ditzen wohnten seit drei Wochen in unmittelbarer Nachbarschaft. Daher hatten sie vereinbart, sich am Morgen bei Becher zu treffen.

Rosenberg startete den Motor und drehte sich Beifall heischend zu Becher um.

„Eine 1,4 Liter-Maschine", sagte Rosenberg anerkennend.

Becher nickte geistesabwesend. Er war etwas nervös. Hatte Fallada ihn falsch verstanden? Er wußte zwar, daß Fallada von diesem Ausflug nicht begeistert gewesen war, aber er würde ihn doch nicht schwänzen wollen. Oder? Becher mochte keine Unpünktlichkeit. Es ist unanständig, einen Menschen warten zu lassen, war seine Maxime.

Als kurz darauf auf sein Klingeln im Eisenmengerweg niemand öffnete, trug das nicht unbedingt zu seiner Beruhigung bei. Becher dachte nach. Wo konnte der Kerl stecken? Und warum war auch Ulla offenbar nicht zu Hause? Er trat ein paar Schritte zurück, um zu sehen, ob sich irgendwo im Haus was tat. Eigentlich unsinnig, dachte Becher. Sie werden sich wohl kaum vor mir verstecken und hinter der Gardine lauern. Doch genau das tat Ulla Ditzen. So weit ist es schon gekommen, dachte sie: Es klingelt jemand bei uns und ich verstecke mich.

Becher überlegte indes, wie lange sie auf Fallada warten konnten. Sie durften auf keinen Fall zu spät in Schwerin sein, und hetzen wollte er auch nicht.

„Da kommt jemand", sagte Rosenberg, der am Wagen stehen geblieben war. Becher drehte sich um, sah aber zunächst niemanden. Ach, von dort, von der anderen Seite. Tatsächlich, da kam er mit schnellen Schritten. Aus der Richtung, aus der sie auch gekommen waren. Wie war das möglich? Da hätten sie ihn doch sehen müssen. Becher ging ihm entgegen. Wie schmächtig Fallada wirkte auf dem breiten Trottoir neben der Ginsterhecke.

„Mein lieber Fallada, wo kommen Sie denn her?", fragte Becher mehr erleichtert als neugierig.

„Ich war gerade bei Ihnen zu Hause, da sagte Lilly, Sie seien schon los."

„Aber wir hätten uns doch treffen müssen."

„Ich weiß auch nicht", log Ditzen.

„Es hat auch niemand aufgemacht, ist Ulla denn nicht zu Hause?"

„Ähm, ich glaube sie wollte ein paar Besorgungen machen", sagte Ditzen und war selbst nicht sehr begeistert von seiner Antwort. Daß Ulla morgens um kurz nach acht Besorgungen machen wollte, war nicht sehr glaubwürdig.

Den Gedanken hatte Becher auch. Was ist das wieder für eine Geschichte?, fragte er sich.

„Egal, nun aber los, wir wollen die Genossen nicht warten lassen."

„Ein schönes Auto", sagte Ditzen, froh, seinerseits das Thema wechseln zu können.

„Den hat uns die SMAD zur Verfügung gestellt. Ich wäre auch mit meinem Topolino gefahren, aber der ist wohl zu klein für uns drei."

Die Männer stiegen ein. Becher und Ditzen nahmen im Fond Platz, Ditzen warf dabei noch einmal einen verstohlenen Blick auf sein Haus. Es schien alles ruhig. Noch vor 20

Minuten hatte Ulla getobt und buchstäblich Schaum vor dem Mund gehabt. Es war nicht mehr viel Morphium im Haus. Ditzen war daher zu Dr. Bell geeilt, einem Arzt, der in Pankow wohnte und dem er das Versprechen abgenommen hatte, während seiner Abwesenheit nach Ulla zu schauen und sie zu versorgen.

„Und, mein lieber Fallada, sind sie präpariert für Ihren Vortrag?", fragte Becher beschwingt, als sie die Blankenfelder Chaussee stadtauswärts fuhren und sich beide eine Zigarette angezündet hatten. Ditzen und Becher waren beide Kettenraucher.

„Wir werden sehen", sagte Ditzen deutlich weniger beschwingt.

„Wenn Sie unsicher sind, schaue ich gerne einmal drüber über Ihre Rede", bot Becher an.

„Danke, ich hoffe, das ist nicht notwendig. Es geht weniger um die Rede, als um das Vortragen. Vor vielen Menschen eine Rede halten, das ist etwas, für das ich nicht geboren bin. Meine Frau Anna nannte mich immer einen Stubenkater. So ganz falsch lag sie damit wohl nicht."

„Wie geht es Ihrer Ex-Frau denn, haben Sie Kontakt zu ihr?"

„Im Moment schreiben wir uns wieder regelmäßig. Wegen Uli, unserem Sohn. Er soll nach Berlin kommen und hier zur Schule gehen. In Feldberg gibt es noch keine weiterführende Schule für ihn."

„Ach, wie alt ist er denn?"

„Er ist jetzt 15."

„So alt schon", sagte Becher. Es war anerkennend gemeint, klang aber eher verwundert, was Becher selbst merkte und sich fragte, warum ihn ein 15-jähriger Sohn von Fallada verwunderte. „Und wann soll er kommen?"

„Das ist noch nicht ganz klar. Suse ziert sich noch ein bißchen, Berlin ist ja derzeit nicht der beste Ort für Kinder. Überall Trümmer und Blindgänger und nichts zu beißen."

„Suse?"

„Ja, Suse. Ach so, ich nenne meine Frau Suse. Also meine erste Frau."

Becher war verwirrt. Wieso nannte man eine Frau, die auf den schönen Namen Anna hörte, Suse?

„Ja, gewiss keine leichte Entscheidung für eine Mutter", sagte er dann. „Aber in Berlin geht es wenigstens aufwärts. Bis es draußen in Feldberg wieder ein Gymnasium gibt, könnte es hingegen noch eine Weile dauern." Ditzen nickte und blies Rauch aus.

„Das ist meine Rede, aber erklären Sie das mal meiner Frau, also der Mutter meiner Kinder."

Daß Anna vor allem Sorge hatte, ihren Ältesten zwei Drogenabhängigen anzuvertrauen, behielt Ditzen lieber für sich.

„Wie viele Kinder haben Sie?"

„Drei. Wir haben noch eine Tochter, Lore und den kleinen Achim. Lore hatte sogar eine kleine Zwillingsschwester, die Edith, aber sie ist gleich nach der Geburt gestorben ...".

„Oh, das tut mir leid, das muß schrecklich gewesen sein."

Ditzen schwieg.

„Sie haben doch auch eine Tochter, Herr Rosenberg, oder?", wandte sich Becher an den Fahrer, um die Stille zu füllen.

„Meine kleine Marta, sie ist jetzt fünf und mein ganzer Stolz", antwortete Rosenberg und drehte dabei den Kopf ein

Stück nach hinten, bevor er wieder auf die Straße schaute, auf der jetzt an der Stadtgrenze von Berlin kaum Verkehr war.

„Kinder sind der einzig wahre Reichtum, dann erst weiß man, wofür man lebt", schaltete sich Ditzen wieder ein.

Jetzt schwieg Becher einen Augenblick betreten.

„Im Exil wollten wir beide keine Kinder", sagte Becher. „Die Zeit war einfach zu unsicher. Meine Frau und ich gehen aber auch beide so in unserer Arbeit auf ..." Er ließ den Satz in der Luft hängen.

„Sie arbeiten viel, nicht wahr?", fragte Ditzen etwas neidisch. „Ich war ganz erstaunt, als ich Ihren Roman zur Rezension vorgeschlagen bekam. Wann haben Sie den denn noch geschrieben?"

„Sie rezensieren meinen Roman? Das wußte ich ja noch gar nicht, für wen denn?"

„Für den Berliner Rundfunk."

„Ach, sehr schön, das freut mich. Und was sagen Sie? Seien Sie ehrlich, Fallada." Becher blickte Ditzen interessiert an.

„Ich habe ihn noch nicht ganz durch, da will ich mir noch kein Urteil erlauben. Aber ich habe doch einige Gemeinsamkeiten zwischen uns beiden entdeckt, glaube ich", sagte Ditzen und hoffte, damit eine eigentliche Antwort umschiffen zu können.

„So, welche denn?", fragte Becher, der die Antwort natürlich viel besser kannte als Ditzen. Schließlich hatte er sich in den vergangenen 13 Jahren regelmäßig mit dem Werk Falladas befasst, was umgekehrt nicht der Fall war, das wußte Becher selbst. Aber er war neugierig zu hören, was Ditzen in seinem Roman gefunden hatte.

„Was meinen Sie, wieviel Autobiographisches steckt in *Abschied*?", fasste Becher nach, weil Ditzen noch mit einer Antwort zögerte.

„Zunächst mal glaube ich, daß wir beide Väter haben, die in der Justiz zu Hause sind", begann Ditzen vorsichtig. Ihm war das Thema unbehaglich.

„Das war nicht schwer, unsere Väter waren beide hohe Richter. Weiter", drängte Becher.

Ditzen fluchte innerlich, damit angefangen zu haben. Ihm war dieses Spielchen nicht recht. Er mußte dabei ja nicht nur ergründen, was in Bechers Roman *Abschied* autobiographisch war, sondern auch sehr viel von sich selbst preisgeben. Dazu war er eigentlich nicht bereit. Noch vor zwei Monaten hatte er diesen Mann nicht mal gekannt. Zwar hatten sie, seit sie Nachbarn waren, ihren Kontakt intensiviert, aber dabei war es vornehmlich um ihre Arbeit gegangen.

Er konnte allerdings jetzt nicht auf der ganzen langen Fahrt nach Schwerin den Stockfisch geben, dachte Ditzen und raffte sich auf. „Ich glaube, wir hatten beide Probleme in der Schule."

„Probleme ist gut, Fallada", sagte Becher leutselig. Es amüsierte ihn, wie Ditzen rumeierte.

„Ich bin wegen einer *völlig ungenügend* in Deutsch durchgefallen und kam danach auf ein katholisches Pensionat nach Oettingen."

Ditzen dachte an seine Schulwechsel, die er hauptsächlich den Versetzungen seines Vaters zu verdanken gehabt hatte.

„Welche Schuld tragen wohl unsere Väter an unseren schulischen Problemen?", fragte Ditzen, der froh war, ein Stück weit vom Roman wegzukommen.

„Die Erziehung meines Vaters war darauf ausgerichtet, aus mir einen pflichtbewußten Staatsdiener zu machen", sagte Becher.

„Genau wie bei mir. Was anderes als die Juristerei war für meinen Vater gar nicht vorstellbar. Er hatte preußische Tugenden bis ins Mark."

„Mein Vater war sehr jähzornig. Mein Verhältnis zu ihm war unerträglich. Das war auch ausschlaggebend für diese Katastrophe ..." Becher hielt kurz inne, „... für diese Pubertätstragödie, wie ich sie heute nennen würde."

„So weit bin ich in dem Buch noch nicht vorgedrungen."

„Das werden Sie auch nicht, mein lieber Fallada. Es steht nämlich nicht drin. Im Roman habe ich das als Anschlag getarnt. Aber in Wahrheit war es ein Doppelselbstmordversuch von mir und meiner Geliebten."

Ditzen verspürte eine klammheimliche Freude. Auch dieser scheinbar so tadellose Ehrenmann hatte eine nicht unbefleckte Jugend. Er versuchte jedoch, betroffen zu wirken und machte eine Schnute.

„Wann war das?"

„1910."

„Bei mir 1911", rutschte es Ditzen heraus, was er gleich bereute.

Es war jetzt still im Volvo. Die Morgensonne bemühte sich, die dichten Tabakschwaden im verqualmten Fahrzeug zu durchdringen. Rosenberg sah angestrengt geradeaus. Was erzählten die da? Beide hatten versucht, sich als Schüler umzubringen? Warum? Rosenberg hoffte, daß es nicht noch schlimmer kommen würde.

„Und in beiden Fällen haben wir es überlebt und unsere Suizidpartner nicht", sagte Becher jetzt, weil Ditzen beharrlich aus dem Fenster auf die vorbeiziehende Landschaft schaute, als sei er ein zufälliger Mitreisender. Rosenberg schluckte. Suizidpartner? So viel zu der Hoffnung.

„Sie haben *Der Junge Goedeschal* gelesen?", fragte Ditzen und war etwas unangenehm berührt, weil ihm das Buch mittlerweile ziemlich peinlich war.

„Ich habe, soweit ich weiß, alle Ihre Bücher gelesen", antwortete Becher.

Jetzt fühlte sich Ditzen geehrt, aber es war ihm auch etwas peinlich. Dieser Mann, der ihm noch vor ein paar Wochen völlig unbekannt war, hatte alles von ihm gelesen. Ditzen beschloß, sich etwas mehr Mühe mit dieser Konversation zu geben, er taute ein bißchen auf: „Nun ja, im *Goedeschal* stehen die Dinge etwas beschönigt drin, muß ich gestehen."

„Aber das ist doch klar, Fallada, das habe ich ja auch getan. Wer hätte das nicht so gemacht?"

„Wobei ich das auch mal genau so aufgeschrieben habe, wie ich mich daran erinnere. Ist aber nie veröffentlicht worden ... Nun ja, macht wohl im Moment auch wenig Sinn."

„Nein, mein lieber Fallada, da haben Sie recht. Mit Geschichten über Suizidversuche können wir im Moment wohl eher nicht punkten. Die BEWAG mußte im Sommer sogar teilweise das Gas abstellen, weil die Suizide Überhand nahmen."

Es war wieder einen Augenblick still im Wagen. Rosenberg war dankbar für die Stille, er wollte diese Intimitäten der beiden Herren im Fonds nicht hören. Er wußte nicht, wie er sich diese Herrentour vorgestellt hatte. Ihm war klar, daß sie drei nicht gemeinsam Lieder trällern würden. Aber diese erschütternden Bekenntnisse da auf der Rückbank hätte er nun auch nicht gebraucht. Und sie waren gerade mal aus Berlin raus.

Für den jungen Fahrer klang das Gespräch hinter ihm nach den Lebensbeichten älterer Männer. Für die beiden Schriftsteller war es nur das Abklopfen, wie nah ihre Werke an der Realität waren. Schließlich hatten die beiden Doppelselbstmordversuche verwirrter Pubertierender damals auch groß und breit in den Zeitungen gestanden. Sie waren zwar für Rosenberg neu, der Öffentlichkeit aber bekannt. Doch der Volvo war für solche Bekenntnisse vielleicht doch etwas zu eng. Aber Rosenberg war noch nicht erlöst.

„Ich hatte ein Verhältnis mit ihr", plauderte Becher. „Ich war 19, sie sechs Jahre älter. Oder sieben? Keine Ahnung. Sie hatte ein Zigarrengeschäft, das stimmt so im Roman, auch der Name, Fanny Fuß. Das Geschäft hatte ihr Verlobter gekauft." Becher hielt inne. „Ich habe ihre Beziehung durcheinander gebracht. Ich glaube, daß ich bei diesem Suizidversuch mitgemacht habe, war auch meinem schlechten Gewissen geschuldet", sinnierte er dann, als sei ihm das eben erst selbst bewußt geworden.

„Ich hatte auch mal etwas mit einer älteren Frau, damals in Berlin", sagte Ditzen, weil ihm klar war, daß er nach diesem Bekenntnis irgendetwas sagen mußte. Becher schaute ihn erwartungsvoll an, obwohl er merkte, daß Ditzen nicht von dem Suizid erzählen wollte. Nun gut, seinen Selbstmordversuch 1942 in Moskau, den Lilly vereitelt hatte, würde er auch für sich behalten.

„Anne Marie Seyerlein hieß sie, eine Dänin, sehr gebildet. Ich war 24, sie acht Jahre älter und auch verheiratet. Naja, es war nicht wirklich ein Verhältnis, eher eine unerfüllte Liebe. Wir haben uns Briefe auf Latein geschrieben", erinnerte sich Ditzen mit einem Anflug von Schwärmerei.

„Eine ältere Geliebte habe ich auch noch beizusteuern. Emmy Hennings hieß sie. Sie war eine Chansonette und gewissermaßen meine Muse. Wir haben uns in den Szenecafés von München herumgetrieben. Ich habe damals meine ersten Gedichte geschrieben. Mein Vater hat gestöhnt: *Jetzt fängt er auch noch an zu dichten, es bleibt einem nichts erspart.* Er hat meinen Eifer im Dichten als Krankheit bezeichnet."

Becher behielt für sich, daß Emmy Hennings ihn stark an Ulla Ditzen erinnerte. Nicht nur äußerlich, sondern auch von ihrer kecken Art her. Auch, daß er durch die Hennings damals aufs Morphium gekommen war, behielt er für sich. Er wußte nicht, wie Ditzen auf diese weitere Gemeinsamkeit reagieren würde. Er könnte sich damit auf die Füße getreten fühlen, dachte Becher.

„Jetzt haben ja zumindest Sie eine deutlich jüngere Frau", lenkte Becher das Gespräch auf Ulla, weil er immer noch nicht ihr Alter in Erfahrung gebracht hatte.

„Ja, sie hat einen Tick für die abgelagerten Jahrgänge. Ihr erster Mann war noch älter als ich. Das hat wohl etwas mit einer fehlenden Vaterfigur zu tun. Sie kommt mir immer ein bißchen wie ein Kind vor, aber ein reizendes Kind, zugegeben."

„Wie alt ist sie, wenn ich fragen darf?"

„24", sagte Ditzen und musterte Becher dabei verstohlen von der Seite.

Becher staunte. Damit war sie noch jünger als die Hennings damals gewesen war, als sie sich 1919 getroffen hatten.

„Ist *sie* jetzt Ihre Muse, Fallada?"

„Also als meine Muse würde ich sie nicht bezeichnen. Obwohl, ihre Rechtschreibung hat schon manchmal etwas Inspirierendes."

Becher gluckste und sah nach vorne. Er hatte schon seit geraumer Zeit beobachtet, daß Rosenberg das Lenkrad krampfhaft festhielt und sich sichtlich unwohl fühlte.

„Ich glaube, wir haben unseren Fahrer mit unserem Plausch ein wenig verschreckt. Nicht wahr, Rosenberg?"

Rosenberg schluckte. Sowas hatte er befürchtet, da jetzt auch noch was zu sagen zu müssen. Und er konnte jetzt schlecht sagen, er habe die ganze Zeit gar nicht zugehört.

„Nun ja", begann er zögerlich. „Ich habe mich in der Tat etwas gewundert. Selbstmord? Sie stammen doch beide aus geordneten Elternhäusern, wenn ich das richtig verstanden habe."

„Aber das war es ja gerade, das war eine ganz andere Zeit", sagte Becher.

„Bei uns am Königin Carola-Gymnasium in Leipzig hat es damals in der Oberprima eine ganze Reihe von Selbstmorden gegeben", erinnerte sich Ditzen jetzt.

„Bei uns am Wilhelmsgymnasium auch. Ein beliebter Schüler ist sogar von der Großhesseloher Brücke runtergesprungen."

„Aber warum?," fragte Rosenberg. „Angst vor dem Krieg?"

Becher und Ditzen lachten beide.

„An Krieg hat damals noch niemand gedacht, Rosenberg", sagte Becher, bevor er zu einer Erklärung ansetzte. „In der Schule wurden wir nur barbarisch geprügelt, gelernt haben wir nichts. Der Schulalltag war unerträglich und offen individualitätsfeindlich. Wir begeisterten uns für Literatur, Kunst und politisch oppositionelles Denken und bekamen dafür weder in der Schule noch im Elternhaus irgendwelche Freiräume."

Ditzen stutzte. Eigentlich hatte er sich nur für Literatur interessiert.

„Wir mußten die ersten 135 Hexameter der Odyssee auswendig lernen", sagte Ditzen und schüttelte den Kopf. „Die Selbstmorde waren der Ausdruck einer Verweigerungshaltung."

Selbstmord als Verweigerungshaltung, dachte Rosenberg, na schönen Dank auch.

Ditzen dachte an seine Schulzeit zurück. Wie sehr er gehänselt worden war wegen seiner langen Haare und seinem grauen Flicken auf der marineblauen Bleyle-Hose. Die Hose des Unheils. Die Sparsamkeit seiner Mutter hatte ihm diesen Spott eingebracht. Jede große Pause wurde für ihn zur Qual. Er hatte regelrecht Angst vor dieser Viertelstunde. Aber nicht nur die Pausen waren schlimm. Er hatte in der Schule so oft geheult, daß seine Mitschüler vor der Lateinstunde Wetten abschlossen, wann er im Unterricht wieder anfangen würde zu weinen. Er dachte daran, wie er sich regelrecht vor der Schule geängstigt hatte und dafür von seinem Vater und seiner Mutter überhaupt kein Verständnis entgegengebracht bekam. Seine Mutter hatte ihn zu beruhigen versucht. „Das sind so Jungenswitze. In einer Woche ist es vorbei, dann kommt was Neues", hatte sie gesagt. Von wegen. Er hatte sich dann in die Literatur geflüchtet. Aber das behielt er jetzt für sich, seine Schülerängste wollte er dem jungen Fahrer nicht auch noch zumuten. Er hatte ohnehin schon viel zu viel erzählt.

„Sind Sie selbst denn gar nicht verletzt worden bei diesen Selbstmordversuchen?", fragte Rosenberg, der es aufgegeben hatte, die Gründe dafür zu verstehen.

Becher und Ditzen schauten sich an.

„Ich war sechs Monate im Krankenlager. Schuß in die Brust", sagte Becher, zog an seiner Zigarette und schaute zu Ditzen.

„Mein Freund hat vorbeigeschossen, ich glaube absichtlich. Er war der wesentlich bessere Schütze von uns beiden. Ich habe dann noch versucht, mich selbst auszulöschen, aber das schlug fehl", bekannte Ditzen.

Rosenberg war sprachlos. Da saßen die beiden Schriftsteller qualmend auf der Rückbank und unterhielten sich wie zwei Kriegsveteranen, die hinter den feindlichen Linien gekämpft hatten.

So offen hatten beide in der Tat nie über ihre Jugendsünden gesprochen. Ihr lockerer Ton täuschte aber darüber hinweg, daß beide viele Jahre lang quälende Schuldgefühle gehabt hatten: Die Schuld, alleine überlebt zu haben. Becher und Ditzen rauchten nun eine Zeitlang still vor sich hin, als müßten sie selbst erstmal verarbeiten, was sie sich eben so ungeniert von der Seele geredet hatten. Aber zu Bechers Schuldgefühlen gehörte noch ein weiterer Aspekt, der mußte jetzt auch noch raus.

„Mein Bruder Ernst war übrigens gründlicher als ich."

„Ihr Bruder?", fragte Ditzen.

„Ja, wir haben eine weitere Gemeinsamkeit, Sie und ich. Wir haben beide Brüder, die jung gestorben sind."

Ditzen wunderte sich. Woher wußte Becher von Uli? Jedenfalls nicht aus einem seiner Bücher.

„Mein Bruder war der Liebling meiner Eltern. Ein begabter Cellospieler", fuhr Becher unbeirrt fort. „Als er 15 war, hat er sich auf dem Friedhof in Schwabing erschossen."

Was für eine fürchterliche Fahrt, dachte sich Rosenberg, der mittlerweile schon schneller fuhr, als er angesichts des Zustands der Straße eigentlich sollte. Das würde ihm wohl kein Mensch glauben, was er hier hörte. Er fluchte innerlich darüber, daß der Wagen keine Trennscheibe hatte. So etwas wäre heute sehr angenehm gewesen.

„Mein Bruder ist 1918 bei Amiens gefallen. Wir haben unseren Sohn nach ihm benannt", sagte Ditzen, weil ihm zu dem Freitod in Schwabing nichts Angemessenes einfallen wollte, außer daß Bechers Bruder damals so alt war, wie sein Sohn Uli jetzt. Es war wieder eine Weile still im Wagen.

Ditzen schien allerdings von einer gewissen Unruhe befallen, wie Becher auffiel. Er nestelte jetzt die ganze Zeit an seiner Aktentasche, die er vor sich auf dem Schoß hatte, und schwitzte auch, obwohl es im Fahrzeug nicht gerade warm war.

„Um Ihre Frage von vorhin zu beantworten: Ich habe den Roman schon in den 30er Jahren angefangen und 1940 in Moskau beendet", sagte Becher nach einer ganzen Weile, in der Hoffnung, Ditzen ein wenig beruhigen oder ablenken zu können.

Ditzen mußte einen Augenblick überlegen, bevor er wieder wußte, wo sie gerade gewesen waren. Er war erschöpft und sehnte sich nach ein bißchen Morphium zum Entspannen. Er wollte jetzt auch wirklich nicht mehr über diesen Roman reden, den er, ehrlich gesagt, nicht allzu berauschend fand. Becher war wohl eher Dichter als Romancier, hatte Ditzen für sich beschlossen.

„Können wir mal eine Pause machen?", fragte er.

„Gerne. Die Herren müssen wohl austreten", war Rosenberg erleichtert über die Ablenkung. Vielleicht würde eine Pause diese düsteren Themen aus dem Wagen vertreiben.

„Das nicht, aber der Aschenbecher ist voll", witzelte Becher.

Rosenberg stoppte den Volvo kurz darauf am Straßenrand.

„Dann nehmen wir doch gleich auch eine Stärkung zu uns", schlug Becher vor.

„Eine gute Idee, ich denke, die Hälfte der Strecke haben wir auch bald geschafft", sagte Rosenberg, und bangte, was da noch alles an Details kommen würde, die er gar nicht erfahren wollte.

„Ich schlage mich mal in die Büsche", murmelte Ditzen und war schon mit seiner Aktentasche losmarschiert. Er stapfte etwa 50 Meter vom Auto weg und verschwand hinter die Büsche der Brandenburgischen Elbtalaue. Dann drehte er sich um und spähte in Richtung der beiden Männer. Rosenberg stand vor dem Fahrzeug und reckte sich, Becher hatte die Ellenbogen auf dem Fahrzeug abgestützt und schien etwas zu erzählen. Der redet die ganze Zeit, dachte sich Ditzen genervt und nestelte fahrig in seiner Aktentasche, bis er eine

der Spritzen erfühlte. Darum hatte es am Morgen Streit gegeben. Ditzen wollte das letzte Morphium mitnehmen, das
sie im Haus hatten. Für seine Rede vor all diesen Leuten würde er das brauchen, hatte er Ulla versucht zu erklären und sie
darum beneidet, einfach im Haus bleiben zu können. Ulla
wiederum argumentierte genau umgekehrt: Er würde die
ganze Zeit unter Leuten sein und dadurch abgelenkt, sie hingegen mußte die ganzen zwei Tage alleine durchstehen. Und
überhaupt, sie brauchte das Zeug dringender als er. Nach viel
Geschrei versprach Ditzen schließlich, Dr. Bell zu informieren und um Hilfe zu bitten.

Ditzen spähte nochmal durchs Gebüsch. Der Fahrer
schüttete gerade Benzin aus einem der Kanister in den Tank,
Becher war nicht zu sehen. Ditzen jagte sich die Spritze in
den linken Unterarm und beruhigte sich augenblicklich. Er
verspürte Erleichterung, obwohl die Wirkung des Morphi-
ums noch gar nicht eingesetzt haben konnte. So würde er
den Rest dieser langen Fahrt irgendwie überstehen, dachte
er sich.

Mit der Weiterfahrt stockte die Konversation zunächst.
Ditzen dämmerte vor sich hin und genoß die beruhigende
Wirkung der Spritze. Becher hatte aus seiner Aktenmappe
ein Manuskript gezogen, das er studierte, während er rauchte. Als Becher zu Ditzen rüberschaute, war der eingeschlafen. Becher musterte den großen Romancier mit einer gewissen Verwunderung. Dieses eingefallene Männchen mit
dem etwas abgetragenen Anzug hatte so großartige Bücher
geschrieben. All diese Geschichten und Figuren, die er erson-
nen und zu Papier gebracht hatte. Jetzt wirkte sein Körper

kalt und leblos. Er schien zu träumen. Der Kopf war ihm zur Seite gefallen, aus seinem Mund rann ein dünner Faden Speichel direkt auf eine Falte des mittlerweile für ihn viel zu weit gewordenen Sakkos. Wie naiv er auch war, dachte Becher. Stolperte hektisch und verschwitzt mit einer Aktentasche ins Gebüsch und dachte sich wohl, niemand würde wissen, was er da trieb, nur weil man ihn dabei nicht sah.

Ditzen stöhnte jetzt leicht auf. Rosenberg warf einen Blick nach hinten und schaute Becher fragend an, sagte aber nichts. Der gute Rosenberg. Wie stolz er war, als es um die Fahrt nach Schwerin gegangen und er hatte sagen können, daß er Fallada kenne und ein Buch von ihm gelesen habe. Wie er jetzt wohl über ihn dachte? Sicherlich würde er in der kommenden Woche bei einer der Fahrten in die Schlüterstraße nochmal das Gespräch auf Fallada lenken. Und was sollte er ihm dann sagen? Daß sie von diesem Mann noch Großes erwarten würden? Von einem Morphinisten in einer schweren Sinnkrise?

Egal wie das ausging, er würde Fallada nicht fallen lassen, nahm sich Becher vor. Dieser Mann hatte Ähnliches durchlitten wie er selbst.

Kurz vor Wittstock wurde Ditzen wach. Er war allerdings noch nicht ganz da und schien sich zu wundern, wo er war. Sein Gesicht wirkte verschlossen, so als habe er sich fest vorgenommen, nie wieder zu sprechen. Er blinzelte aus dem Fenster.

„Das kann doch hier gar nicht weit von Ihrer alten Heimat entfernt sein", sagte Becher, der Ditzen beobachtet hatte und ihn irgendwie in die Gegenwart zurückholen wollte.

Ditzen schaute Becher verwundert und etwas vorwurfsvoll an, so als habe ihn ein Wildfremder gerade nach seiner Lieblingsfarbe gefragt.

„Wo sind wir denn?", fragte Ditzen mit brüchiger Stimme, weil er vom Morphium immer einen sehr trockenen Hals bekam.

Becher lag die Antwort *in einem Auto* auf der Zunge, aber er behielt sie für sich.

„Gleich in Wittstock", antwortete Rosenberg stattdessen von vorne.

Ditzen überlegte kurz. „Na das ist schon noch ein gutes Stück nach Osten, bestimmt zwei Stunden", sagte er dann etwas schroff, so als bedaure er, sein Schweigegelübde gebrochen zu haben. Aber Becher ließ sich nicht beirren, vielleicht könnte er dem Gestrauchelten helfen, wenn er mehr über die vergangenen Jahre erfahren würde.

„Was hat Sie damals eigentlich hierher verschlagen? Also nach Carwitz, meine ich."

Ditzen dachte kurz nach.

„Das war Teil einer Abmachung", antwortete er dann.

„Einer Abmachung?"

„Ich wollte Schriftsteller werden. Dafür brauchte ich aber die finanzielle Unterstützung meines Vaters. Die hat er mir schweren Herzens zugesagt. Unter zwei Bedingungen: Ich sollte unter einem anderen Namen schreiben, und ich sollte Berlin verlassen."

„Warum das?"

„Berlin hat mir damals nicht gutgetan. Den anderen Namen wollte mein Vater angeblich, weil die Wogen nach dem

Suizidversuch immer noch nicht geglättet waren. Aber ich glaube, der wahre Grund war, er hatte Angst, unser guter Name würde durch mein Geschreibsel besudelt." Ditzen drückte sich ins Polster, als habe ihn das lange Reden sehr angestrengt.

„Immerhin, Ihr Vater hat Sie unterstützt, das hat meiner nicht", sagte Becher ohne Neid.

„Ja, aus heutiger Sicht muß ich sagen, daß ich meinem Vater viel zu verdanken habe", räumte Ditzen versonnen ein.

Eine positive Vaterfigur findet sich trotzdem in keinem seiner Romane, dachte sich Becher.

„Ein bißchen hat er mir auch unfreiwillig geholfen. Ich habe mich immer an seinen Sekretär geschlichen und heimlich seine Prozessakten studiert. So habe ich Futter für meine schrägen Vögel und Gauner gesammelt."

Ditzen, der links saß, schaute nun rechts in die Landschaft, als könne er Carwitz irgendwo am Horizont erspähen. Mit Wehmut dachte er an die unbeschwerten Tage zurück, damals, in den 30er Jahren. An das alte Gutshaus direkt am Carwitzer See. An die Scheune, in der sie mit Metzger Hinrich aus Feldberg ein Hausschwein geschlachtet hatten. Wie erstaunt Suse war, daß zu einer guten Mecklenburgischen Wurst ein Schuß Rum oder Cognac gehörte und wie sie dann nur peinlich genau das für die Wurst erforderliche Quantum bestellt hatte, aus Angst, er würde wieder mit dem Trinken anfangen.

Carwitz, nur sieben Kilometer von Feldberg entfernt und doch so unendlich weit weg. Gerade eben über Sandwege mit der Außenwelt verbunden. Eine heile Abgeschiedenheit damals. Vormittags hatte er in seinem aufgeräumten Arbeitszimmer gesessen und geschrieben, nachmittags war er mit Uli herumgetollt oder auf den See rausgefahren in ihrem kleinen Boot mit Außenbordmotor.

„Ich bin gerne auf dem Land gewesen", sinnierte Ditzen, auch wenn ihm gerade einfiel, daß es mit den übel gesinnten Kleinbauern häufiger Querelen gegeben hatte und er von Berlin ja zunächst nicht nach Carwitz, sondern nach Berkenbrück gegangenen war.

Becher blickte fragend von seinen Papieren auf.

„Ich habe nicht von ungefähr in jungen Jahren als Gutsverwalter gearbeitet", versicherte Ditzen. „Ich wäre auch gerne Landwirt geworden."

„Sie haben als Gutsverwalter gearbeitet?", fragte Rosenberg verwundert in den Rückspiegel.

„Ich habe auch als Buchhalter, Nachtwächter, Anzeigenwerber und Adressenschreiber gearbeitet", sagte Ditzen und wunderte sich über den Stolz in seiner Stimme.

„Ihr Wunsch in allen Ehren, aber ich glaube als Schriftsteller haben Sie uns mehr Freude bereitet", sagte Becher, dem gleich darauf unangenehm auffiel, daß er gerade die Vergangenheitsform benutzt hatte.

„Das war gar nicht einfach für mich am Anfang als Schriftsteller. Rowohlt hat mir damals sehr geholfen."

„Der gute alte Rowohlt", sagte Becher.

„Sie kennen ihn?"

„Seit bald 30 Jahren, er hat auch meine Werke verlegt. Ich glaube, wir haben in einem seiner Bücher sogar einen gemeinsamen Platz gefunden."

„Wie meinen Sie das?", fragte Ditzen verwundert.

„In Ihrem Buch *Der junge Goedeschal* war auf dem Schutzumschlag eine Anzeige für meine Anthologie *Ewig in Aufruhr* drauf."

„Wirklich? Das ist mir nie aufgefallen", bekannte Ditzen. Nun ja, er hatte Becher nicht gekannt, wie sollte ihm das aufgefallen sein.

„Haben Sie was von Rowohlt gehört, wie geht es ihm?", fragte Becher.

„Es geht ihm gut, wir schreiben uns regelmäßig. Er ist jetzt in Hamburg und hat gerade Besuch von Ledig."

„In Hamburg? Interessant. Ich dachte, er sei in Brasilien."

„Nein, er ist schon seit 1940 wieder zurück; hat es dort nicht ausgehalten ohne das Verlegen."

„Seit 1940?", fragte Becher fast erschrocken, weil er nichts davon gewußt hatte.

„Ja, er kam auf einem Blockadebrecher zurück, als Leichtmatrose mit gebrochenem Arm."

Becher stand vor Staunen der Mund offen.

„Aber arbeitet er denn schon wieder als Verleger?"

„Er hat noch keine Lizenz." Ditzen schüttelte den Kopf. „Das ist schon alles verrückt. Die Nazis erklären ihn zum Kulturbolschewisten und erteilen ihm Berufsverbot, und die Alliierten wollen ihn erstmal in Ruhe entnazifizieren."

Den leichten Groll, den Ditzen immer noch gegen Rowohlt hegte, behielt er für sich. Bei seiner Hochzeit mit Ulla war Rowohlt ausgebüxt, nach einem Bombenalarm einfach nicht mehr auf die Feier zurückgekehrt. Wahrscheinlich, weil er insgeheim zu Suse hielt, die er immer sehr gemocht hatte. Stattdessen war Rowohlt für die Nacht bei Paul Wegener abgestiegen, wie Ditzen hinterher erfahren hatte. Der Bräutigam selbst hatte auf der Hochzeit einen Wutanfall bekommen und mit dem Ausruf „Das ist eine richtige Fallada-Hochzeit" das Mobiliar zertrümmert und die anderen Gäste verschreckt.

„Aber was macht er denn in Hamburg?"

„Er arbeitet hin und wieder für den Rundfunk dort. Von Hamburg ist es eben nicht weit zu seiner großen Liebe Sylt."

„Aber wir könnten ihn doch in Berlin sicher gut gebrauchen."

„Ich schreibe ihm das gerne, daß Sie nach ihm gefragt haben, da wird er sich freuen."

Das wäre mir am liebsten, wenn Rowohlt beim Aufbau Verlag unterkommen würde, dachte sich Ditzen, den ein bißchen das schlechte Gewissen plagte.

„Ach ja, das gute Väterchen Rowohlt. Nur wenn es ans Bezahlen ging, da war er immer ein zäher Fisch. Dabei habe ich ihm damals mit *Kleiner Mann was nun?* sogar das Überleben gesichert. Da hatte es nicht rosig ausgesehen für den Verlag."

Ditzen dachte an die Zeit seines Welterfolgs zurück und wie sehr ihm der Erfolg eigentlich geschadet hatte, weil er durch das viele Geld wieder dem Alkohol verfallen war. Im Grunde genommen ging es ihm am besten, wenn er einfach nur schrieb und mit seinen Figuren allein war. Eigentlich war das der Grund, warum er nach Carwitz gegangen war. Der Rowohlt-Lektor Peter Zingler hatte ihm das Stück Land vermittelt.

„Es ist aber auch ein toller Roman", sagte Becher.

„Dafür habe ich damals Lob von höchsten Stellen bekommen. Rowohlt hat alle Großen der Zunft angeschrieben und um eine Widmung für den Schutzumschlag des Buches gebeten. Mann, Tucholsky, Musil, Hesse, alle haben das Buch gelobt. Obwohl Thomas Mann *Bauern, Bonzen und Bomben* stärker fand, aber die Figur des Lämmchens hat ihn wohl sehr berührt."

Ditzen dachte an jene Zeit Anfang der 30er Jahre zurück, als er sich mit all den Großen der Zunft Briefe geschrieben hatte. Wie Hesse bekannt hatte, er tauge nicht für die Zeitung. Wie Tucholsky sein *Bauern, Bonzen und Bomben* gelobt hatte und dann alle anderen seine gute Kritik abschrieben. Oder Musil, der zeitgleich an seinem *Mann ohne Eigenschaften* geschrieben hatte. Wirklich ein toller Roman, mit Sätzen wie in Stein gemeißelt.

„Die tiefste Genugtuung des Wissenden ist immer das Schweigen", sagte Ditzen jetzt laut.

„Wie meinen Sie?", fragte Becher, der gerade auf einen vorbeiziehenden See geschaut hatte, auf dem ein kleines herrenloses Ruderboot dümpelte.

„Ach, ich habe nur laut gedacht", sagte Ditzen und schaute aus seinem Fenster.

„Wo waren wir stehen geblieben?", fragte Becher, und dann: „Ach ja, Thomas Mann hat ihr Lämmchen gelobt. Sie ist aber auch eine der reizendsten Frauenfiguren überhaupt. Lämmchen hat sehr viel von Ihrer ersten Frau, nicht wahr?"

„Ohne Suse hätte ich diesen Roman nie schreiben können."

Becher überlegte kurz, ob er Ditzen nach den Gründen für die Trennung fragen sollte, traute sich aber nicht. Er wollte keine frischen Wunden aufreißen, der Mann war labil genug.

„Ja, es sind doch immer wieder die Frauen, die uns zu Höchstleistungen inspirieren und ansporn", bekannte Becher stattdessen und fragte sich, zu was Ulla ihren Mann wohl noch anspornen würde. Er schob den Gedanken von sich fort. „Erst durch Lilly bin ich zu mir selbst gekommen, bei ihr ist es heimatlich", sagte er stattdessen.

„Sie ist eine hübsche Frau", sagte Ditzen anerkennend. „Wie haben Sie sich kennengelernt?"

„Das war eine ziemlich langwierige Geschichte. Zum ersten Mal gesehen haben wir uns auf einer Versammlung in München. 1922 war das. Sie schätzte meine Gedichte, aber den Dichter hat sie eiskalt abblitzen lassen. Literatur sei letztlich auch nur Opium für das Volk, hat sie gesagt. Dann hat es elf Jahre gedauert, bis wir uns zufällig bei einer Feier in Wien wiedergesehen haben. Da sind wir uns nähergekommen, aber ich konnte noch immer nicht bei ihr landen. Erst als wir uns im Jahr darauf in Paris, auch wieder zufällig, über den Weg gelaufen sind, hat sie wohl an Schicksal geglaubt und mich erhört."

„Was für eine Versammlung war das, als Sie sich zum ersten Mal begegnet sind?"

„Eine Versammlung der KPD. Lilly war schon deutlich früher politisch als ich. Sie ist bereits mit 18 der KPD beigetreten, aus Protest gegen die Ermordung von Liebknecht und Luxemburg." Becher lächelte versonnen bei dem Gedanken an die junge, wütende Lilly.

Ditzen dachte nach. Lilly war Chefredakteurin der *Neuen Berliner Illustrierten*, die nun seinen neuen Roman vorab drucken wollte. Den Roman, für den er noch immer nicht eine

Zeile geschrieben hatte. Bislang hatte Ditzen stillschweigend vermutet, Becher habe ihr diese Position irgendwie zugeschanzt.

„Ist sie eine gute Journalistin?"

„Oh ja, das will ich meinen. Sie ist ungemein energisch und hat viel Erfahrung. Sie hat schon mit 19 als Redakteurin bei der *Vossischen Zeitung* gearbeitet, sie hat eine eigene Frauen-Zeitschrift gegründet und war schon mit 26 Chefredakteurin bei der *Arbeiter-Illustrierten-Zeitung*.

Ditzen schwieg. Wie unterschiedlich Lilly und Ulla waren. Eine eigene Zeitschrift gegründet. Wenn Ulla ihm eine Notiz hinlegte, waren in drei Sätzen fünf Fehler.

„Wie haben Sie Ihre Anna oder Ihre Suse kennengelernt?"

„Also, das war nicht ganz so langwierig, aber ..." Ditzen stockte. Schon wieder eine heikle Phase in seinem Leben.

„Wir haben uns zum ersten Mal in einem Hausflur in Hamburg gesehen. Ich hatte bei ihrer Mutter in der Eiffestraße ein Zimmer zur Untermiete bekommen."

Becher schaute ihn erwartungsvoll an.

„Damals, nachdem ich meine Gefängnisstrafe in Neumünster abgesessen hatte."

Rosenberg schaute sehr konzentriert auf die Straße vor ihm. Becher war sich nicht ganz sicher, ob er Fallada mehr zu dem Thema entlocken wollte oder könnte. Er versuchte es in einem freundlichen, möglichst belanglosen Ton.

„Darf ich das fragen, lieber Fallada: Was hat Sie damals ins Gefängnis gebracht?"

Ditzen schaute erst Becher an, dann versuchte er über den Rückspiegel Augenkontakt mit dem Fahrer zu bekommen, doch der sah stur nach vorne. Was hätte das jetzt für einen Sinn, eine Antwort schuldig zu bleiben vor dem Mann, der so viel für ihn getan hatte. Außerdem hatte er selbst mit dem Gefängnis angefangen. Warum eigentlich? Vielleicht wollte er zeigen, wie sehr ihm Suse geholfen hatte, in jener Zeit. Vermisste er Suse?

„Unterschlagung. Ich habe die Bücher gefälscht. Aber", schob er schnell hinterher, „mir hat der Aufenthalt gutgetan."

„Das war für mich die endgültige Alkohol-Entziehungskur. Ich habe deswegen in der Gerichtsverhandlung sogar höhere Beträge angegeben, als ich eigentlich unterschlagen hatte."

Es war einen Augenblick still. Ditzen füllte das peinliche Schweigen mit einem weiteren Bekenntnis: „Aber Neumünster war ja schon mein zweiter Gefängnisaufenthalt. Die erste Haftstrafe habe ich bekommen, als ich in Neuschönfeld Getreide verschoben habe. Das war in dem Jahr, als Sie Ihre Lilly zum ersten Mal gesehen haben. Die Inflation damals war schlimm, ich habe Geld gebraucht."

Ditzen zog an seiner Zigarette. In Becher keimte Hoffnung auf. Der Mann hat trotz allem noch ein gutes Gedächtnis, dachte er sich.

„Suse hat mir sehr geholfen. Ich bin damals zu den Guttemplern gegangen, um allen Lastern zu entsagen. Und sie hat sich dort sehr engagiert. Nun ja, um mich hat sie sich wohl etwas mehr gekümmert, als um die anderen verirrten Schäfchen."

Es war wieder still im Wagen. Doch jetzt war Ditzen die Stille irgendwie unangenehm. Ein betretenes Schweigen. Er wußte nicht, ob die anderen wegen seiner gerade eingestandenen Gefängnisaufenthalte still waren.

„Wußten Sie, daß auch Cervantes zweimal im Gefängnis war? Er hat Weizen verschoben, genau wie ich."

„Cervantes hat Weizen verschoben? Erstaunlich. Das wußte ich nicht. War er denn auch Gutsverwalter?"

„Nein, er war Steuereintreiber, soweit ich weiß", antwortete Ditzen und stutzte. Daß Cervantes Weizen verschoben hatte, war erstaunlich, daß *er* Weizen verschoben hatte, nicht?

Ditzen und Becher rauchten wieder vor sich hin und hingen ihren eigenen Gedanken nach. Becher fragte sich erneut, welchen Anteil Falladas erste Frau am literarischen Ruhm ihres Mannes hatte. War er ohne sie vielleicht gar nicht fähig, einen großen Roman zu schreiben? Das wäre tragisch. Ditzen auf seiner Seite fragte sich, warum er das alles erzählt hatte. Wie waren sie darauf gekommen? Mit Bechers Roman hatte es angefangen. Mit Gemeinsamkeiten. Ditzen mußte daran denken, daß er Becher nicht gekannt hatte. Er wußte so gar nichts über dessen Werk. Aber wenn er danach fragen würde, müßte er diese peinliche Lücke offenbaren. Er versuchte es indirekt.

„Ich muß gestehen, ich weiß es gar nicht: Ist *Abschied* Ihr erster Roman gewesen?"

Becher schien die Frage nicht zu beleidigen. „Nein, ich hatte mich schon einmal an einem Roman versucht. Über den Gaskrieg. Er wurde aber beschlagnahmt und war ohnehin nicht sonderlich erfolgreich. Ich bin eher in der Lyrik zu Hause, wie mir scheint."

„Haben Sie Vorbilder?"

„Hölderlin. Zu ihm habe ich ein tiefempfundenes Verwandtschaftsgefühl. Goethe fordert meine Ehrfurcht und meinen Respekt, Hölderlin meine Liebe. Wer aber ein demokratisches Vorbild sucht, dem empfehle ich Gottfried Keller. Trotz seiner Größe empfand er sich als Gleicher unter Gleichen. Ich glaube, er war durchdrungen von dem tiefen Gefühl, daß alle Menschen zusammengehören und aufeinander angewiesen sind."

Das war Ditzen jetzt zu schwulstig.

„Kennen Sie Gottfried Benn?"

„Leider nicht persönlich, aber ich habe natürlich viel von ihm gelesen. Sein Gedichtzyklus *Morgue* war damals eine Sensation. Oder ein Skandal. Je nach Betrachtungsweise. Er hat wohl auch was mit Else Lasker-Schüler gehabt in jungen Jahren."

„Ich habe ihn vor ein paar Wochen getroffen. Er schien mir sehr verbittert und will nie wieder schreiben."

Becher blickte zu Ditzen rüber, der mit unbewegter Miene aus dem Fenster schaute. Er hatte die letzten beiden Sätze so bestimmt vorgetragen, als könne er Benns Verbitterung nachvollziehen und würde sich dessen schriftstellerischem Enthaltsamkeitsgelübde anschließen wollen. Becher überkam ein ungutes Gefühl, aber er versuchte, unbekümmert zu klingen: „Sie haben Benn getroffen? Wo denn?"

„Er wohnt und praktiziert bei mir um die Ecke. Also jetzt nicht mehr, im Bayerischen Viertel war das, meine ich."

„Das wußte ich nicht. Und warum ist er verbittert?"

„Er sieht sich wohl zu Unrecht als Nazi gebrandmarkt."

„Hhm", entfuhr es Becher überrascht, bevor er loslegte. „Also er hat damals zusammen mit Max von Schillings die Loyalitätsbekundung für Hitler verfasst, die alle Schriftsteller unterschreiben mußten. Sie erinnern sich vielleicht."

„Ja", seufzte Ditzen.

„In einer Rundfunkrede hat er gesagt, das deutsche Volk sei eine letzte großartige Konzeption der weißen Rasse, und in einigen weltanschaulichen Aufsätzen damals hat er ähnlich obskure Sachen geäußert und sich mit dem linken Spektrum überworfen, übrigens auch mit mir. Aber ich will dem Mann nicht unrecht tun, wie gesagt, ich habe ihn nie getroffen."

„Ja", sagte Ditzen erneut nur, weil ihn das Thema nicht sonderlich interessierte. Sollten sich doch die beiden Dichterköppe selbst treffen und aussprechen, dachte er zerknirscht.

Ditzen wollte weg von diesem politischen Diskurs. Er hatte sich nie groß für Politik interessiert. Die meiste Zeit seines Lebens war er auch weit ab vom Schuß gewesen, ob in Schlesien, Neumünster, im Gefängnis oder in Carwitz. „Haben Sie auch Vorbilder unter Romanciers?", fragte Ditzen, weil er sich auf diesem Feld viel eher zu Hause fühlte.

„Gottfried Keller und Kleist haben meine Bewunderung. Das Vorbild für unseren Selbsttötungspakt war übrigens der Freitod von Kleist und Henriette Vogel."

Bitte nicht schon wieder, dachte Rosenberg vorne.

„Auf Kleist habe ich sogar mal eine Hymne geschrieben, *Der Ringende*."

„Wir haben uns für unsere Koketterie mit dem Selbstmord eher an den Versen von Hofmannsthal gelabt. Die daraus resultierende Gleichgültigkeit entsprach so ziemlich meinem Temperament", bekannte Ditzen.

„Aber ein so großer Romancier wie Sie, Sie müssen doch noch andere Vorbilder haben?"

„Ach, da gibt es so viele", sprudelte es aus Ditzen heraus: „Jean Paul, Wilhelm Raabe, Charles Dickens. Oscar Wilde. Wilde war es vor allem in den jungen Jahren. Vom *Bildnis des Dorian Gray* war ich so angetan, daß ich mich in der Schule nach Lord Wotton *Harry* genannt habe. Ich glaube, mit dem Kettenrauchen habe ich auch wegen ihm angefangen." Wie aufs Stichwort zündeten sich die zwei Schriftsteller auf der Rückbank wieder eine Zigarette an. Die beiden Männer nickten sich dabei mit verschwörerischen Mienen zu, als sei das Rauchen die Pflicht eines jeden rechtschaffenen Literaten.

Die Sonne stand schon flach am Himmel. Ein Dezembertag. Das lange Schattenspiel der vorbeiziehenden Bäume zeichnete sich im schnellen Wechsel auf den bleichen Gesichtern der beiden Männer ab. Blässe, Schatten, Blässe, Schatten. Ditzen war die Stille unbehaglich. Es ärgerte ihn, daß er so viel von sich erzählt hatte. Wozu? Hielten die beiden anderen ihn jetzt für einen schlechten Menschen? Warum war es bei Cervantes verwunderlich, daß er Weizen verschoben hatte, und bei ihm nicht?

„Ich bin kein schlechter Mensch", hörte er sich laut sagen. Becher schreckte aus seinen Gedanken über den bevorstehenden Auftritt in Schwerin auf.

„Bitte?"

„Ich bin kein schlechter Mensch, nur vielleicht etwas ... etwas unfertig."

„Aber mein lieber Fallada, niemand denkt, daß Sie ein schlechter Mensch sind", beeilte sich Becher zu sagen und schaute nach vorne, um Rosenbergs bestätigenden Blick im Rückspiegel einzusammeln.

„Wieso haben Sie gestaunt, daß Cervantes Weizen verschob, bei mir hingegen gar nichts gesagt?" Ditzen war jetzt richtig laut geworden und registrierte Rosenbergs sorgenvolles Gesicht im Rückspiegel.

„Schauen Sie nach vorne, Fahrer!", schnauzte Ditzen.

Rosenberg beeilte sich auf die Straße zu schauen. Er verstand nicht, was los war. Er wußte weder, was Fallada mit diesem Cervantes wollte, noch, warum er jetzt so aufbrauste. Auch Becher war irritiert. „Lieber Fallada ..." hob er an.

„Sparen Sie sich das *Lieber Fallada*, nennen Sie mich nicht so, wenn Sie sich nicht darüber wundern, daß ich Weizen verschoben habe und zweimal im Gefängnis war." Ditzen schrie jetzt, was auch daran lag, daß er sich bei seinem Fuchteln an der Glut seiner eigenen Zigarette verbrannt hatte.

„Vielleicht halten wir mal an, Rosenberg", sprach Becher nach vorne.

„Wir halten jetzt nicht an, wir sitzen hier schon viel zu lange aufeinander, ich will jetzt endlich ankommen", schrie Ditzen.

„Beruhigen Sie sich", wurde jetzt auch Becher laut. „Es ist mir einfach egal, ob Sie irgendwann mal Weizen verschoben haben oder im Gefängnis waren. Das ist alles lange her, wir müssen nach vorne schauen." Becher schaute schnell entschuldigend Richtung Rosenberg, um klarzumachen, daß dies keine Anweisung an den Fahrer gewesen war. Ditzen schien jetzt durch die laute Widerrede Bechers wieder zur Vernunft zu kommen. Er schwieg und nestelte an seiner verbrannten Fingerkuppe. Es war wieder still im Wagen. Eine angespannte Stille.

Becher schaute nach draußen. „Wo sind wir, Rosenberg?", fragte er nach einer Weile, weil es ihn wirklich interessierte.

„In den Wäldern um Ludwigslust. Ich schätze, so eine knappe Stunde noch, dann sind wir in Schwerin."

Ditzen stöhnte leicht auf und zog ein paar Zettel aus seiner rissigen braunen Aktentasche. Becher spähte zu ihm rüber auf die Zettel. Er wollte irgendetwas sagen, um zu zeigen, daß er Fallada den Ausbruch nicht krumm nahm. „Du lieber Himmel, können Sie das lesen?"

Becher hatte sich um einen leutseligen Ton bemüht und starrte auf die winzigen Buchstaben. Ditzen schaute Becher an. Sein Zorn war verraucht.

„Suse sagt immer, ich hätte eine Fliegenschrift. Gleichmäßig, aber flüchtig und nicht leicht zu lesen."

„Aber Sie können es lesen, ja?"

„Ja. Ich habe mir das irgendwann so angewöhnt."

„Aber Ihre Romane schreiben Sie mit der Schreibmaschine, oder?"

„Nein, ich schreibe zunächst alles mit der Hand und tippe es dann ab oder lasse es abtippen. Direkt in die Schreibmaschine kann ich keinen Roman schreiben."

Da waren sie beim richtigen Thema. Das muß ich nutzen, dachte Becher. Andererseits hatten sie sich eben gerade zum ersten Mal richtig gezofft. Ob das der richtige Moment war, nach dem Roman zu fragen? Becher wollte es zunächst mit einer Schmeichelei probieren, dafür war Fallada empfänglich. Als der Romancier von seinen Notizen aufschaute, hob der Lyriker an.

„Ich bin ein großer Bewunderer Ihrer Romane, lie... Fallada, das wollte ich Ihnen einfach mal sagen. Wie bekommen Sie diese atmosphärische Dichte hin? Was ist Ihr Erfolgsgeheimnis?"

Ditzen war dankbar, sich wieder von seiner menschlichen Seite zeigen zu können. „Mich interessiert einfach sehr, warum Menschen so handeln, wie sie handeln. Da ist mein sonst so schlechtes Gedächtnis ausgezeichnet, wenn es darum geht, Einzelheiten und Lebensgewohnheiten meiner Mitmenschen aufzunehmen. Das hat die Natur in mich gelegt. Ich bin ein Menschensammler ... Politik hingegen hat mich nie interessiert", schob Ditzen noch nach, weil ihm die Gelegenheit für dieses Geständnis recht günstig schien.

„Mir hat die Politik Halt geboten", setzte Becher dagegen, „Struktur in mein Leben gebracht. Literatur und Politik sind für mich seitdem miteinander verbunden."

Ditzen antwortete nicht, sondern schaute verdrossen auf seine Aufzeichnungen. Becher war etwas enttäuscht. Er hatte gehofft, das Gespräch auf Falladas neuen Roman lenken zu können, er wollte nach den Fortschritten fragen. Aber jetzt hatte sich Fallada schon wieder mürrisch über seine Notizen gebeugt und tat angestrengt, als sei er darin vertieft. Becher war ein bißchen mulmig, wie sich der apolitische Ditzen in seiner Rede im ausverkauften Staatstheater von Schwerin schlagen würde, wo er über die Nürnberger Prozesse sprechen sollte. Er beschloß, ihn für den Augenblick in Ruhe zu lassen. Er sollte sich noch ein bißchen sammeln. Als er wieder zu Ditzen rüber spähte, hatte dieser die Augen zu und schien eingeschlafen. Becher suchte den Blickkontakt zu Rosenberg. Er beugte sich vor, drückte dem Fahrer die

Schulter und presste die Lippen aufeinander. Das sollte eine Entschuldigung sein. Rosenberg nickte. Aber es graute ihm schon jetzt vor der Rückfahrt.

Die Kinder -

Berlin war 1945 kein guter Ort für Kinder. Die Säuglingssterblichkeit war immens. Im Juli waren 66 von 100 Neugeborenen gestorben. Trümmerlandschaften mit Kadavern, Blindgängern und zwielichtigen Gestalten waren zudem keine geeigneten Spielplätze. Außerdem fehlte es an Essen. Bei den Lebensmittelkarten gab es für Kinder die eigene Verbrauchergruppe 4. Nur die Fünfer, nicht Berufstätige, bekamen noch weniger zugeteilt. Dennoch kämpfte Ditzen dafür, seinen Ältesten zu sich holen zu können. Denn in der Abgeschiedenheit von Carwitz gab es keine weiterführende Schule für den 15-Jährigen. Beinahe täglich schrieben sich die geschiedenen Eheleute Ditzen in diesem Spätherbst Briefe, in denen es um die Kinder ging. Anna Ditzen hatte nicht nur ein Problem mit Berlin, sondern auch damit, ihren Erstgeborenen in die Obhut zweier so fragiler Charaktere wie Rudolf und Ulla zu übersenden. Den Ausschlag gab schließlich die Meinung von Uli selbst: Der junge Mann wollte der mecklenburgischen Einöde entfliehen und nach Berlin, wo er in früheren Jahren bereits zur Schule gegangen war, bis die zunehmenden Bombardements auf Berlin ihn schließlich wieder in die Arme seiner Eltern und hinaus aufs Land getrieben hatten. Damals war er bei Vaters altem Schulfreund Willi

Burlage untergekommen. Diesmal würde er bei seinem Vater und dessen junger Frau wohnen können, die er schon bei den kurzen Begegnungen in Feldberg für dufte befunden hatte. Schweren Herzens stimmte Anna Ditzen also dem Kompromiss zu: Lore und der kleine Achim würden bei ihr in Carwitz bleiben, Uli zu seinem Vater nach Berlin gehen.

Der hochaufgeschossene Schlaks traf Mitte Dezember in der Hauptstadt ein. Ulla holte ihn vom Bahnhof ab, und auf der Tramfahrt nach Niederschönhausen unterhielten beide die Linie 17 schon recht ordentlich mit ihrer guten Laune. Für Uli war Berlin wie ein Abenteuerurlaub.

„Und mein Zimmer ist wirklich so riesig?"

„Das ganze Haus ist riesig. Und der Garten auch, der wird dir gefallen. Dein Vater sagt, du hast ein Händchen für Pflanzen."

„Das habe ich wohl von ihm. In Carwitz hat er sogar manchmal den Tabak selbst angebaut, was wirklich nicht einfach ist."

Uli schaute nach draußen und starrte gebannt auf die vielen Menschen und Häuserruinen, die vorbeizogen.

„Was ist das da für ein Gebäude, kennst du dich schon ein bißchen aus in Berlin?"

Ulla prustete.

„Ob ich mich schon ein bißchen auskenne? Na hör mal, ich bin schon alleine durch Berlin getigert, da warst du noch bei deinem Papa im Sack."

Uli keckerte los, auf der Bank gegenüber schüttelte ein Mann den Kopf ob dieser derben Ausdrucksweise, konnte sich aber ein leichtes Grinsen nicht verkneifen.

„Das ist das Rathaus von Pankow", sagte Ulla.

„Ich vergesse immer, daß du aus Berlin bist, ich kenne dich ja nur aus Feldberg", gestand Uli.

So weit war es schon gekommen, dachte Ulla, daß sie für ein Landei gehalten wurde. Ulla versuchte sich zu erinnern, an die Zeit, als sie so alt war wie Uli jetzt. Es schien ihr so lange her. Hatte sie da nicht schon ihren ersten Freund gehabt? Den Bert? Ein hübscher Kerl war das. Die Welt schien ihr damals zu Füßen zu liegen. Sie hatte sich dann mehr für Jungs als für die Schule interessiert. Anders als ihre Schwester. Sophie war zwei Jahre älter als Ulla und in allem immer ein bißchen weiter und besser als sie. Konnte eher schwimmen, konnte besser klettern, hatte früher den ersten Freund. Das hatte Ulla immer gewurmt. Sie würde sich dafür den besseren Mann angeln, hatte sie sich vorgenommen. Das hatte sie auch geschafft. Hinter dem Kurt waren sie alle her gewesen. Na gut, ihre Schwester nicht, die hatte nur den Kopf geschüttelt, was sie mit so einem alten Sack wolle. Die gute Sophie. Die weise Sophie. Die immer irgendwie bessere Sophie. Jetzt kümmerte sich ihre Schwester um die kleine Tochter von Kurt und ihr. Auch das konnte sie wieder besser. Ulla wollte gar nicht daran denken.

„Du hast Glück, daß du keine älteren Geschwister hast", sagt Ulla unvermittelt. Uli stutzte, sagte aber nichts.

Als sie kurz darauf durch das Städtchen liefen, staunte Uli nicht schlecht über all die unversehrten Villen. Großen Eindruck auf ihn machte auch der Schlagbaum mit den russischen Soldaten, den sie passieren mußten. Den Soldaten war es wohl auch zu verdanken, daß im Städtchen, wie das Villenviertel genannt wurde, überall noch große Bäume standen, die im restlichen Berlin auf der Suche nach Brennholz schon fast überall gefällt worden waren.

Ditzen saß an einer Kurzgeschichte für die *Tägliche Rundschau*, als er draußen das Lachen hörte. Zunächst ärgerte ihn die Störung, doch dann fiel ihm ein, von wem das Lachen wohl kommen mußte. Er sprang auf und stürmte zur Tür. Er hatte sie geöffnet, noch bevor Ulla den Schlüssel ins Schloß stecken konnte.

„Uli, Sohnemann", rief er und nahm seinen Buben in die Arme.

Der so Geherzte freute sich, auch wenn ihm die Umarmung ein bißchen peinlich war. Noch immer hielt er seinen kleinen Koffer fest.

„Du hast ja nochmal einen richtigen Schuß gemacht", staunte Ditzen und hielt den Sohn in Armeslänge von sich, um ihn gebührend zu betrachten.

„Der Bengel ist schon fast so groß wie ich", pflichtete Ulla ihm bei.

Die Ditzens waren froh, daß mit Uli nun etwas Leben in dieses große leere Haus kommen würde.

---------------------------*Weihnachten*

Becher pirschte sich leise in die Küche und fasste seine Frau von hinten fest um die Taille. Lilly zuckte zusammen, das Besteck klapperte in der Salatschüssel.

„Du hast mich zu Tode erschreckt, du Kindskopf", rief Lilly.

Becher strahlte und schmiegte sich von hinten an sie. „Tut mir leid, ich bin nun mal sehr glücklich", flüsterte er und hielt seine Frau noch immer eng umschlungen.

„Ich weiß", sagte Lilly gnädig.

Nach 13 Jahren im Exil war es das erste Weihnachtsfest in der Heimat. In den Jahren in Moskau hatte Weihnachten immer etwas von einer Geburtstagsfeier ohne den Jubilar gehabt. Weihnachten aus Koffern. Nun war Becher wieder da, wo er hingehörte. In Deutschland. Er hatte eine hübsche Frau und ein schönes Zuhause, sie hatten beide Arbeit, und heute würden sie das Haus voller Gäste haben. Voller Menschen, die ihnen lieb und teuer waren. Ja, sie alle waren noch da. Wieder zu Hause. Becher dachte daran, wie er ein halbes Jahr zuvor heimgekehrt war. Aus dem Flieger hatte Berlin ausgesehen wie Gerümpel, die Häuser bereit zum Einstürzen. Aber im Gegenteil, sie waren wieder auferstanden. Auferstanden aus den Ruinen und schauten wieder nach vorne. Becher blickte in den rotierenden Kartoffelsalat, den seine Frau vermengte. Auferstanden aus Ruinen und nach vorne ... Auferstanden aus Ruinen ... und der Zukunft zugewandt. Eine hübsche Verszeile, vielleicht könnte er die noch irgendwo mal verwenden, dachte Becher.

„Wenn du mich nicht bald loslässt, werden unsere Gäste nachher nichts zu essen haben", ermahnte ihn Lilly sanft.

„Ich kann ja schon mal die Kerzen anzünden", bot Becher an.

„Aber Hans, die sind doch runtergebrannt, bis die Gäste kommen."

Mit seiner heimeligen Vorfreude stand Becher seiner Frau noch so gut es ging im Weg rum, bis die ersten Gäste eintrafen.

Als erste kam Bechers Sekretärin, Frau Widmann. Becher hatte sie eingeladen, da die Feierlichkeiten im Hause Becher in den vergangenen Tagen immer wieder Thema in der Schlüterstraße gewesen waren und er sie nicht außen vor lassen wollte. Aber ein vernünftiges Gespräch kam nicht in Gang. Dafür hatte Widmann jetzt schon zum dritten Mal erwähnt, wie schön das alles aussehe, mit den Kerzen und so. Becher schaute immer wieder hilfesuchend in die Küche, wo Lilly mit den Bockwürsten beschäftigt war. Als Becher die Klingel hörte, stürzte er regelrecht Richtung Haustür und war erleichtert, mit Willmann, dessen Frau Hanna und Rudolf Kurtz gleich drei Gäste auf einen Schlag in Empfang nehmen zu können.

„Schau mal, wen ich mitgebracht habe, ist mir im Garten zugelaufen", sagte Kurtz gut gelaunt.

Willmann verdrehte die Augen, achtete aber darauf, daß es nur seine Frau sah.

Kurtz lachte. „Ich wußte ja gar nicht, daß du den Willmann bei dir im Garten versteckst, Becher."

Dann schwenkte er eine Flasche überm Kopf.

„Siegerbier, hat zwölf Prozent."

„Na, dann kommt mal rein, Ihr Sieger", sagte Becher gutgelaunt.

Danach trudelten die Ditzens ein, die beide schon ziemlich nach Alkohol rochen, wie Becher besorgt registrierte. Dann freute sich der Gastgeber über Konstantin Fedin, der gewissermaßen das Bindeglied zwischen der Zeit im Moskauer Exil und der alten und neuen Heimat darstellte. Pieck hatte erwähnt, daß Fedin gerade in Berlin weile und Becher hatte ihn sofort eingeladen und scherzhaft gedroht, er würde nie wieder ein Wort mit ihm wechseln, wenn er der Einladung nicht Folge leisten würde. Nun standen die beiden Männer im Türrahmen und hielten sich lange Zeit eng umschlungen. Fedin wußte, wie sehr Becher im Moskauer Exil gelitten hatte, wie viel ihm dieses erste Fest in Deutschland bedeuten mußte.

„Wilhelm kommt gleich nach, er telefoniert noch", sagte Fedin, als sie sich voneinander gelöst hatten. „Ich habe gehört, Sie waren bei Hauptmann gewesen", meinte er, als Becher Fedins Mantel an der Garderobe aufhängte.

„Ja, aber um ehrlich zu sein, Genosse Konstantin: Viel ist nicht mehr mit ihm los. *Ich fühle mich im Kopf, als ob ich 13 Pudelmützen aufhätte,* hat er gesagt."

„Verstehe. Wie schade", sagte Fedin.

Wenig später saßen alle zu Tisch, es gab Bockwürste und Kartoffelsalat, ein Festmahl.

„Der Kartoffelsalat ist köstlich, Lilly", lobte Hanna, Willmanns Frau.

Sofort setzte beifälliges Gemurmel ein. Du mußt mir unbedingt das Rezept geben", legte Hanna nach.

„Das Rezept ist in meinem Kopf, aber ich kann ..."

„Zunächst mal braucht man Kartoffeln", fiel ihr Ditzen barsch ins Wort.

Die anderen sahen sich peinlich berührt an. Ditzen hatte eigentlich nur sagen wollen, daß Kartoffeln an sich ja schon ein Geschenk seien in jener Zeit. Doch da er dem Alkohol schon tüchtig zugesprochen hatte, kam sein Beitrag etwas ruppig und unpassend rüber.

„Das ist die Hindenburg", schob Ditzen in die peinliche Stille nach.

„*Was* ist die Hindenburg?", fragte Hanna verwirrt.

„Die Kartoffeln. Ich schmecke das, das sind Hindenburg." Die anderen schauten sich verwundert an.

Die Ditzens hatten bei sich zu Hause schon etwas vorgefeiert. Ulla hatte einen Weihnachtsbaum organisiert, eine „krumme Fichte", wie Ditzen sagte. Uli und Ulla hatten den Baum geschmückt, Ulla und Ditzen den Anlass begossen. Die krumme Fichte schien aber unter der Last des provisorischen Schmucks zusammenzubrechen und so fixierte Ulla das dürre Bäumchen schließlich mit einer Kordel am Fenstergriff. Der Anblick war so köstlich, daß Ulla und Ditzen sich gleich noch einen Cognac genehmigten.

„Das ist wahr, die Kartoffeln selbst sind schon mehr als die halbe Miete, aber wie die Sorte heißt, weiß ich nicht", rettete Lilly die Situation und warf ihrem Mann dabei einen prüfenden Blick zu.

„Ich war neulich in der Marietta-Bar in der Motzstraße, da wollten sie 24 Mark für zwei Stück Kartoffelpuffer, das müßt ihr euch mal vorstellen", sagte Kurtz.

„24 Mark? Wer soll das denn bezahlen?", fragte Hanna.

„Was sind Kartoffelpuffer?", fragte Fedin, dessen Deutsch zwar sehr gut war, weil er während des ersten Weltkriegs vier Jahre in Sachsen und Nürnberg interniert gewesen war, aber für Kartoffelpuffer dann doch nicht reichte.

„Pfannkuchen aus Kartoffeln", half Becher.

Kurtz behielt mal besser für sich, daß er die Rechnung in der Marietta-Bar bei der Zeitung als Spesen eingereicht hatte. Genauso übrigens wie den sündhaft teuren Filetbraten mit roten Rüben vorgestern in der Rio-Rita-Bar in der Joachimsthaler.

„Wir bringen im Moment bei uns im Blatt Spar-Rezepte. Aus den Kartoffelschalen soll man Mehl machen, zum Eindicken oder zum Strecken von Getreidemehl", sagte Lilly.

„Das habe ich schon gehört, und als Brotaufstrich wird künstliche Marmelade empfohlen", sagte Frau Widmann, die ansonsten ungewohnt still war.

„Künstliche Marmelade?", fragte Kurtz nach.

„Kaffeeersatz, Essig, Mehl, Wasser, eine halbe Tasse Zucker und eine Prise Salz", sagte die Widmann.

Kurtz verzog das Gesicht.

„Hör gut zu Uschi, da kannst du was lernen", feixte Ditzen. Als er die fragenden Blicke sah, legte er nach: „Meine Frau kennt sich auf dem Schwarzmarkt besser aus als in ihrer eigenen Küche. Wenn sie da überhaupt schon mal war", sagte er und drehte sich zu seiner Frau, die aber gar nicht zugehört hatte.

„Ullakind, ich rede mit dir", sagte er jetzt noch lauter und kniff sie in die Seite.

„Aua", schrie sie auf. Sie hatte sich gerade im Zwiegespräch mit Willmann befunden, der zu ihrer Rechten saß. Ulla wollte noch etwas gut machen. Denn bei ihren ersten beiden Treffen in der Meraner Straße hatte sie jeweils einen Schlafanzug getragen und war insgesamt etwas derangiert gewesen. Sie war enttäuscht gewesen, als sie erfahren hatte, daß Willmann verheiratet war, sie hatte gedacht, er sei Junggeselle und sie könne ihm aus Spaß ein wenig den Kopf verdrehen. So beließ sie es nun lieber bei unverfänglicher Konversation.

„Wie haben Sie und Becher sich kennengelernt?"

„Über Lilly, wir haben zusammen bei der AIZ gearbeitet."

„AIZ?"

„*Arbeiter-Illustrierten-Zeitung.*"

„Sie sind aber kein Berliner, oder?"

„Nein, ich stamme aus der Nähe von Darmstadt."

„Darmstadt?"

„Aus dem Hessischen."

„Und was hat sie nach Berlin verschlagen?

„Oh, das ist eine lange Geschichte. Ich war viel unterwegs. In Prag, dem Saarland, Paris und dann natürlich lange in Moskau, wo ..."

„Aua." Ulla sah ihren Mann erbost an. „Was soll das denn?" Sie nahm an, daß er sie aus Eifersucht gezwickt hatte.

„Ihr Mann sagte gerade, daß Sie auf den Schwarzmarkt gehen. Ist das denn nicht gefährlich?", fragte Hanna. Ihr kam der Kniff gar nicht so ungelegen, da sie ihrem Mann gegenüber saß und somit keinen direkten Zugriff auf die beiden Turteltäubchen hatte.

„Nur, wenn man sich nicht auskennt", sagte Ulla und warf ihrem Mann neben ihr erneut einen bösen Blick zu.

„Habt ihr das mitbekommen, an der Spree haben sie auf einem Lastkahn chinesisches Holzöl als Speiseöl angeboten", sagte Lilly.

„Chinesisches Holzöl? Wie kommt man denn an sowas?", fragte Kurtz.

Es klingelte.

„Das wird Wilhelm sein, ich gehe schon", sagte Becher.

„Also daß jetzt schon mit Rizinusöl oder aufgeweichtem Kerzenwachs gebraten und gebacken wird, habe ich ja gehört, aber Holzöl?", wunderte sich Hanna.

„Soll jedenfalls ungenießbar sein", sagte Lilly und schaute zur Tür, wo ihr Mann gerade mit Pieck auftauchte.

„Meine Damen und Herren, darf ich vorstellen, der künftige Ehrenbürger Berlins", sagte Becher feierlich.

„Also Hans, bitte", wiegelte Pieck ab.

In der Tat sollte Wilhelm Pieck in den kommenden Tagen für seine Bemühungen beim Wiederaufbau und der demokratischen Erneuerung die Ehrenbürgerrechte der Stadt verliehen bekommen. Das hatte der Magistrat zwei Tage zuvor beschlossen und es war schon durchgesickert. Wohl ein Geschenk zu Piecks 70. Geburtstag, der unmittelbar bevorstand.

„Willst du noch was essen, Wilhelm?", fragte Lilly.

„Nein, danke, ich habe schon zu Hause gegessen, ich kann auch gar nicht lange bleiben."

„Na, die Sperrstunde als Ausrede zieht nicht mehr, die ist seit heute aufgehoben", sagte Becher schelmisch.

„Die Familie belegt mich mit Beschlag", entschuldigte sich Pieck.

„Wir freuen uns, daß du da bist, Wilhelm", sagte Lilly. Die Gäste rückten ein wenig zusammen und Pieck nahm zwischen Becher und Kurtz Platz.

„Wo bin ich reingeplatzt, was diskutiert ihr gerade?", fragte Pieck, der merkte, daß es still am Tisch geworden war.

„Wir waren bei chinesischem Holzöl stehengeblieben", sagte Ulla süffisant.

„Chinesisches Holzöl?", fragte Pieck.

„Eigentlich hatten wir gerade erwähnt, daß die Sperrstunde jetzt aufgehoben ist", sagte Willmann, der seinem Parteivorsitzenden kein so profanes Thema zumuten wollte.

„Und Sie sind ...?", fragte Pieck Ulla.

„Ich bin Frau Fallada", sagte Ulla, die sich gerne so nannte.

„Ach so. Jaaa, die Sperrstunde. Das wurde auch Zeit", sagte Pieck. „Die Franzosen haben noch einen draufgelegt und wollen in ihrem Sektor 100 000 Flaschen Sekt verteilen und jetzt ..."

„Auf in den Wedding", trompetete Ditzen und reckte sein Glas empor, wobei sein Rotwein überschwappte und ihm über die Hand lief.

Pieck schaute kurz irritiert, die anderen versuchten, Ditzen nicht zu beachten.

„... jedenfalls überlegen unsere russischen Freunde jetzt zu kontern und wollen 100 000 Flaschen Wodka auftreiben.

„Das gibt ein Gelage", sagte Kurtz.

„Die Menschen sind das doch gar nicht mehr gewohnt", sagte Hanna.

„Was soll das denn, Weihnachten als Fest des Suffs?", fragte Willmann.

„Ich finde es auch etwas unpassend. In Nürnberg laufen die Prozesse und hier soll der Alkohol in Strömen fließen", gab Pieck zu bedenken.

„Was hört man denn aus Nürnberg?", fragte Kurtz.

„Das kann Konstantin viel besser beantworten, er war ja vor Ort", sagte Pieck und schaute zu Fedin rüber, der an der Kopfseite des langen Tisches saß.

Fedin richtete sich ein wenig auf und legte das Besteck zur Seite, bevor er antwortete.

„Die Anklage hat wohl von Lahousen als Kronzeugen gewinnen können. Er soll ausführen, daß die Wehrmacht eben doch nicht so sauber war. Aber die Verteidigung will die deutsche Soldatenehre mit allen Mitteln retten. Das wird noch ganz spannend, weil ...“

„Das deutsche Volk interessiert sich überhaupt nicht für die Prozesse“, fiel Ditzen Fedin ins Wort. „Der Nürnberger Prozess ist dem einfachen Deutschen unwichtig, er weiß ohnehin, daß er betrogen worden ist. Er haßt die Vergangenheit, und die Zukunft sieht auch nicht besser aus“, ergänzte Ditzen barsch und nippte wieder an seinem Weinglas.

Die anderen Gäste hatten nach dieser Unflätigkeit den Atem angehalten, aber Fedin blieb ganz ruhig. Kurtz dachte sich, ganz unrecht hat dieser Trunkenbold Fallada nicht, in der deutschen Seele sah es derzeit nicht anders aus als auf den Straßen. Pieck kam Fedin zu Hilfe. „Gerade weil der einfache Arbeiter die Vergangenheit hasst, wird er eine bessere Zukunft suchen und eine bessere Zukunft als er sich selbst geben kann, wird ihm keiner bieten. Er selbst ...“

„Der durchschnittliche Deutsche urteilt ganz einfach ...“, fiel Ditzen nun auch Pieck ins Wort: „... mir hat man in all den Jahren so viele Dokumente gezeigt, daß ich an keinerlei Dokumente mehr glaube. Jedes Dokument kann man fabrizieren. Warum soll mich also das Nürnberger Dokument überzeugen?“

„In Nürnberg werden nicht die Dokumente vorgelegt, mit denen die Nazis die Deutschen betrogen, sondern diejenigen, die sie vor den Deutschen versteckten und geheim hielten. In Nürnberg werden Dokumente präsentiert, die …"

„Der durchschnittliche Deutsche sieht, daß wieder ein Wettkampf der Zeitungen begonnen hat. Ein Krieg der Worte. Er bekommt nichts Positives. Er wartet auf Positives und auf nichts weiter."

Es war kurz still am Tisch. Frau Widmann hickste. Pieck hatte auch diese Unterbrechung durch Ditzen gelassen hingenommen. Der Kutschersohn hatte wie immer die Gemütsruhe eines satten Bernhardiners. Auch Becher blieb äußerlich gelassen. Nur wer ihn besser kannte, sah die kleine dunkle Wolke über seiner hohen Stirn. Willmann glückste insgeheim. Mit diesem Fallada hat er sich was aufgeladen, der gute Becher, dachte er sich.

„Der durchschnittliche Deutsche, das ist das Volk. Das Volk darf aber nicht darauf warten, daß ihm jemand etwas gibt. Nur das Volk selbst, das deutsche Volk mit der Arbeiterklasse an der Spitze, kann sich etwas geben. Und *etwas* heißt ganz konkret Demokratie, genauer gesagt Sozialismus", sagte Pieck, der dankbar war, mal ausreden zu dürfen, was allerdings nur geschah, weil Ditzen unterdessen den Rest seines Weins hinunterstürzte. Frau Widmann hickste. Ditzen wischte sich mit der Hand den Mund ab.

„Das alles ist weit davon entfernt, wofür der Mensch lebt. Der heutige Deutsche erkennt als Tatsache nur das an, was er sieht, und nicht das, was man ihm sagt. Sache des Politikers ist es, sich die Wirklichkeit unterzuordnen. Sache des Künstlers ist es, die Wirklichkeit so zu gestalten, wie sie ist." Ditzen lehnte sich zufrieden zurück, für das Stadium seiner

Alkoholisierung hatte er sich gut geschlagen, fand er. Aber der Politiker legte nochmal nach.

„Gewiß, so ist es. Aber ist es denn dem Schriftsteller gleichgültig, welche Wirklichkeit er zeigt? Und wenn sich der Politiker die Wirklichkeit unterordnet, um sie schöner zu machen, würde es dann dem Schriftsteller nicht angenehmer sein, eine schöne Wirklichkeit zu zeigen, als eine scheußliche?"

Ditzen war gerne unter Leuten, aber nicht, weil er gesellig war. Ditzen erzählte in Gesellschaft nicht viel, er beobachtete lieber. An diese Maxime hätte er sich auch an diesem Abend halten sollen. Wie war er nur darauf verfallen, so viel zu reden? Und wieso über Politik? Er mußte hier raus. Er erhob sich, schwankte etwas und stützte sich mit der rechten Hand auf dem Tisch auf. Dann schaute er mit glasigem Blick in die Runde.

„Mir ... mir ist etwas eingefallen", brabbelte er, plötzlich sehr müde. Er stand ohne ein weiteres Wort auf, wankte aus dem Speisezimmer und verließ das Haus. Die anderen schauten sich an. Was für ein fürchterlicher Auftritt. Pieck vermied es, Becher anzuschauen. Der Blick hätte ihm nur als vorwurfsvoll ausgelegt werden können. Frau Widmann hielt vernehmlich die Luft an, um ihren Schluckauf zu bekämpfen.

„Wo will er hin?", fragte Lilly, nur um das Schweigen zu brechen. Sie war sauer und wußte noch nicht, ob auf ihren Mann oder auf diesen Fallada. Sie hatte schon vorher Bedenken ob der Einladung des fragilen Schriftstellers gehabt, aber ihr Mann hatte sie beschwichtigt. Das hatte er jetzt davon. Falladas geistiger Horizont ist genauso beschränkt, wie der seiner kleinen Leute in den Romanen, dachte Lilly erbost. „Ich habe keine Ahnung", sagte Ulla mit schwerer Zunge. Doch ihre Gedanken waren noch etwas reger als ihr Mundwerk. Der miese Drecksack setzt sich eine Spritze und lässt mich hier sitzen. Ich kann doch jetzt nicht hinterherstürzen. Sie hatte auch gar keine Lust dazu, endlich waren sie mal in Gesellschaft, unter feinen Leuten. Und dann sollten sie als erste gehen?

Hanna durchbrach die peinliche Stille. „Habt ihr gehört, in der Gleimstraße ist eine große Menge Munition explodiert, es soll sechs Tote gegeben haben, darunter vier Kinder."

„Ja, schrecklich, es ist wahrlich nicht das erste Mal, daß es ausgerechnet spielende Kinder erwischt", sagte Pieck und dachte an seine eigenen Kinder, die zum Glück schon lange erwachsen waren und nicht mehr in Trümmern spielten. Becher war in diesem Augenblick erleichtert, keine Kinder zu haben. Eine Sorge weniger. Ulla dachte nicht an ihre eigene Tochter. Sie dachte vielmehr darüber nach, ob sie bleiben oder gehen sollte. Sie hatte ja gar keinen Schlüssel dabei. Was, wenn sie jetzt nicht mehr ins Haus reinkam, weil er schon seinen Rausch ausschlief? Ulla überlegte gerade, wie sie ohne Schlüssel ins Haus gelangen könnte, als es klingelte.

„Wer kann das sein?", fragte Hanna.

Becher hatte so eine Ahnung und die gefiel ihm gar nicht.

„Hier habe ich es", schrie Ditzen und stürzte, ein Buch schwenkend, in den Raum. Kurtz, der von der Toilette kam und ihn hereingelassen hatte, stand hinter ihm und zuckte hilflos mit den Schultern. Die anderen schwiegen betreten. Sie hatten gehofft, den Trunkenbold für heute los zu sein.

Der zukünftige Ehrenbürger Berlins fand als erster die Fassung wieder und gab sich diplomatisch. „Was haben Sie da für ein Buch?", fragte Pieck, weil Ditzen offenbar keine weiteren Anstalten machte, seinen Auftritt zu erklären, sondern sich schwer auf seinen Stuhl plumpsen ließ und in dem Buch blätterte. Becher dämmerte, um was für ein Buch es sich handelte.

„Ist das Ihr junger *Goedeschal*?"

„Allerdings. Und hier ist Ihre Anzeige", sagte Ditzen und hielt das Buch hoch und zeigte es einmal reihum, allerdings mit dem Einband nach vorne, so daß niemand erkennen konnte, worauf er hinauswollte.

„In Falladas Buch *Der junge Goedeschal* ist eine Anzeige zu meiner Anthologie *Ewig im Aufruhr* drin", erklärte Becher den fragenden Gesichtern in der Runde.

„Wir waren also damals in einem Buch vereint", sagte Becher, dem klar war, daß seine Gäste deswegen jetzt keine Purzelbäume schlagen würden. Dafür war der Auftritt Ditzens zu wunderlich.

„Das ist ja interessant", sagte Hanna lahm und erntete dafür einen strengen Blick von Lilly.

„Der gute alte Rowohlt", murmelte Ditzen, während er gedankenverloren in seinem Buch blätterte. Die anderen schwiegen noch immer etwas unschlüßig, was Ditzen offenbar als Aufforderung verstand, seiner Nostalgie freien Lauf zu lassen.

„Ich kann mich noch erinnern, wie wir wegen meines Buchs *Kleiner Mann, was nun?* verhandelten. Das muß kurz vor Weihnachten 1931 gewesen sein. Der Cheflektor Max Krell war dabei und wir gingen zunächst ins Kino, in den

Gloria-Palast. Rowohlt hatte kurz vorher im Schneeregen einen Tannenbaum erstanden, der ihm mächtig gefiel. Den wollte er mit reinnehmen, damit er nicht verloren ginge. Aber der Portier wollte das nicht zulassen. Rowohlt hat so lange gezetert, bis der Geschäftsführer kam. Der wollte den Baum nur reinlassen, wenn dafür bezahlt wird. Also hat Rowohlt eine Loge gemietet, in der wir drei dann mit der Tanne saßen."

Frau Widmann gluckste bei der Vorstellung. Die anderen sagten nichts, waren aber froh, daß Ditzen sich offenbar wieder etwas gefangen hatte. Fedin fiel siedend heiß etwas ein, behielt es aber zunächst noch für sich. Becher war erleichtert, auf literarisches Terrain zurückkehren zu können, das lag Fallada deutlich mehr. Ulla musterte ihren Mann und kam erstaunt zu dem Schluß, daß er sich nichts gespritzt hatte.

„Stellt euch vor, Rowohlt darf noch nicht wieder als Verleger arbeiten, die Amerikaner wollen ihn erst entnazifizieren", sagte Becher.

„War er nicht Mitglied in der NSDAP?", fragte Willmann.

„Rowohlt?", fragte Ditzen.

„Ich dachte, der ist in Brasilien?", fragte Kurtz.

„Nein, er ist wieder zurück. Fallada, Sie müssen mir unbedingt seine Adresse in Hamburg geben, ich will ihm schreiben, ob er nicht nach Berlin kommen und für den Aufbau-Verlag arbeiten will", sagte Becher und schaute dabei zu Pieck, der beifällig nickte.

„Seit wann ist er denn aus Brasilien zurück?", fragte Kurtz.

„Er kam schon 1940 zurück", sagte Ditzen.

„1940?", fragten Kurtz und Willmann wie aus einem Mund.

„Er hat es in Brasilien nicht ausgehalten. Er könne nicht in diesem Affenland sitzen, wenn sich seine alten Kameraden hier herumschlagen, hat er mir geschrieben, und daß er dort Pferde zugeritten und Häute verkauft habe. Das war nichts für ihn", sagte Ditzen und zuckte die Schultern. „Er hat halt fest an den schnellen Zusammenbruch von Hitler-Deutschland geglaubt."

„Aber was hat er dann hier gemacht, während des Krieges?", fragte Willmann.

„Er war Hauptmann bei der Wehrmacht, in Griechenland und im Kaukasus, dann haben ihn die Nazis wegen aufrührerischer Tendenzen unehrenhaft entlassen. Als Abfindung hat er 50 Mark bekommen, mehr nicht. Er hatte eine Petition für irgendeinen Kommunisten unterschrieben", sagte Ditzen, und als er die sonderbaren Blicke der anderen bemerkte, schob er noch schnell nach: „Für Max Hölz."

War das vielleicht der Hauptmann, um den es neulich ging?, fragte sich Ulla. Aber sie hatte keine Lust nachzufragen. Ihre Zunge war schwer und sie war auch ein bißchen müde, wie sie ärgerlich feststellte.

„Unehrenhaft entlassen ist ein gutes Stichwort", sagte Pieck und erhob sich.

„Du willst schon gehen, Genosse Wilhelm?", fragte Becher.

„Ich muß, die Kinder warten, wir sind ja auch nicht mehr so häufig alle beisammen."

„Vielen Dank, daß du da warst", sagte Becher und legte in Blick und Tonfall auch ein bißchen eine Entschuldigung für seinen betrunkenen Gast mit hinein. Ob Pieck noch ein bißchen geblieben wäre ohne Fallada?

„Aber sehr gerne, ich werde mich bei Gelegenheit für die Einladung revanchieren", sagte Pieck, während er Lilly zum Abschied umarmte.

Nachdem Pieck gegangen war, herrschte für kurze Zeit Stille am Tisch.

„1940 aus Brasilien zurückgekehrt", sagte Willmann nachdenklich, um das Gespräch wieder aufzunehmen.

„Rowohlt ist ja nicht der einzige, der in Brasilien nicht glücklich geworden ist. Habt ihr das mit Stefan Zweig mitbekommen?", fragte Becher.

„Er ist in Brasilien umgekommen, nicht?", fragte Kurtz.

„Er hat sich umgebracht. Schon 1942", sagte Becher.

Willmann fiel ein Satz ein, der von Zweig überliefert war. *Wir brauchen einen ganz neuen Mut*, rezitierte er.

„Aber warum hat er sich umgebracht, ging es ihm denn so schlecht in Brasilien?", fragte Hanna, die mit Brasilien nur Fernweh und Abenteuer verband.

„Er hatte große Angst, nie mehr in Deutschland verlegt zu werden", sagte Becher und merkte an den gerunzelten Augenbrauen in der Runde, daß die Nicht-Literaten mit dieser Erklärung nichts anfangen konnten.

„Er hat wohl von allen Schriftstellern am meisten unter dem Krieg gelitten, an der Zerstörung der europäischen Idee", sprang ihm Fedin bei.

„Er hat am Tag bevor er sich mit seiner Frau umgebracht hat noch das Manuskript der *Schachnovelle* zur Post gebracht. Vier Exemplare. Eins für Deutschland, eins für die USA, eins für Brasilien und eins für Argentinien", sagte Becher.

„Seine Frau hat sich auch umgebracht?", fragte die Widmann erschrocken.

„Ich kenne keine *Schachnovelle*", bekannte Ditzen, obwohl es mehr wie ein Vorwurf klang.

„Die müssen Sie unbedingt lesen, hat Bermann Fischer in Stockholm herausgebracht", sagte Becher.

„Woher weißt du das denn mit dem Manuskript?", fragte Willmann.

„Das hat mir Kippenberg geschrieben, er war sehr erschüttert, daß sein bester Autor nicht durchgehalten hat."

Fedin räusperte sich. „Ich habe ganz vergessen, ich soll liebe Grüße von Martin Andersen Nexö bestellen."

„Ach, das ist ja schön. Geht es ihm gut, wann haben Sie ihn getroffen?", fragte Becher

„Er war vor ein paar Wochen nochmal in Moskau, um Papier zu besorgen. Er zieht jetzt wohl auf irgendeine dänische Insel."

„Wir müssen alle Russen werden", imitierte Becher Nexös Singsang mit dänischem Akzent.

Willmann und Fedin lachten befreit in der Erinnerung an den kauzigen Dänen, der eigentlich die Attitüde eines Erzbischofs hatte, wenn da nicht seine gestreiften Hosen, die breitrandigen Hüte und die immer kokelnde Pfeife gewesen wären.

„Der gute alte Nexö", sagte Willmann mit einem Anflug von Nostalgie.

„Moment, ich muß mir mal meine weißen Locken bürsten", sagte Becher mit nexöschem Klang, und wieder lachten Willmann und Fedin. Frau Widmann wußte nicht, um wen es ging, traute sich aber auch nicht zu fragen. Sie fürchtete das ironische Lächeln, das Becher manchmal im Büro aufsetzte.

Ulla war eingeschlafen. Hanna kannte Nexö von ein paar Begegnungen, sie hatte trotzdem nicht gelacht. In ihr rumorte es.

„Ich kann immer noch nicht verstehen, warum sich Zweig da in Brasilien umgebracht hat", sagte sie in das Lachen hinein.

Sie hatte selbst zehn Jahre in Moskau im Exil gelebt, davon sogar ein Jahr in diesem fürchterlichen Karaganda, wohin sie evakuiert worden waren, als die Wehrmacht vor Moskau stand. Karaganda, wo vom Kohlenstaub alles dunkelgrau war. Damals hatte sie sich gefragt, ob das richtig gewesen war, Heinz so bedingungslos in ein Land zu folgen, das sie nicht kannte. Einer Ideologie zu folgen, mit der sie nichts anfangen konnte. Fern der Heimat, der Familie und der Freunde, nur mit Heinz, den sie damals erst ein knappes Jahr kannte. Der ihr in Völklingen bei der ersten Begegnung von Paris vorgeschwärmt hatte und nur ein halbes Jahr danach von der Seine nach Moskau emigriert war. Sie war so einsam und von Selbstzweifeln geplagt – aber sie wäre doch nie auf die Idee gekommen, sich umzubringen.

Lilly und Becher schauten sich an, aber sie sagten nichts.

„Einem Schriftsteller bedeutet seine Heimat sehr viel", half Fedin, der sich an seine Zeit in Deutschland während des Ersten Weltkriegs erinnerte. „Die Muttersprache und die Menschen, die seine Muttersprache sprechen, verstehen und nicht zuletzt lesen. Ein Schriftsteller im Exil ist ein Schriftsteller ohne Publikum", gab Fedin zu Bedenken.

„Zweig ist ja kein Einzelfall", warf Willmann ein und bedachte Becher mit einem Seitenblick.

Becher hielt kurz den Atem an. Eigentlich konnte Willmann nichts über seinen Fehltritt wissen.

„Kurt Tucholsky hat sich schon 1935 in Schweden vergiftet, Ernst Toller, Ernst Weiß und Walter Benjamin haben sich ebenfalls im Exil umgebracht und Robert Musil und Franz Werfel sind auch tot", sagte Willmann, der hinter der Nachfrage seiner Frau bloße Neugier vermutete.

Aber Musil und Werfel haben sich doch nicht umgebracht", gab Kurtz zu Bedenken.

„Naja, Werfel lebt im schönen Kalifornien und wird nur 54."

„Er ist erst vor vier Monaten gestorben, da war doch der Krieg schon aus", sagte Kurtz.

Ditzen griff zu seinem Glas, aber es war mal wieder leer. Er sackte für einen Moment zusammen. Aber da er bemerkte, daß ihn die anderen nun schon mal ins Auge gefasst hatten, ergriff er das Wort, hielt dabei sein leeres Glas auf dem Tisch umklammert: „Ich habe 1938 auch überlegt, ins Exil zu gehen. Nach der Reichsscherbennacht. Aber ich konnte nicht aus Deutschland weg. Ich bin so sehr Deutscher, ich kann nur in deutscher Sprache denken und schreiben. In einem fremden Land würde ich bestimmt nicht mehr schreiben können."

Becher wußte nur zu gut, was er meinte. Er hatte über die zwölf Jahren in Moskau nie Russisch gelernt, immer nur in Deutsch gedacht, diskutiert, geschrieben. Mit leichter Verwunderung stellte er fest, daß er sich immer noch freute, wenn Fallada über Literatur sprach, so als würde ihn das dem Schreiben selbst schon wieder näherbringen. Da fiel ihm etwas ein.

„Ach, Rudolf, stell dir vor, Fallada hat Benn getroffen. Der sieht sich jetzt als Opfer der Nazis."

Kurtz grummelte. „Ich habe ihn ja immer gemocht, aber das ist jetzt doch ein bißchen unverschämt. Wo war er denn, als seine geliebte Else 33 von den SA-Schergen so übel verprügelt wurde? Geschwiegen hat er. Stattdessen hält er diese abscheuliche Rede im Rundfunk, *Der neue Staat und die Intellektuellen*", sagte Kurtz angewidert.

„Der Medizyniker", warf Willmann Benns Spitznamen halblaut ein.

„Welche Else?", fragte Hanna.

„Else Lasker-Schüler, oder wie sie sich selbst nannte: *Prinz Jussuf von Theben*", sagte Kurtz und schaute Beifall heischend zu Becher.

Kurtz und Becher kannten sich schon seit Studienzeiten. Sie hatten so manchen Krug geleert im Romanischen Café. Aber Kurtz war noch ein paar Jahre älter als Becher und hatte auch noch die Zeit der Bohème im Café des Westens mitgemacht.

„Hat Else Lasker-Schüler was mit dem Schachweltmeister Emanuel Lasker-Schüler zu tun?", fragte die Widmann.

Kurtz war dankbar, sein Wissen loswerden zu können. „Das war ihr Schwager. Der hat manchmal auch oben auf der Galerie im Romanischen Schach gespielt. Aber Else war das größere Original. Ihre riesigen schwarzen Augen haben jeden in ihren Bann gezogen. Kein Wunder, daß Benn was mit ihr hatte, obwohl sie bestimmt 15 Jahre älter war."

„Ich war mir da gar nicht so sicher mit den beiden, ob da wirklich was war. Aber ich kann mich an Benn auch gar nicht erinnern", gestand Becher.

„Was?", fragte Kurtz erstaunt, stutze kurz und winkte dann ab. „Du bist ja auch noch ein Jungspund."

„Moment mal, ich habe Else schon in Halensee im Neopathetischen Cabaret kennengelernt", entgegnete Becher.

„Ja, aber im Café des Westens warst du ja kaum noch." Kurtz schüttelte den Kopf: „Ich weiß bis heute noch nicht, warum der Pauly mit seinem Café in den Union-Palast gezogen ist. Das hatte gar keinen Charme mehr. Den Umzug haben wir nicht mitgemacht. Aber warum die ganze Gesellschaft dann ins Romanische Café gegangen ist, weiß ich auch nicht. Das war so groß und unpersönlich."

„Vielleicht wegen der vielen Brockhaus-Bände im Erdgeschoß", warf Willmann ein, weil er zeigen wollte, daß auch er das Café kannte.

Kurtz und Becher wirkten wenig überzeugt.

„Ich war jedenfalls auch ziemlich geschockt, als ich im Sommer gesehen habe, daß da kein Stein mehr auf dem anderen stand", schob Willmann nach.

Kurtz zuckte die Schultern. „Ausgebombt wurde das Café schon 43, aber im Frühjahr 45 stand dann der ganze Block in Flammen." Er lehnte sich zurück und stöhnte. „Ach ja, eine Schande."

„Aber war das Café denn wirklich so legendär? Da soll ja auch Hitler drin gewesen sein", sagte Lilly, die nicht viel von solchen Verbrämungen hielt.

„Aber das war doch viel später, Lilly", sagte Kurtz.

„Das Romanische war schon ein besonderer Ort. Gut, das alte Café des Westens noch mehr, weil es so schön klein und urig war, *eine Hexenküche der Lyrik* hat mal jemand gesagt. Aber auch das Romanische war dann für viele wie ein Zuhause. Ich habe meine ganzen Texte und Filmkritiken dort geschrieben. Nach dem Kino ging es ins Romanische zum Arbeiten, das haben viele so gemacht."

„Naja, richtig viel gearbeitet wurde da nicht", sagte Becher, und er und Kurtz mußten beide lachen.

„Wie hieß noch mal der Schnorrerkönig, der sich immer im Schwimmerbereich aufgehalten hat?", fragte Kurtz.

„Im Schwimmerbereich?", fragte Hanna.

Kurtz gefiel es, über seine Erinnerungen aus der guten alten Zeit plaudern zu können. Er war jetzt richtig begeistert. „Das Café war zweigeteilt, na eigentlich sogar dreigeteilt. Oben die Galerie hatten die Schachspieler besetzt. Unten gab es vorne einen großen Bereich für das gemeine Volk, das war der Nichtschwimmerbereich, hinten im kleineren Teil saßen die ganzen Prominenten. Brecht, Ringelnatz, Stefan Zweig, Kästner, Werfel, Döblin, Remarque, Kisch, Otto Dix, Billy Wilder, Sylvia von Harden, Max Liebermann ..."

„John Höxter", setzte Becher dazwischen.

Kurtz stutzte. Dann strahlte er. „Richtig, John Höxter hieß er. Das war der Schnorrer par excellence, der hat immer Geld eingesammelt für kleine Bonmots. Einmal hat er Heinrich Mann Honig ums Maul geschmiert. Wartet mal, das kriege ich noch zusammen:

Wenn mancher Mann wüßte
Wer Thomas Mann wär,
Tät mancher Mann Heinrich Mann
manchmal mehr Ehr."

„Das ist nett", sagte die Widmann, nur um mal wieder etwas zu sagen. Fedin war das ein bißchen schnell gegangen, aber er glaubte, den Kern erfasst zu haben, und lächelte.

„Aber viel konsumiert hat er nicht mit dem eingesammelten Geld", sagte Becher.

„Das war ja Fierings Problem. Er hat immer geschimpft. *Die, die viel konsumieren, schreiben an, und die die Geld haben, halten sich von mittags bis in die Nacht an einem Becher Kaffee fest,* hat er immer gejammert."

„Aber wehe, wenn Oberkellner Hahn kam", sagte Becher vergnügt.

„Der hat den ganz harten Fällen dann dezent eine Karte hingelegt mit der Aufforderung zu gehen", sagte Kurtz.

„Moment", rief Willmann und alle schauten ihn an. *„Sie werden gebeten, unser Etablissement nach Bezahlung Ihrer Zeche zu verlassen und nicht wieder zu betreten. Bei Nichtbeachtung dieser Aufforderung würden Sie mit Maßnahmen wegen Hausfriedensbruchs zu rechnen haben."*

Kurtz und Becher schauten ihn mit großen Augen an.

„Ich habe so ein Kärtchen mal auf dem Boden gefunden und dann lange Zeit als Lesezeichen verwendet", erklärte Willmann seine Textsicherheit.

„Nicht schlecht, Willmann", freute sich Kurtz. „Jedenfalls, wer so ein Kärtchen bekam, der war geliefert."

„Ich kann mich noch an den einen Ungarn erinnern, Adam von Kàllay, der hat sich vor der Tür des Cafés erschossen, weil ihn der alte Nietz nicht mehr reingelassen hat", sagte Becher.

„Die Else stand auch immer auf der Kippe, die hat ja auch nie was konsumiert, hat sich nur von Obst und Nüssen ernährt. *Eine Dichterin, die viel verzehrt, ist keine Dichterin,* hat sie gesagt, aber der Fiering hat sich natürlich nie getraut, sie rauszuschmeißen", gab Kurtz zum Besten.

„Das haben ja dann wohl die Nazis besorgt", sagte Lilly bitter. Becher schaute sie enttäuscht an, weil sie seine und Kurtzens Schwärmerei so jäh unterbrach.

Kurtz sammelte sich etwas und schaute ebenfalls zu Lilly, dann ging er auf ihren Seitenhieb ein. „Ach ja, ein Jammer. Ab 33 durften keine Juden mehr ins Romanische. Schnorrerkönig Höxter hat sich deswegen übrigens im Grunewald erhängt. Spätestens nach dem Reichstagsbrand ging es mit dem Romanischen bergab."

„Und was ist aus der Lasker-Schüler geworden?", fragte Hanna.

Das wußte Becher nun aus seinen Korrespondenzen. „Sie ist erst in die Schweiz und dann später nach Jerusalem, da ist sie Anfang des Jahres gestorben."

Ditzen hatte die ganze Zeit geschwiegen und etwas gelangweilt mit seiner Gabel die Reste des Kartoffelsalats von seinem Teller gekratzt. Er war nie in einem der Cafés am Kudamm gewesen. Er hatte die Hochphase der Kaffeehäuser in Neumünster, Schlesien, Brandenburg und im Gefängnis verbracht.

„Benn hat etwas von seiner Frau erzählt, die sich auf der Landstraße erschossen haben soll. Kannten Sie die?", frage er Kurtz.

„Nur flüchtig. Sie war aus Dresden und ebenfalls deutlich älter als er. Er hat sie wohl auf Hiddensee kennengelernt. Aber mit Else war ja vorher schon Schluß. *Barbar Gieselheer* hat sie Benn immer genannt." Kurtz schaute gedankenverloren in sein Weinglas. „Ach Else", seufzte er wehmütig.

Der Alkohol, der für die meisten Gäste ungewohnt war, hatte sie alle schläfrig gemacht. Es war spät geworden. Lilly hatte schon angefangen den Tisch abzuräumen, was die meisten als Signal zum Aufbruch verstanden. Mit einigem Gähnen am Tisch ging die erste Friedensweihnacht zu Ende. Ditzen und Ulla, die zwischenzeitlich wieder wach geworden war, aber nur schläfrig in die Runde geblinzelt hatte, schleppten sich mit schweren Schritten vondannen in den Eisenmengerweg. Fedin, Hanna und Frau Widmann boten Lilly bevor sie aufbrachen aus Höflichkeit an, in der Küche zu helfen, was die Gastgeberin energisch ablehnte. Willmann überlegte kurz, am Tisch sitzen zu bleiben, folgte dann aber seiner Frau nach oben. Zu dieser Zeit wohnten Willmanns und Bechers noch im selben Haus. Nur der Gastgeber und Kurtz saßen eine Weile am Tisch und tauschten Anekdoten über das alte Berlin aus.

Geld ------------------------------------

Ditzen war gleichermaßen überrascht und erfreut über den Besuch. Sein alter Weggefährte Hans-Joachim Geyer hatte ihn in Niederschönhausen gefunden. Beide kannten sich aus alten Radacher Tagen, wo sie zusammen in der Landwirtschaft ihr Unwesen getrieben hatten. Nachts waren sie um die Häuser gezogen, um in den umliegenden Dörfern zu tanzen. Die Goldenen 20er Jahre in der Provinz.

Ditzen hatte Geyer in seinem Roman *Wolf unter Wölfen* als Feldbeamter Negermeier ein etwas fragwürdiges Denkmal gesetzt, aber der treue Gutsekretär hatte ihm das ziemlich entstellte Porträt nicht übel genommen. Jetzt saß er mit seinen freundlichen Eulenaugen im Eisenmengerweg.

Geyer staunte nicht schlecht über die große Villa in der noblen Gegend. Nur ziemlich karg sah es aus, das große Haus.

„Hübsch warm haben Sie es hier", sagte Geyer.

„Ja, hier unten ist es ganz muckelig, aber es sind nicht alle Räume im Haus beheizt", gestand Ditzen.

Geyer schaute sich noch immer um, obwohl es im großen Wohnzimmer gar nicht viel zu sehen gab. Er war etwas erschrocken, weil Ditzen so schlecht aussah, und er wußte nicht, ob er sich trauen sollte, danach zu fragen.

„Was hat Sie denn nach Berlin verschlagen, Geyer?"

Geyer stöhnte.

„Ich war auf der Kammer in der Schlüterstraße. Wollte mal vorfühlen, was ich für ne Karte bekäme, wenn ich nach Berlin reinkomme."

„Wo wohnen Sie denn jetzt?"

„Immer noch in Falkensee. Da geht es mir gar nicht schlecht. Aber ich will wieder schreiben, und irgendwie kann ich da draußen nur an Äcker und Mist denken."

Ditzen dachte daran, wie er Geyer damals bei dessen ersten Schreibversuchen unterstützt hatte. *Gutsbeamter Peter Möcke, ein Landwirtschaftsroman.* Das war viel Arbeit gewesen, für so was hatte er jetzt keine Zeit.

„Also ziehen Sie nach Berlin?"

Geyer winkte ab.

„Waren Sie schon mal auf der Kammer? Ein Hauen und Stechen ist das. Herumtreiber, Nazidichter, Dilettanten, Schmonzettenschreiber, verhinderte Schriftsteller, Laiendarsteller, aber alle sind sie die großen Künstler und brauchen dringend die Zweier. Kriegt aber keiner. Die Zweier gibt es nur *für führende Schriftsteller und Dichter* und selbst für die Dreier muß man noch kämpfen und Arbeitsproben abgeben."

Ditzen dachte etwas verschämt an seinen eigenen Besuch in der Schlüterstraße. Er hatte sogar die vielbegehrte Lebensmittelkarte 1 ergattert, die es ja sonst nur für Schwerstarbeiter gab, und selbst Ulla hatte noch die Zweier bekommen als seine *Sekretärin*. Obwohl sie ihn vielmehr vom Schreiben abhielt, als ihn dabei zu unterstützen. Ditzen befürchtete, Geyer könnte gekommen sein, um ihn um Geld anzupumpen, wie er das schonmal gemacht hatte, damals, mit seinen SA-Kumpels. Das wollte er jetzt gleich klären.

„Aber es geht Ihnen gut, ja?"

„Ich kann nicht klagen, man braucht ja auch nicht viel da draußen." Geyer hielt inne, als würde er an Falkensee denken. „Aber Sie haben es hier ja auch ganz gut erwischt, Ditzen", sagte Geyer dann noch und dachte sich: *Auch wenn du nicht so aussiehst.* Ditzen verstand den Blick seines alten Freundes falsch.

„Ich will Ihnen was sagen, lieber Geyer, ich kann gar nicht so viel Geld verdienen, wie wir brauchen. Es ist noch nicht Mittag, da haben Ulla und ich eine Flasche Schnaps getrunken und ein Päckchen amerikanische Zigaretten geraucht. Dann kommt dazu, daß meine Frau zu faul ist, sich mit der Karte in einem Laden anzustellen. Also kauft sie nach wie vor alles auf dem Schwarzmarkt. Haben Sie eine Ahnung, was Butter, Honig und Vollmilchpulver da kosten? Wenn ich das alles zusammenzähle, habe ich bis zum Mittag schon mehr Geld ausgegeben, als ein Durchschnittsschriftsteller im ganzen Monat verdient. So sieht das aus", sagte Ditzen und warf sich nach diesem Geständnis in seinen Stuhl zurück. Geyer wußte nicht, was er sagen sollte. Das Naheliegende wäre gewesen zu sagen, *Sie sehen auch nach einer Flasche Schnaps am Vormittag aus*, aber das wollte er nicht. Er war nicht auf Streit aus, sondern eher traurig, sein großes Vorbild so zu sehen. Als er ihn damals in Carwitz aufgesucht hatte mit seinen SA-Kameraden, schwer alkoholisiert und abgebrannt, da war ihm Ditzen wie eine Vaterfigur vorgekommen. Mit seinem schönen Häuschen, der Frau und den Kindern hatte Ditzen ihm Geld zugesteckt und geraten, auch mal was zu essen. Seinen Fehltritt mit der SA hatte Ditzen ihm auch später nie vorgeworfen. Er hatte ihn und die anderen Trunkenbolde für Kindsköppe gehalten und nicht ernst genommen. Jetzt saß Ditzen vor ihm, ausgemergelt und mit Alkoholfahne, und schwang große Reden, wie viel Geld er verprasste. Er hätte ihm gerne geholfen aus alter Verbundenheit, wußte aber nicht wie. Ditzen hatte ihn ja auch nicht um Hilfe gebeten. Mit seinem selbstherrlichen und barschen Ton wirkte er eher abweisend.

„Vielleicht sollten Sie sich etwas einschränken", sagte Geyer. Es klang mehr wie eine Frage, so überfordert war er mit der Situation.

Ditzen merkte, daß er Geyer vor den Kopf gestoßen hatte, aber er war nicht in der Lage, zurückzurudern.

„Sie sehen, Geyer, auch ich habe meine Probleme."

Das war kameradschaftlich gemeint, wirkte aber wieder abweisend. Der denkt, ich will ihm Geld rausleiern, staunte Geyer. Er wußte nicht, was er sagen sollte. Er hatte Angst, es noch schlimmer zu machen. Irgendwie schien sein großes Vorbild heute alles falsch zu verstehen.

„Nun ja, ich muß dann mal wieder los. Schade, daß Ihre Frau nicht da ist, ich hätte sie gerne einmal kennengelernt", sagte Geyer und hoffte insgeheim, daß Ditzen ihn noch zum Bleiben überreden würde.

„Schön, daß Sie da waren", sagte Ditzen und meinte es tatsächlich ernst.

Nachdenklich verließ Geyer den Eisenmengerweg.

Ditzens Überreaktion kam nicht von ungefähr. Ständig schwirrten ihm Geldsorgen im Kopf herum. Geld war für Ditzens Arbeit immer ein großer Antrieb gewesen. Doch obwohl er durch seine Aufträge für die *Tägliche Rundschau* und den Rundfunk so gut verdiente wie in den üppigsten Ullstein-Zeiten, kam er nicht zurande. Die Sache wuchs ihm über den Kopf. In seiner Aufzählung für Geyer hatte er den wichtigsten Kostenfaktor gar nicht erwähnt gehabt: Morphium. Hier gab es eine klare Arbeitsteilung. Ditzen beschaffte das Geld, Ulla den Stoff. Aber ein Gramm Morphium kostete auf dem Schwarzmarkt zwischen 800 und 1000 Reichsmark und hielt bei ihrem horrenden Konsum nicht mal drei Tage. *Vielleicht sollten Sie sich etwas einschränken,* hatte Geyer gesagt. Der hatte gut reden. Ulla ließ sich nicht einschränken. Wenn er ihr kein Geld gab, machte sie irgendwo Schulden ohne ihm etwas zu sagen. Neulich hatte er in der Post einen Brief von einem Herrn Johanns gefunden, der um die Rückzahlung von 3000 Mark bat. Er kannte nicht mal einen Herrn Johanns! Dann war noch die Rechnung von Dr. Thoms ins Haus geflattert, für die Kosten auf der Privatstation im Carolinenstift in Neustrelitz.

Zu allem Überfluß hatten sie ihm jetzt auch noch teilweise den Geldhahn zugedreht. Vorgestern hatte er bei der *Täglichen Rundschau* antanzen müssen. Chefredakteur Chemjakin hatte ihm eröffnet, daß sie ihm keine so üppigen Honorare mehr zahlen könnten. Dafür sollte er jetzt bei Lebensmitteln und Heizmaterial besser unterstützt werden. Da steckte natürlich Becher dahinter. Jetzt hatte er den Keller voll Kohle, aber damit konnte er seine Rechnungen nicht bezahlen, vor allem nicht die 10 000 Mark Strafgebühren für das Überziehen des elektrischen Stromkontingents und die 30 000 Mark Steuerschulden. Das war noch das schlimmste von allem. Das hatte er jetzt mal ausgerechnet. Die Siegermächte ließen einem wirklich gar nichts. Bei einem Einkommen zwischen 60 000 und 100 000 Mark blieben ihm nur 14 000 Mark, den Rest mußte er an das Finanzamt abführen. Wie sollte er so zu einem gewissen Wohlstand kommen? Da brauchte er auch keinen Roman mehr schreiben, für 14 000 Mark Jahreseinnahmen. Ulla hatte ihr Haus in Feldberg schon an ihren Schwager Ewald verkauft, für lumpige 12 000 Reichsmark. Ditzen durfte gar nicht daran denken, wie schnell sie 12 000 Mark verjubelten. Jetzt hatte Ulla überlegt, ob sie mit seinen Büchern eine Leihbibliothek aufmachen sollte, um auch ein kleines Einkommen zu haben. Steuerlich wäre das günstiger. Aber Ulla als Bibliothekarin? Besser war es wohl, die Bücher gleich ans Antiquariat zu verkaufen. Seine schönen Bücher. Es war ein Jammer. Ditzen goß sich aus lauter Verzweiflung noch einen üppigen Cognac ein.

Eisenmengerweg -----------------------

Als Uli von der Schule nach Hause kam, merkte er gleich, daß wieder dicke Luft war. Da ging er lieber direkt hoch auf sein Zimmer, er hatte keine Lust auf das ewige Gezanke zwischen Ulla und Papa. Dabei wollte er doch erzählen, daß sie jetzt wieder Geographie in der Schule hatten. Geschichte, Biologie und Geographie waren ja zunächst mal aus dem Lehrplan genommen worden, weil die Fächer völlig naziverseucht waren. Er hatte heute zudem einen Anzug in Aussicht gestellt bekommen. Das war wahrscheinlich Papas Verdienst. Er hatte Direktor Hackethal von der Friedrich-List-Schule einen kleinen Brief geschrieben und ihn um Schuhwerk und einen Anzug für ihn gebeten. Doch jetzt nickte sein Vater ihm nur stumm und grimmig zu. Ulla lehnte im Türrahmen und schaute in eine ganz andere Richtung. Hatte sie ein blaues Auge? Wortlos und etwas eingeschüchtert ging Uli nach oben. Er atmete schwer durch. Er hatte sich so auf Berlin gefreut und mit Ulla verstand er sich so gut. Wenn er wirklich mal mit ihr stritt, war alles ganz schnell wieder vergessen. Zumindest solange sein Vater keinen unbeholfenen Versuch machte, zwischen ihnen beiden zu vermitteln. Auch mit seinem Vater verstand er sich irgendwie. Aber ein richtiges Zusammenleben war das nicht. Ulla war häufig nicht da und zusammen zu Abend gegessen hatten sie lange nicht mehr. Dafür trieben sich manchmal zwielichtige Gestalten im Haus herum. Das waren dann angeblich immer Geschäftspartner seines Vaters. Von wegen Geschäftspartner. Ihm so einen Unsinn zu erzählen. Er war doch kein kleines Kind mehr.

Ditzen wartete, bis oben die Tür zu Ulis Zimmer ins Schloß fiel.

„Jedenfalls geht das so nicht weiter."

„Was geht so nicht weiter – daß du mich schlägst?", fragte Ulla mit bebender Stimme.

„Sei doch nicht so laut. Das tut mir ja leid, aber du treibst mich zur Raserei."

„Womit? Damit, daß ich mir die Hacken wund laufe, um uns irgendwie durchzubringen? Damit, daß ich deine ganzen Sachen aus Feldberg geholt habe? Weißt du, wie schwierig das alles war?"

„Das viele Geld, das du ausgibst, das haben wir gar nicht", antwortete Ditzen und war jetzt selbst schon wieder laut geworden.

„Weißt du wie teuer das ganze Zeug auf dem Schwarzmarkt ist?"

„Dann nutze doch zur Abwechslung mal unsere Lebensmittelkarten."

„Pah. Du bist so weltfremd. Meinst du, nur weil ich die Karten habe, schmeißen sie mir das Zeug hinterher? Da stellt man sich zwei Stunden irgendwo an und dann heißt es, *ham wir nicht mehr, Fräulein, vielleicht morgen wieder*. Das ist mir zu blöde, unnütz in der Schlange zu stehen. Seit neustem braucht man sogar eine Impfbescheinigung."

So hatte das Ditzen noch gar nicht gesehen. War das wirklich so schwierig?

Das mit der Impfbescheinigung hielt er freilich für einen Witz, für eine von Ullas Übertreibungen, auch wenn dem nicht so war. Wegen Epidemien wie Typhus, Ruhr und Tuberkulose galt jetzt eine Impfpflicht, die beim Einlösen der Lebensmittelkarten überprüft wurde.

„Wenn du magst, mache ich mal die Besorgungen", bot Ditzen halbherzig an, wobei ihm nichts ferner lag.

Ulla lachte schallend. „Du? Du kämst ohne Strümpf' und Schuh vom Schwarzmarkt zurück. Nee, nee, steck' du mal lieber deine Nase in die Bücher."

Ditzen war erleichtert, daß Ulla nicht auf sein waghalsiges Angebot eingegangen war. Aber das mit der Nase in die Bücher stecken war so eine Sache. Noch immer hatte er keine Zeile für den vereinbarten antifaschistischen Roman geschrieben. Dabei hatte Ulla tatsächlich zumindest einen Teil seiner Bücher und Manuskripte aus Feldberg herangekarrt und er hatte sich im ersten Stock ein Arbeitszimmer eingerichtet. Selbst seine gute Continental Silenta hatte er wieder. Die Bauern hatten beim Plündern Geschirr und Klamotten mitgehen lassen, aber mit der Schreibmaschine und den teils wertvollen Büchern konnten die Schafsköpfe wohl nichts anfangen. Und trotzdem, zu einem Roman konnte er sich nicht aufraffen. Seine Konzentration zwischen zwei Spritzen und dem nächsten Streit mit Ulla reichte gerade einmal für einen Zeitungsartikel, wobei er auch hier oft einfach altes, vorhandenes Material umschrieb und auffrischte. An längeres kontinuierliches Arbeiten war für Ditzen nicht zu denken.

Anders als seine Suse, ließ Ulla ihn nicht in Ruhe schreiben. Sie langweilte sich, wenn er mit seinen Figuren allein sein wollte.

Wenn die Bücher nicht dazu taugten, ihn zum Schreiben zu animieren, brauchte er sie auch nicht mehr.

„Apropos Bücher, ich werde wohl doch einen Teil davon verkaufen."

Ulla war einen Augenblick still. Sie hatte angeboten, eine Leihbibliothek aufzumachen. Wenn er die Bücher jetzt verkaufen wollte, war das nicht gerade ein Vertrauensbeweis. Aber sie wußte auch, wieviel ihm diese Bücher bedeuteten. Wenn er sie erst verkauft hatte und vermisste, würde er doch nur ihr die Schuld geben.

In der Tat waren die Bücher Ditzens *großes, fast einziges Steckenpferd*, wie er selbst sagte. Seine Bibliothek in Carwitz war auf fast 4000 Bücher angewachsen. Die Sache war etwas ausgeufert. Nachdem sich im Bekanntenkreis und Verlagswesen Ditzens Bücherleidenschaft herumgesprochen hatte, bekam er fast nur noch Bücher geschenkt. Allein zu seinem 50. Geburtstag hatte er nicht weniger als 173 Bücher bekommen. Suse hatte nur den Kopf geschüttelt und gemeint, die könne er selber abstauben. Irgendwann war er dazu übergegangen, nur noch die Erstausgaben deutscher Klassiker zu sammeln.

„Behalte doch deine Bücher. Sie sind dir doch so wichtig."

„Aber Ullakind, wir haben Schulden. Schulden, weißt du was das ist?"

„Und wenn ich doch die Leihbibliothek aufmache", fragte Ulla zaghaft.

„Das macht doch keinen Sinn. Ist dir schonmal aufgefallen, wo wir wohnen?"

Ulla schaute sich kurz im Wohnzimmer um, sie wußte nicht, worauf er hinauswollte. Platzmangel hatten sie jedenfalls keinen.

„Wir leben zwischen Schlagbäumen. Dieses Städtchen ist militärisch abgeriegelt."

„Aber dieser Geyer hat es doch auch hierher geschafft", protestierte Ulla.

„Weil er mich nach Jahren wieder besuchen wollte. Aber niemand beschwatzt oder diskutiert mit einem russischen Militärposten, um sich Fontanes *Wanderungen durch die Mark Brandenburg* auszuleihen."

Ditzen ließ unerwähnt, daß Ulla seiner Meinung nach auch viel zu wenig Ahnung von Büchern hatte. Man muß doch wissen, was da drin steht, wenn man es verleihen will. Aber wie er seine junge hübsche Frau mit dem Veilchen sah, tat sie ihm leid und er schämte sich.

„Bevor du Bücher verkaufst, versetze ich lieber meinen letzten Schmuck", sagte Ulla.

„Ich denke, du hast genug von deinem Schmuck verkauft, und dein Häuschen haben wir auch schon dran gegeben, jetzt bin ich mal dran", sagte Ditzen gütig.

Aber der Schmuck bedeutet mir nichts, das ist nur ..."

Es klingelte. Die Ditzens sahen sich überrascht an. Wer konnte das sein? Becher?, dachte Ditzen erschrocken, während er auf das geschwollene Auge seiner Frau blickte. Nicht am frühen Nachmittag, da war er nie im Städtchen. Außerdem hatte er sich zuletzt ohnehin recht rar gemacht, der Mann war viel unterwegs. Ulla hingegen hatte mehr als eine Ahnung, wer vor der Tür stand, aber sie tat lieber überrascht, weil der Besuch gerade etwas unpassend war. Es klingelte erneut. Ditzen bedachte seine Frau nochmal mit einem fragenden Blick, ging dann aber zur Tür.

Vor der Tür stand ein untersetzter, dunkelhaariger Mann.

„Was wollen Sie?", fragte Ditzen, der den Mann noch nie zuvor gesehen hatte.

„Ist Frau Ditzen zu Hause?", fragte der Mann barsch.

„Wer sind Sie?"

„Ich bin der, der ziemlich genervt ist. Ihre Tochter oder was auch immer hat mir nicht gesagt, daß ich hier an Militärposten vorbei muß."

Aus Verblüffung machte Ditzen einen Schritt zurück. Der ungebetene Besucher nahm dies als Aufforderung und drängelte sich an Ditzen vorbei ins Haus. Ditzen blieb noch einen Augenblick verblüfft in der Tür stehen, da hörte er schon Ulla.

„Herr Jakubeit, schön, daß Sie da sind. Haben Sie es gleich gefunden?", fragte Ulla mit gespielter Höflichkeit.

„Laber mich nicht voll, Kleine. Ich will 3500 Steine." Ullas blaues Augen schien ihn nicht im mindestens zu irritieren.

„Aber das war nicht ausgemacht, 3000 hatten wir gesagt."

„Da wußte ich aber noch nicht, daß ich hier an Militärposten vorbei muß. Wissen Sie, welche Gefahr ich hier auf mich genommen habe? Das hätten Sie mir sagen müssen." Die letzten Worte hatte Jakubeit fast geschrien.

„Was geht hier vor?", fragte Ditzen.

„Wer ist das?", fragte Jakubeit.

„Das ist mein Mann", sagte Ulla schnell, bevor sich ihr Mann entrüsten konnte.

„Mir egal, ich will 3500 oder ich nehme das Zeug wieder mit. Dann war es das aber auch mit uns."

Die Aussicht, daß Jakubeit das schöne Morphium wieder mitnehmen würde, machte Ulla ganz hektisch. Ditzen schwante allmählich, um was es ging, er konnte es nicht fassen.

Ulla verschwand in der Küche und rief über die Schulter: „Moment".

Jakubeit und Ditzen standen sich wortlos gegenüber und musterten sich feindselig. Ditzen hielt es für besser, diesem Individuum gegenüber gar nichts zu sagen. Jakubeit dachte sich wohl das Gleiche. Ulla kam aus der Küche gehastet. Sie legte das Geld wortlos auf den Tisch. Jakubeit zählte die Scheine mit finsterer Miene. Sein Gesicht hellte sich auch nicht auf, als er das Geld in die Innentasche seines Mantels schob und ein kleines in Zeitungspapier eingeschlagenes Päckchen zu Tage beförderte, das er wortlos auf den Tisch legte. Das sind vier Gramm. Aber das war mein letzter Hausbesuch hier."

Ohne ein weiteres Wort zu verlieren oder das Ehepaar eines Blickes zu würdigen, verließ Jakubeit das Haus. Ditzen wußte gar nicht, wohin mit seiner Wut. Einen Augenblick blieb er ganz still, dann begann er zu toben.

„Bist du jetzt vollkommen irre geworden?"

Ditzen nahm einen Stuhl und warf ihn voll Zorn gegen die Wand. Erstaunlicherweise hielt der Stuhl, nur an der Wand blieben ein paar unschöne Striemen zurück. Ulla starrte ihn nur trotzig an.

„Du kannst doch keine Schwerverbrecher hier ins Haus holen. Der weiß jetzt unseren Namen und wo wir wohnen."

Ditzens Gesicht war eine verzerrte Fratze, die Frau trieb ihn wirklich in den Wahnsinn.

„Er hat doch schon gesagt, daß er nicht wiederkommt."

„Nicht als Lieferant, aber vielleicht als Einbrecher, Erpresser oder Halsabschneider."

„Bei uns gibt es doch nix zu holen. Außerdem ist das ein seriöser Geschäftsmann."

Ditzen lachte laut auf. „Er sieht aus wie ein Schwerverbrecher und er ist ein Schwerverbrecher, glaube mir, mit zwielichtigen Gestalten kenne ich mich besser aus als du. Wenn den jetzt jemand gesehen hat oder er gesagt hat, daß er zu uns will. Gerade nach dem Vorfall neulich."

Kurz nach Neujahr war ein russischer Leutnant aufgetaucht und hatte gesagt, das Haus müsse umgehend geräumt werden für Oberst Warssonofij, der hier einziehen wolle. Zwischen Ditzen und dem Leutnant hatte sich ein hitziges Wortgefecht ergeben. Der Offizier hatte gedroht, Ditzen verhaften zu lassen. Erst als vom Stab in Karlshorst ein Politoffizier angebraust kam, war der Leutnant kleinlaut abgezogen. Und trotzdem, Ditzen stand unter Beobachtung und es war längst nicht allen klar, warum zwischen den ganzen hohen Politoffizieren, zwischen Oberst Nikaschin von der Geheimpolizei und Oberst Melikow aus der Propagandaverwaltung, zwischen dem Pankower Kommandanten Oberstleutnant Petkun und dem Garnisonschef Kotikow ein verhinderter deutscher Schriftsteller leben mußte. Der Bauingenieur Otto Latendorf hatte das Haus 1935 gebaut. Im August 1945 war er mit seiner Familie in eine kleine Wohnung in der Pankower Grusemarkstraße umgesiedelt worden. Dann hatte ein paar Wochen Anton Ackermann im Eisenmengerweg 19 gewohnt. Doch der war nach Dresden abgezogen, um dem Kommunismus dort auf die Sprünge zu helfen. Dann hatten die Russen das Haus kurzzeitig als Möbelmagazin genutzt, bevor Pieck angefragt hatte, ob sie es nicht für einen wichtigen deutschen Kulturträger nutzen konnten. Außer der kommunistischen Führungsriege um Pieck, gab es neben Ditzen nur einen weiteren Deutschen, der derzeit noch im Städtchen leben durfte: Ditzens Nachbar Hans Bausch, ein Professor für Gärungschemie. Die Stadtkommandantur hatte das Wohngebiet zwischen dem Schloßpark und dem Flüßchen Panke im Juli mit Befehl Nummer 49 abgesperrt. An den beiden Zugängen in der Schloßstraße und der Grabbe-Allee standen militärische Wachposten, die den Zugang kontrollierten.

„Die werden uns jetzt nicht rausschmeißen, nur weil wir Besuch bekommen haben", sagte Ulla und begann, das Päckchen von dem Zeitungspapier zu befreien.

Ditzen war schon wieder kurz vorm Durchdrehen wegen der Blauäugigkeit, wegen der Naivität und der Unbekümmertheit seiner Frau.

„Unser *Besuch* ist ein zwielichtiger Schieber. Die brauchen doch nur einen Vorwand, um uns hier rauszukriegen."

„Einen Vorwand finden die doch auch so. Daß du schon vormittags im Schloßkasino Schnäpse trinkst, reicht doch auch als Vorwand für die feinen Leute hier."

„Nicht hier im Wohnzimmer! Wenn der Junge runterkommt ...", ermahnte Ditzen Ulla, weil sie sich eine Spritze aufziehen wollte.

„Ach Gottchen, der Junge ist doch nicht blöd, der hat doch längst mitgekriegt, was hier los ist."

„Ja, aber er muß es doch nicht auch noch sehen", knurrte Ditzen mit gefährlichem Unterton.

Ulla stöhnte. Sie ließ die Spritze sinken. Wie auf Kommando stand Uli auf einmal im Wohnzimmer. Er schaute auf den Stuhl, der immer noch am Boden lag.

„Essen wir heute auch nochmal was?"

Ditzen und Ulla starrten ihn nur an.

-------------------- *Kuranstalten Westend*

Als Amelie Kunz an diesem Morgen mit ihrem Fahrrad über den Kiesweg vor das Seitenportal schlitterte, stand Achim Maric an der Ligusterhecke und rauchte. Als er sie sah, grinste er frech.

„Was ist los, müssen wir jetzt schon draußen rauchen?", fragte die Kunz, noch bevor sie vom Fahrrad abgestiegen war.

„So weit kommt es noch. Nein, ich wollte einfach ein bißchen frische Luft schnappen und mal weg von den Irren."

Maric grinste noch immer.

„Was grinst du denn so dämlich, hast du heute Geburtstag?"

„Das nicht, aber *du* hast einen neuen Patienten. Einen alten Bekannten."

„So, wen denn?"

„Den alten Fallada, der wird auch immer irrer."

„Fallada? Kenne ich nicht. Der Schriftsteller?"

„Genau der. Der wird dir ordentlich zu schaffen machen."

„Ach Gottchen, Achim. Hast du eine ungefähre Ahnung, was ich in den vergangenen fünf Jahren alles zu sehen bekommen habe?"

Schwester Amelie hatte ihr Fahrrad abgestellt und sich ebenfalls eine Zigarette angezündet. Jetzt blies sie den Rauch aus und schaute Maric ruhig an. Der sagte nichts. Er hatte die hübsche Amelie ein bißchen triezen wollen, um sie dann wieder trösten und seine Unterstützung anbieten zu können.

„Ich habe auf Zehnbettzimmern gearbeitet, in denen jeder mit dem Tode gerungen hat. Zerschmetterte Beine, weggerissene Arme, Panzerverbrennungen. Da lagen die armen Menschen von Kopf bis Fuß im Madenverband, und jedes Mal, wenn man die Wunden versorgt hat, kam man mit den krabbelnden Viechern in Berührung."

Maric schaute sie erschrocken an. Das gefiel der Kunz.

„Und als ich nach dem Krieg zurück nach Hamburg kam, da haben mich die Briten ins KZ nach Sachsenhausen geschickt und das war *so* schlimm, das willst du gar nicht wissen. Und da kommst du mir mit den Zipperlein der reichen Leute hier. Das ist für mich wie Urlaub."

„Schon gut, Florence Nightingale, du bist eine ganz Harte", sagte Maric und musterte dabei verstohlen den stattlichen Vorbau seiner Kollegin. Der fiel das sofort auf. Sie verzog nur gelangweilt das Gesicht.

„Ich gehe mal rein."

Eine halbe Stunde später auf der Station bekam Schwester Amelie einen ungefähren Eindruck davon, was von diesem Fallada zu erwarten war.

„Na Schwester, heute schon Stuhlgang gehabt?", waren die ersten schnippischen Worte, die er an sie richtete.

„Gut und reichlich, danke der Nachfrage", entgegnete Schwester Amelie unbeeindruckt.

Donnerwetter, ein Frauenzimmer, das nichts krummnimmt, dachte Ditzen. Schwester Amelie dachte: Das ist der berühmte Schriftsteller? Der sieht ja traurig aus.

„Der Doktor hat mir sechs Einheiten Pernocton versprochen, die können Sie mir schonmal geben", sagte Ditzen.

„Wenn der Doktor sie Ihnen versprochen hat, dann wird der Doktor sie Ihnen auch geben", sagte Schwester Amelie ungerührt.

Natürlich hatte Professor Zutt Ditzen nichts dergleichen versprochen und Schwester Amelie konnte sich das schon denken. Es war das ewige Feilschen der Süchtigen. Ditzen war ein bißchen wütend, weil er nicht bekam, was er wollte, aber vor diesem feschen Frauenzimmer versuchte er sich jetzt zu beherrschen.

„Da oben ist ein Fleck", sagte Ditzen jetzt und deutete auf eine rostrote Stelle an der Zimmerdecke.

„Das haben Sie aber fein beobachtet", antwortete Schwester Amelie.

„Da muß gestrichen werden", sagte Ditzen lahm, weil ihn die Ironie der Schwester irritierte.

„Ja, sicher, ich hole gleich einen Pinsel und einen Eimer Farbe."

„Sie nehmen mich nicht ernst, oder?"

„Herr Fallada, der Sie ja scheinbar sind: Zunächst mal müssen Sie sich selber ernst nehmen. Und was den Fleck angeht: Die ganze Stadt liegt in Trümmern und wir sollen uns hier um einen Rostfleck kümmern? Also wirklich."

„Ich möchte den Professor sprechen."

„Da werden Sie sich noch ein bißchen gedulden müssen, der Herr Professor ist heute Morgen in der Charité."

Ditzen grummelte, sagte aber nichts mehr. Er starrte vorwurfsvoll auf den rostroten Fleck.

Schwester Amelie hatte Ditzen in einem guten Moment erwischt. Am Vorabend hatte er Maric noch gedroht, das ganze Mobiliar kurz und klein zu schlagen, wenn er nicht eine doppelte Ration Pantopon bekäme. Ditzen war zwei Tage zuvor in einem jämmerlichen Zustand eingewiesen worden. Becher hatte ihn im Eisenmengerweg besuchen wollen, war dann aber zunächst von Oberstleutnant Koromkin aus der Militärverwaltung, der auf der anderen Straßenseite wohnte, abgefangen worden. Der hatte ihm erzählt, daß es in Nummer 19 wüst zugehe und er solche Zustände in diesem Viertel nicht für akzeptabel halte. Als Becher dann klingelte und ihm Ditzen unwirsch öffnete, wurde ihm einiges klar. Ditzen war unrasiert, sein Haar fettig und ungepflegt. Zudem hatte er eine penetrante Alkoholfahne. Ditzen hatte dann ganz unverblümt und ohne großes Hallo gefragt, ob Becher ihm Morphium und Scopolamin besorgen könne. Im Hintergrund hatte Uli verschüchtert auf dem Treppenabsatz gestanden. Becher war geschockt. Daß Ditzen ihn jetzt schon so unverblümt nach Morphium fragte, war keine positive Entwicklung. Als Becher anbot, Ditzen ins Krankenhaus zu fahren, war auch Ulla auf einmal aufgetaucht und hatte darauf bestanden, mitzukommen. Ditzen faselte dann die ganze Zeit von *Zutt im Westend*. Ulla klärte Becher darüber auf, daß ihr Mann in die Kuranstalten Westend in der Gartenstadt Charlottenburg wolle. Da Becher und Lilly ohnehin nach Charlottenburg ins Deutsche Theater wollten, waren die vier quer durch Berlin bis ins Westend und die Nußbaumallee gefahren. Keine sehr vergnügliche Fahrt, wie Becher fand. Die Blicke, die ihm Lilly zugeworfen hatte, würde er so schnell nicht vergessen.

Bei der Einweisung hatte Ulla dann nach und nach eingeräumt, daß sich beide Morphium und Scopolamin spritzten, in letzter Zeit zwölf Kubikzentimeter am Tag in einer drei- bis vierprozentigen Lösung. Der diensthabende Arzt hatte die Augenbrauen hochgezogen. Zwölf Kubikzentimeter am Tag? Als er dann noch erfuhr, daß *jeder* der beiden zwölf ccm am Tag spritzte, hatte er das gar nicht glauben können. Wo bekamen die das ganze Zeug her? Er wollte natürlich auch Ulla gleich dabehalten. Das ginge nicht, hatte Ulla erklärt, des Kindes wegen. Also war nur Ditzen in die Kuranstalt eingerückt. *Morphiumsucht, Selbsteinweisung*, hatte der Diensthabende routinemäßig auf Ditzens Papieren vermerkt.

Ditzen war in den Kuranstalten ein alter Bekannter. Es war bereits sein sechster Aufenthalt in der Privatklinik. Seinen ersten Aufenthalt im Februar 43 hatte er dazu genutzt, *Der Jungherr von Strammin* zu Papier zu bringen. Bereits im November 43 und im Januar 44 war er zwei weitere Male da gewesen, wegen seiner Alkoholsucht und wegen Depressionen, die er bekommen hatte, nachdem er plötzlich ohne Verlag dastand. Der Rowohlt-Verlag war aufgelöst und in die Deutsche Verlagsanstalt überführt worden.

Die Kuranstalten Westend waren ein im französischen Landhausstil erbautes Kurhaus, ein Sanatorium mit einer Aura von Manns *Zauberberg*. Professor Jürg Zutt hatte das Haus in eine psychiatrisch-neurologische Klinik für wohlhabende Patienten verwandelt.

Ditzen hatte zunächst ein Einzelzimmer in der *Unruhigen Abteilung* bezogen. Dort versahen vor allem robuste Männer den Dienst, um mit den tobsüchtigen Patienten besser zurechtzukommen. Aber Zutt hatte die hübsche Schwester Amelie in die Station gesteckt, weil er annahm, daß sich dann zumindest die männlichen Patienten besser benahmen. Eine Überlegung, die weitgehend aufging, solange die Patienten Herr ihrer Sinne waren.

Ditzen hatte sich erstaunlich schnell erholt. Morgens war er immer noch etwas wacklig von den ganzen Schlaftabletten, die er bekam. Doch nach und nach kam er zu sich und hatte die Muße, sich Sorgen zu machen. Er hatte kein gutes Gefühl dabei, seinen Uli und Ulla allein im Haus zu lassen. Sicher, die beiden verstanden sich gut, aber mehr wie Kumpels. Und Uli mit einem Kumpel unter einem Dach zu wissen, bereitete ihm Bauchschmerzen. Ulla würde ja Geld benötigen. Viel Geld. Das bißchen, was noch im Haus war, würde Ulla für Morphium drangeben und sein Sohn würde dann Hunger leiden. Er mußte dringend wieder schreiben, irgendwas.

Am Nachmittag kam Professor Zutt vorbei.

„Na, Herr Fallada, ich hatte eigentlich gehofft, Sie hier nicht mehr zu sehen, jetzt, wo der Krieg aus ist."

„Ach, Herr Professor, es ist nicht leicht im Moment. Und mit meiner Frau ..." Ditzen ließ den Satz in der Luft hängen.

„Und dann auch noch Morphium, wie sind Sie denn jetzt auf die Idee gekommen?"

„Habe ich ja früher schon einmal genommen", sagte Ditzen trotzig.

Der Professor sagte nichts und schaute ihn nur unverwandt an. Wie alt dieser Mann geworden war, das konnte doch nicht alleine der Krieg aus ihm gemacht haben. Ditzen schien seine Gedanken zu erraten.

„Ich fühle mich wie ein Lahmer, der alleine gehen und dabei noch eine Blinde führen muß."

„So, so. Wie fühlen Sie sich denn aktuell?", fragte Zutt und schaute dabei auf Ditzens Krankenblatt, als wolle er seine Aussage gleich überprüfen.

„Es geht so. Aber Herr Professor, gestern Abend habe ich nur drei Paral gekriegt, das ist eine Kinderportion, mit der kann ich nichts anfangen."

„Sie sollen hier auch nichts anfangen, sondern von etwas loskommen. Niemand hat gesagt, daß das leicht ist", ermahnte ihn Zutt.

Am siebten Tag durfte Ditzen den ersten Besuch empfangen. Als er Ulla sah, wußte er schon, was sie wollte.

„Ich brauche Geld. Oder noch besser gleich Morphium."

Ditzen schaute sie verwundert an. „Was stimmt nicht mit dir, glaubst du, daß ich hier jetzt Morphium unter der Bettdecke habe? Ich versuche gerade von dem Teufelszeug loszukommen."

„Du hast gut reden, liegst hier im gemachten Nest. Und ich?"

Ditzen versuchte, sich nicht aufzuregen, was ihm dank der Sedativa in seinem Körper ganz gut gelang.

„Was ist mit Uli? Hat der Junge genug zu essen?"

„Ja, Uli hat genug zu essen. Die Russen haben uns einen Zentner Frühkartoffeln geliefert."

Das war doch eine gute Nachricht. Das verschaffte ihm etwas Zeit.

„Du mußt mir Schreibzeug vorbeibringen Ulla. Briefbögen und Briefmarken, hörst du?"

„Gar nichts höre ich. Ich brauche Geld. Ich bin absolut blank. Morphium ist immer schwerer zu bekommen, die Kriegsbestände scheinen allmählich zur Neige zu gehen. Die Quelle in Dahlem ist versiegt und von Vera bekomme ich auch nichts mehr."

Daß sie sich mit Vera überworfen hatte, weil sie ihr Geld schuldete, behielt sie an dieser Stelle für sich.

„Hast du wirklich nur noch dieses Mistzeug im Kopf? Du brauchst Geld. Gut. Damit ich dir Geld geben kann, muß ich schreiben, und dafür brauche ich Papier und Tinte und Briefmarken. Verstehst du das?"

Ditzen fuchtelte mit den Armen und war jetzt doch ziemlich laut geworden.

Schwester Gerda steckte den Kopf zur Tür herein: „Alles in Ordnung hier?"

Ditzen und Ulla schauten sie nur stumm an, Schwester Gerda war schon wieder weg.

Ulla verstand schon, wollte aber nicht verstehen. Sein Papierkram war ihr mittlerweile zuwider. Sein ganzer Ordnungsfimmel, den er vorgab zu brauchen. Sie hatte gedacht, sie hätte einen Künstler geheiratet, aber irgendwie war er nur ein Schreibbeamter. Jetzt ging es ihr wirklich schlecht und er dachte wieder nur an Papierkram.

„Wenn du mir kein Geld gibst, dann muß ich eben wieder Schulden machen."

Ditzen starrte auf den rostroten Fleck an der Decke, der ihn jetzt irgendwie beruhigte.

Eine Woche später bekam die Sache eine neue Wendung, allerdings keine gute. Pfleger Maric säuberte Ditzens Zimmer und blieb dann, bevor er ging, an dessen Bett stehen.

„Ich soll es Ihnen eigentlich nicht sagen, aber Ihre Frau ist jetzt auch hier."

„Um diese Uhrzeit? Und warum sollen Sie mir das nicht sagen?"

Maric schüttelte den Kopf. „Nicht als Besuch, sondern als Patientin."

Ditzen starrte Maric an. Was hatte das zu bedeuten?

„Ja, aber mein Sohn", fiel Ditzen nur ein. Maric zuckte die Schultern. Eigentlich hatte er ein Dankeschön für die Information erwartet, dachte er beim Rausgehen.

Die Situation war zum Heulen. Jetzt war Uli ganz auf sich allein gestellt. Besuchen durfte Uli ihn hier noch nicht, das hatte Zutt verboten. Patient Fallada sei noch nicht so weit. In der Tat hatte Ditzen noch einige Rückfälle. Zweimal war er im Stübchen aufgewacht und hatte gar nicht gewußt, wie er da hingekommen war. Stübchen, so nannte das Pflegepersonal die Tobzelle. Schwester Amelie drohte nur immer, wenn er Zicken machte. *Da will wohl einer ins Stübchen.* Dann hatte sie ihn einmal unter dem Bett liegend gefunden, weil er sterben wollte. Zwei Pfleger mußten ihn mit vereinten Kräften hervorziehen, obwohl er kaum noch etwas wog. Die irrsinnige Grimasse, die er dabei zog, ließ die Pfleger erschauern. Das Essen hatte er auch mehrmals verweigert, weil er sterben wolle. Gerade gestern hatte er sich auf den kalten Flur gelegt und der erstaunten Schwester Gerda erklärt, er wolle sich eine Lungenentzündung holen, um sterben zu können. Da war es heute nicht allzu wahrscheinlich, daß der Professor einem Besuch seines Jungen zustimmen würde.

Ich muß ihm auf alle Fälle schreiben, dachte sich Ditzen. Hoffentlich erzählt der Junge seiner Mutter nicht, daß er da in dem großen Haus auf sich allein gestellt ist. Suse würde ihn sofort nach Carwitz zurückholen, Schule hin, Schule her. Wenn wenigstens sein alter Freund Burlage noch leben würde. Bei dem war Uli ja schonmal untergekommen. Aber Burlage war 43 bei einem Bombenangriff umgekommen. Zu dem Zeitpunkt hatte sich der unehrenhaft entlassene Rowohlt bei ihm einquartiert. Dann kamen die Bomber. Rowohlt war ausgegangen und überlebte, Burlage nicht.

Rowohlt würde er auch schreiben müssen. Ditzen plagte immer noch ein bißchen das schlechte Gewissen, daß er Rowohlt als Autor von der Fahne gegangen war. Er hatte damals einfach bei Heyne unterschrieben. Was war eigentlich mit denen?

Der Dresdner Verlag hatte im März 1944 die Option auf Ditzens Manuskripte, Neuauflagen und die Verwertung der Auslandsrechte erhalten und ihm dafür monatlich einen Vorschuß von 1200 Reichsmark gewährt. Wie oft hatte er die eigentlich erhalten? Galt die Abmachung nun überhaupt noch? Ditzen kratzte sich am Kopf. So viele offene Fragen. Na, jetzt war er jedenfalls erstmal beim Aufbau. Die hatten zu Weihnachten seinen *Blechnapf* neu aufgelegt. Gleich 30 000 Stück. Da müßte doch auch irgendwie Geld reinkommen. Und er würde auch Geyer schreiben und ihn um Geld bitten. Der war ihm noch was schuldig. Er hatte ihn doch damals auch freigehalten bei dieser SA-Posse. Jedenfalls mußte er jetzt einen kühlen Kopf bewahren, das war er seinem Sohnemann schuldig. Kinder waren doch das Größte.

Als Schwester Amelie reinkam, bat er sie ganz höflich um ein Blatt Papier und einen Stift. Als allererstes würde er jetzt Uli schreiben.

----------------------------*Am Uhufelsen*

Becher nippte vorsichtig am noch heißen Kaffee. Ein wahrer Luxus in diesen Zeiten. Dann stellte er die Tasse auf den Tisch und ging zurück an sein Stehpult. Ein schönes Stehpult, ein Geburtstagsgeschenk von Lilly. Die besten Gedanken hatte er immer im Stehen. Doch heute Morgen kam er irgendwie nicht weiter. Dabei hatte er sich für diesen Sonntagmorgen so viel vorgenommen. Er wollte endlich den entscheidenden Durchbruch für sein Gedicht *Heimkehr* schaffen. Da waren Verszeilen, die ihm schon seit Monaten im Kopf herumschwirrten, die er aber jetzt einfach nicht aufs Papier brachte. Becher ächzte leicht und ging im Raum auf und ab. *Bist du es doch Deutschland, schmerzensbleich*, sagte er halblaut vor sich her. Nein, das passte nicht. Becher schaute aus dem Fenster. Draußen war es noch immer nicht ganz hell. Vielleicht war auch das Licht nicht richtig. Vielleicht hatte er heute einfach zu früh angefangen. Dann stutzte Becher. Hatte er diese Passage nicht schonmal irgendwo auf einen Zettel gekritzelt?

Enttäuscht ließ sich Becher auf seinen Stuhl sinken. Er nahm noch einen Schluck Kaffee und begann dann, einen

Stoß Papiere zu durchforsten. Etwa in der Mitte des Stapels hielt er inne. Das kam nicht aus seiner Schreibmaschine. Becher zog ein paar geheftete Blätter aus dem Stapel. *Am Uhufelsen* stand auf der ersten Seite. Becher legte die Stirn in Falten, dann dämmerte es ihm. Die Blätter hatte ihm Ditzen in die Hand gedrückt, als der Transport aus Carwitz endlich angekommen war. *Da hatten wir doch auf der Fahrt drüber gesprochen*, hatte er nur gesagt. *Auf der Fahrt*. Becher mußte an die Reise nach Schwerin denken. Das schien ihm jetzt schon wieder so lange her. Der arme Rosenberg, er hatte ihn nach der Rückkehr ganz geniert darum gebeten, diesen Fallada nicht mehr fahren zu müssen. Aber bei seinem Auftritt im Staatstheater hatte sich Fallada recht wacker geschlagen, auch wenn seine Rede keine politischen Visionen enthalten hatte und eher eine Abrechnung mit den Nazis gewesen war. Becher hatte nur den Atem angehalten, als Fallada Göring mehrmals als ehemaligen Morphinisten bezeichnete. Das war schon kühn von Fallada, dachte sich Becher. Sich selbst bis zum Abend zweimal eine Spritze setzen, um sich dann auf die Bühne zu stellen und Göring einen Morphinisten zu schimpfen.

Becher hatte mit den Papieren, die ihm Fallada in die Hand drückte, nichts anzufangen gewußt. Er war überhaupt nicht in der Stimmung gewesen, irgendeinen alten Kram von Fallada zu lesen. Ständig versuchte der, ihnen sein altes Zeug unterzujubeln. Vor Weihnachten hatte er Aufbau seinen *Jungherr von Strammin* angeboten. Verlagsleiter Wilhelm hatte ihn angerufen und fast gefleht, diese seichte Unterhaltung nicht verlegen zu müssen.

Jetzt lag der arme Fallada im Krankenhaus und seine Frau gleich mit. Becher plagte ein wenig das schlechte Gewissen, weil er ihn noch nicht besucht hatte. Aber immerhin kümmerte er sich um den Jungen und hatte eine Haushälterin organisiert, die den Kleinen bekochte. Von dieser Ulla war ja nichts zu erwarten. Aber was sollte er noch alles machen? Andere Schriftsteller hatten ihm schon beleidigte Briefe geschrieben, weil er Fallada so über die Maße unterstützte.

Becher schaute nach draußen. Es war immer noch ein wenig duster. Er seufzte. Bis es hell genug zum Dichten war, könnte er sich ja mal Falladas Aufzeichnungen widmen. Er nippte nochmal an seinem Kaffee, dann begann er zu lesen.

Am Uhufelsen

Bis zu Erna Simon war alles nur Vorgeplänkel gewesen. Das Gift, das mir von Necker besorgt hatte, habe ich gleich wieder ausgespuckt, so eklig hat es geschmeckt. Und diese hirnrissige Idee, daß wir jeder ein Drama schreiben, von Wedekind bewerten lassen und der Verlierer sich dann umbringen muß. Als ob Wedekind unser Geschwurbel lesen würde.

Ich kann gar nicht mehr sagen, ob am Ende er oder ich die treibende Kraft war.

Wir haben uns wohl beide treiben lassen. Ich weiß nicht, woher ich die unangenehme Eigenschaft habe, Menschen, die ich mag, weh tun zu müssen. Aber bei Erna Simon wußte ich, bevor ich sie umbringe, bringe lieber mich um. Sie war so grazil und so rein, so aufgeschlossen. Und doch so unendlich weit weg für mich. Sie, die helle Klare, die in der Tanzstunde jeden haben konnte, ich der düstere Verschrobene, der abseits saß und nicht mal tanzen durfte. Ein junger Kerl zwar, aber einer, der sich nie puppenlustig, sondern immer nur lila fühlte. Und ständig diese Kopfschmerzen.

Daß Hammer, Naundorf und Pöschmann ebenfalls Selbstmord verübt hatten, war mir egal. Von den dreien konnte ich ohnehin nur Pöschmann ein bißchen leiden. Auch der etwas delikate Brief, den ich anonym an Ernas Mutter geschrieben habe und mir dann zugeordnet werden konnte, war nicht der Grund. Aber erst dieser schlimme Unfall in Leipzig und auf der Wandervogelfahrt nach Holland wäre ich fast ertrunken. Dann nach der Rückkehr diese Typhuserkrankung, von der ich mich einfach nicht erholt habe. Mutter sagte, seit ich zwölf war, sei ich jedes Jahr einmal dem Tod von der Schippe gesprungen. Wenn das so war, konnte ich das ja gleich selbst in die Hand nehmen und wenigstens noch etwas dramaturgisch gestalten.

In der Schule hatte ich rumerzählt, Hanns Dietrich sei unverschämt geworden, und wegen dieser Beleidigungen müsse ich ihn fordern. Das hat niemand ernst genommen, das habe ich wohl gemerkt. Aber für meinen aristokratischen Freund war Ehrgefühl der höchste Wert in der Familie. Ein Selbstmord wäre ausgeschlossen gewesen.

Am Tag vorher haben wir noch jede Menge misslungenes Geschreibsel bei mir in der Waschküche verbrannt, darunter auch das Oktavheft, in dem wir unseren gemeinsam Plan festhielten. Das hat nicht so richtig geklappt. Die angekokelten Reste haben wir dann im Garten vergraben.

Am Abend versuchte ich mich abzulenken und spielte irgendein Brettspiel. Dann dachte ich, das ist wohl kaum die geeignete Vorbereitung für einen inszenierten Doppelselbstmord. Also kramte ich noch einmal die Bücher raus, mit denen ich so viel Zeit verbracht *hatte. Wenn ich sie aufgeschlagen liegen ließe, würde die Nachwelt erfahren, welche Bücher mir wichtig waren. Wildes Dorian Gray und Nietzsches Zarathustra und sein Gut und Böse. Daraus hatte ich mir noch ein paar Zeilen abgeschrieben. Der Gedanke an den Selbstmord ist ein starkes Trostmittel, mit ihm kommt man über manche böse Nacht hinweg.*

Ich habe nicht lange geschlafen, vielleicht zwei, drei Stunden. Als ich aufwachte, dachte ich: Dein Ehrenwort ist nicht bindend, du kannst noch zurück. Aber das wollte ich von Necker nicht antun. Ich blätterte in einem Buch mit alten Volksliedern, das ich mir ein paar Tage vorher gekauft hatte. Ich suchte nichts bestimmtes, aber eine Zeile habe ich mir gemerkt, die erschien mir an diesem Morgen tröstlich: Die Rosen blühen im Tale, Soldaten ziehen ins Feld. Es war bitterkalt an jenem Morgen. Als ich bei Dietz vor dem Haus anlangte, schlug die Kirchturmuhr gerade fünf. Ich gab das verabredete Zeichen, da wurde es schon hell in seinem Zimmer. Er mußte bereits gewartet haben, der alte Majorssohn. Irgendwo schlug ein Hund an und verstummte wieder. Ich setzte mich auf eine Bank und legte das kleinkalibrige Gewehr neben mich. Ein Tesching, das ich mir von meinem Pensionswirt ausgeliehen hatte, um damit auf Spatzen zu schießen.

Als Dietz runterkam, fing er gleich an, eine Geschichte zu erzählen. Er war offensichtlich nervös. Er erzählte von einem, der sich auch umbringen wollte, so wie wir, dem es aber an dem Morgen zu kalt gewesen war und der sich deswegen wieder ins Bett legte. Ich weiß bis heute nicht, was er mir damit sagen wollte. Ich kann mich nur noch an meine Zweifel erinnern. Ich dachte zurück, an die kleinen schönen Dinge, die ich nicht mehr würde tun können. An all die Bücher, die ich nicht mehr lesen würde.

Als Ort für unsere Tragödie hatten wir uns den Uhufelsen ausgesucht. Ein schroffer Basaltfelsen mit dunklen Tannen und Fichten.

Becher stutzte. Irgendwie kam ihm das alles doch bekannt vor. Er stand auf, ging an eines seiner Regale und suchte. Dann zog er ein dickes Buch heraus und blätterte eine ganze Weile. Dann hielt er inne und grunzte kurz. Tatsächlich, er hatte sich richtig erinnert. Im *Blechnapf* hatte Fallada diesen Uhufelsen als Heimat von Willi Kufalt beschrieben, am Anfang des zehnten Kapitels. Aber wann hatte er das hier zu Papier gebracht und warum? Becher stellte das Buch zurück ins Regal und stand unschlüßig im Raum.

Wollte er das jetzt weiterlesen?

Eigentlich nicht. Becher nahm einen Schluck Kaffee, nahm die Papiere wieder zur Hand und blätterte um. Es war ohnehin nicht mehr viel. Das würde er jetzt noch zu Ende lesen, dann würde er Fallada deswegen nicht anlügen müssen. Vielleicht kam doch noch irgendeine Pointe.

Auf dem Weg an den Felsen sprachen wir über das Leben nach dem Tod, über Seelenwanderung. Ich hatte Dietz bislang nicht nach seinen Motiven für die bevorstehende Tat befragt. Als ich das erwähnte und vorgab, dies sei ein edles Verhalten von mir, wurde er fast zornig. Menschen, die vorgeben, edel zu sein, sind es zumeist nicht, sagte er. Ich bemerkte, daß es ihn verletzen würde, darüber zu sprechen. Vielleicht hätte ich trotzdem fragen müssen. Aber ich habe geschwiegen und so nie den Grund für seine Todessehnsucht erfahren und auch nichts dagegen unternommen.

Angst hatten wir beide nicht. Wir waren ganz ruhig. Die Sonne ging auf. Sie war leuchtend rot. Wir rauchten beide noch eine Zigarette. Meine Finger waren ganz klamm. Komm jetzt, Harry, sagte er dann. Harry, so hatte ich mich selbst genannt aus Verehrung für Oscar Wildes Lord Henry Wotton. Für ihn hatte ich auch mit dem Kettenrauchen angefangen.

Du versprichst mir ganz fest, wirklich auf mich zu schießen, ja? Das Versprechen mußte ich ihm geben. Als wir zu der kleinen Lichtung gingen, die wir uns ausgesucht hatten, sagte Dietz: Ich habe mich im Lexikon über die Lage des Herzens erkundigt. Dann holte er aus seiner Hosentasche zwei rote Schleifen und befestigte diese mit Sicherheitsnadeln, eine an meiner Brust, eine an seiner. Somit haben wir ein besseres Ziel, sagte er. Ich schwieg. Im Tal waberte der Nebel. Auf der Lichtung hängten wir unsere Jacken und Westen an einen Baum, damit die Kugeln dadurch nicht abgelenkt oder geschwächt würden.

Dietz lud mir mein kurzes Gewehr, ich hatte keine Ahnung von sowas. Mein Kopf war ganz leer. Erst als ich den Revolver in seiner Hand sah, dachte ich, was das für ein Wahnsinn ist. Wir gingen jeder zehn Schritte auseinander. Ich weiß noch, wie ich Angst hatte, mich zu verzählen. Was für ein Blödsinn. Dietz zählte runter von drei auf eins. Bei zwei wollte ich reißaus nehmen, bei eins schossen wir beide. Wir standen dort wie angewurzelt und lauschten bis das Echo der Schüsse verhallte. Irgendwo flog eine Krähe auf.

Wir hatten beide nicht getroffen. Gott sei Dank, dachte ich, aber ich sagte nichts. Dietz kam auf mich zu und lud das Tesching wieder. Er war jetzt etwas hektisch. Er hatte Angst, wir würden zu kalt werden und nicht mehr zielen können. Wir hat-

ten ja nur noch die Hemden an. Ich blieb wie angewurzelt ste-
hen, Dietz verkürzte die Distanz. Dann schossen wir wieder.
Ich war wieder nicht getroffen. Und Dietz? Kurz noch stand er
ganz still, dann fiel er mit einem Schrei nach hinten. Ich stürzte
zu ihm. Bitte, schieß noch einmal auf mich, flehte er. Ich fand
den Revolver erst nicht, den hatte er fallen lassen. Ich suchte
ihn hektisch. Fand ihn. Beeilte mich, so als könne ich mit einem
weiteren Schuß alles wieder ins Lot bringen. Ich trat ganz nahe
an ihn heran, schaute weg und schoß. Dann erst wurde ich pa-
nisch, aus Angst, alleine weiterleben zu müssen. Ich hatte ihn
erschossen! Jetzt mußte ich ihm folgen. Ich schoß zweimal auf
mich. Ich lag am Boden und schaute in den blassblauen Himmel.
Die dunklen Tannen standen ganz ungerührt. Das ärgerte mich.
Ich fing an zu schreien, stand auf, rannte los, stolperte, versuch-
te mir in die Schläfe zu schießen. Es klackerte nur. Ich dachte,
der Revolver müsse sechs Schüsse haben. Aber ich würde sicher
sterben, zwei Schüsse in die Brust überlebte kein Mensch. War-
um ich dennoch Richtung Tal rannte, weiß ich nicht. Vielleicht
wollte ich nicht alleine sterben, zwischen stummen Tannen. Viel-
leicht wollte ich weg von meinem toten Freund. Ich glaube, er
hatte absichtlich danebengeschossen aus Angst, ich würde nicht
treffen. Er war doch der viel bessere Schütze, der Majorssohn.
Dann weiß ich nicht mehr viel. Ein Bauer hat mich wohl aus-
gekühlt gefunden, ein Tierarzt unten im Ort zunächst versorgt.
Auch an die Zeit im Rudolstädter Krankenhaus habe ich keine
große Erinnerung. Das muß wohl an dem vielen Morphium ge-
legen haben. Als meine Mutter von der Tragödie erfuhr, waren
ihre ersten Worte: „Gott sei Dank nichts Sexuelles."

Becher mußte glucksen über diesen Kommentar. Dann dachte er an seine eigene Mutter, die immer vom Vater unterdrückt wurde und als dessen Blitzableiter fungierte. Trotzdem war sie bei der Erziehung eher die Verbündete seines Vaters. Ähnlich wie bei Fallada. Die Parallelen zwischen ihnen beiden waren erstaunlich. Wann, hatte er gesagt, war das mit seinem Selbstmordversuch gewesen? 1911? Das war 35 Jahre her. Und jetzt rang das arme Menschenkind wieder mit dem Leben. Becher trank den Kaffee aus. Er würde Fallada im Krankenhaus besuchen müssen.

----------------------------*Kalter Krieg*

Else Marie Bakonyi klatschte vergnügt in die Hände. Jetzt würde doch noch Bewegung in die Sache kommen. Ihr offener Brief im *Neuen Hannoverschen Kurier* hatte zunächst kaum Beachtung gefunden, wie sie enttäuscht festgestellt hatte. Doch nun wollte sich die *Neue Zeitung* in München ihrer Sache annehmen. Bis nach München war das also gedrungen!

Lange hatte sie mit sich gerungen, ob sie diesen offenen Brief schreiben sollte. Sie würde dann doch nur als verschmähte Geliebte dastehen. Aber dieser offene Brief von Fallada wiederum hatte sie wirklich geärgert. Sich da als Retter der deutschen Jugend aufzuspielen. Bakonyis Schwester Tamara hatte ihr Anfang Dezember aus Berlin ein Exemplar der *Täglichen Rundschau* mitgebracht, in der ein offener Brief von Fallada dazu aufrief, die deutsche Jugend müsse gerettet werden, sie habe unter den leeren Hitlerparolen am meisten gelitten. Bakonyi hatte sich furchtbar aufgeregt. Jetzt arbeitete Fallada also für die Russen! Sich erst den Nazis andienen und jetzt das!

Sie hatte sich mit ihrer Schwester beraten, was sie machen könnte. Einen Brief an die *Tägliche Rundschau* zu schicken schien nicht sinnvoll, den würden die Russen nicht drucken. Die Briten hier in Hannover aber bestimmt. Sie hatte in ihren noch vorhandenen Unterlagen gekramt und sich hingesetzt und einen Brief geschrieben. Den hatte sie erstmal zerknüllt und dann noch einen Brief geschrieben und den dann wieder zerknüllt. Erst mit der dritten Fassung war sie einigermaßen zufrieden, weil sie es darin schaffte, die notwendige Distanz zu Fallada herzustellen.

In dieser dritten Fassung warf sie Ditzen Opportunismus vor und fragte: „Wollen Sie auch jetzt nur wieder Ihren Frieden machen mit den herrschenden Mächten?" Falladas Sympathie für Hitlers Mordregime sei dem *Eisernen Gustav* zu entnehmen. Dann zitierte sie aus einer Postkarte Ditzens, die er während seiner Tätigkeit als Sonderberichterstatter des Reichsarbeitsdienstes 1943 aus Frankreich geschrieben hatte: „Wir sind die Herren der Welt, bestimmt die von Europa." Gewiss, das war nicht ganz fair, denn sie wußte, daß Ditzen diese Worte nur mit dem Zensor im Nacken geschrieben hatte. Aber hätte er denn überhaupt diesen Nazi-Job beim Reichsarbeitsdienst antreten müssen? Außerdem ließ sie dafür sein schändliches Manuskript über die Barmat-Kutisker-Skandale unerwähnt. Sie als Halbjüdin hatte sich damals geweigert, das abzutippen, weswegen Ditzen sie schließlich vor die Tür gesetzt hatte. Obwohl das natürlich nur ein Vorwand war. Ditzens Frau war hinter ihre Liebschaft gekommen und ihr Gatte mußte ein Zeichen setzen.

Es dauerte zehn Tage, dann bekam Hans Habe den offenen Brief der Bakonyi auf seinen Schreibtisch gelegt. Habe hatte das Oberkommando über 18 Zeitungen in der amerikanischen Besatzungszone und war gleichzeitig Chefredakteur der *Neuen Zeitung* in München. Der Österreicher ungarischer Abstammung war 1938 beim Anschluß Österreichs wegen seiner jüdischen Herkunft ausgebürgert worden und 1940 von Frankreich aus in die USA emigriert. Nun war er als Major der Stabsgruppe für Propaganda und psychologische Kriegsführung nach Deutschland zurückgekehrt. Mit seinen 34 Jahren dirigierte er eine erstaunlich große Zeitungsgruppe. Das war ihm ein bißchen zu Kopf gestiegen. In seinem Urteil war er anmaßend, aber nicht unfair.

Da zu den 18 Zeitungen, denen er vorstand, auch der *Braunschweiger Bote* zählte, hatten die Kollegen die Konkurrenz aus Hannover immer im Blick.

Sein Stellvertreter Major Hans Wallenberg höchstpersönlich legte ihm den Zeitungsausschnitt auf den Tisch.

„Schau dir das mal an, Hans, da pinkelt jemand dem Fallada an den Karren."

Habe überflog den Zeitungsauschnitt.

„Wer ist diese Bakonyi?"

„Seine ehemalige Sekretärin. Hat ein paar Bücher für ihn abgetippt, unter anderem den *Eisernen Gustav*."

Habe nickte und dachte nach.

„Arbeitet Fallada jetzt nicht für die Russen?"

„Er hat ein paar Kurzgeschichten für die *Tägliche Rundschau* verfasst und sein *Blechnapf* wird jetzt in diesem neuen kommunistischen Verlag wieder aufgelegt."

„Sehr gut. Darum kümmere ich mich persönlich."

Habe dachte an die jüngsten Gespräche mit seinen Vorgesetzten. Kommandeur Eisenhower hatte ihn nach Frankfurt bestellt. Schon dieser riesige Saal, in dem Eisenhower bei den IG Farben residierte, war einschüchternd. Von der Tür bis zu Eisenhowers Schreibtisch war es ein kleiner Fußmarsch. Dort angekommen, hatte Eisenhower eine Stunde auf ihn eingeredet, wie denn jetzt diese Zeitungen zu führen seien. Die Quintessenz: Wir wollen die Deutschen nicht unterhalten, sondern belehren. Habe hatte zaghaft widersprochen, als er dann mal zu Wort kam.

„Wir können die Deutschen nicht zwingen, die *Neue Zeitung* zu kaufen, wir müssen schon ein paar Kompromisse machen."

„Wir sind nicht hier, um Kompromisse zu machen", hatte der General ungeduldig erwidert.

Auch Habes direkter Vorgesetzter, General Robert McClure, der oberste Chef der Informationskontrolle, hatte ihm vor zwei Tagen nochmal eingeschärft: „Den Deutschen gebührt nichts Besseres als Weisungen, und sie haben höchstens Nachrichten verdient." Infolgedessen habe man ihnen keine Zeitungen, sondern Mitteilungsblätter zu präsentieren.

Eine Kolumne über Fallada wäre doch nicht verkehrt, dachte sich der Presseoffizier.

Es sollte aber noch bis Mitte Februar dauern, ehe Habe die Zeit fand, Bakonyis Brief auszuschlachten.

„Wer seinen verkrampften Roman *Wolf unter Wölfen* gelesen hat, der weiß, daß Fallada nicht nur ein brauner Nationalist, sondern noch mehr als das gewesen ist, nämlich ein literarischer Alibisucher des Hitlertums, der sich schon in den ersten Jahren des Nationalsozialismus bemühte, die Machtergreifung als eine Notwendigkeit zu deuten", schrieb Habe und rieb sich die Hände.

Ditzen hatte im Westend schon von Bakonyis Brief gehört. Er hatte nicht die Kraft, sich größer darüber aufzuregen. Er dachte nur daran, wie diese ewig quasselnde Bakonyi ihm vorgeworfen hatte, seine Figuren im *Eisernen Gustav* hätten mangelnde vaterländische Begeisterung bei Kriegsausbruch. Auch Suse, mit der er mittlerweile in Briefkontakt stand, hatte ihn zu beruhigen versucht. Bakonyi sei nur rachsüchtig, weil er sie in Carwitz aus dem Haus geworfen hatte. Ditzen atmete auf, daß seine Ex-Frau *rachsüchtig* und nicht *eifersüchtig* geschrieben hatte, obwohl er sich fast sicher sein mußte, daß sie sein Techtelmechtel mit der Bakonyi mitbekommen hatte.

Ditzen war erleichtert, daß der Angriff Bakonyis in der Öffentlichkeit ansonsten niemanden interessiert zu haben schien. Die Leute hatten ja auch andere Sorgen, und wer kannte schon diese Bakonyi.

Aber die Hetze von Habe war schon von anderem Kaliber. Schließlich hatte die *Neue Zeitung* eine Millionenauflage und Habe war nicht irgendwer. Ditzen mußte daran denken, daß die Amerikaner ihn im vergangenen November gefragt hatten, ob er an einem Gemeinschaftsprojekt mehrerer Autoren am Hebbel-Theater teilnehmen wolle. Die Amerikaner nutzten das Kreuzberger Theater für ihr Reeducation program. Doch mit dem hypothetischen Thema *Wenn wir den Krieg gewonnen hätten* wollte sich Ditzen nicht befassen. Er sagte den Amerikanern ab. War das jetzt die Retourkutsche? Die Reaktionen auf Habes Attacke ließen jedenfalls nicht lange auf sich warten. Am meisten schmerzte ihn der Angriff von Paul Wegener, der Habe beipflichtete. Dabei hatte Wegener doch selbst eine Goebbels-Büste bei sich zu Hause stehen gehabt. Er war doch kein Nazi gewesen, dachte sich Ditzen. Sicher, an Feiertagen hatte er die Hakenkreuzfahne im Garten gehisst, man mußte sich ja irgendwie arrangieren. Er hatte doch nur seine Ruhe haben wollen.

Ditzen schrieb Suse, sie solle Material für einen Gegenschlag zusammensuchen. Positive Kritiken seiner Romane von Amerikanern und Briten. Auch das *Flandrische Tagebuch* von Wegener mußte her. Doch nach einigen Tagen legte sich der Kampfgeist. Was sollte ein Gegenschlag bringen? Da stand dann Aussage gegen Aussage. Er würde das irgendwie anders zu Papier bringen müssen. Einen Roman über diese schlimme Zeit und über sein eigenes Seelenleben würde er schreiben, nahm er sich vor.

Pfleger Maric bekam die Grübeleien Ditzens sehr genau mit. Eines Mittags kam er ins Zimmer, während Ditzen über einer Zeitung brütete. Ditzen merkte gar nicht, daß Maric ins Zimmer gekommen war.

„Grämen Sie sich nicht zu sehr, Herr Fallada. Es gib hier ganz andere in der Stadt, denen man ans Bein pinkeln müßte."

Ditzen schaute langsam auf und musterte Maric mit seinem eingefallenen Gesicht.

„So, wem denn?"

„Dem Aschinger zum Beispiel. Der hat erst für die Nazis gearbeitet und war dort dick im Geschäft, und jetzt beliefert er die Russen."

Ditzen musterte Maric stumm. Er hob die Hände kurz an und ließ sie hilflos wieder auf die Bettdecke fallen. Wen interessierte schon Aschinger?

--------------------------------*Besuch*

Ditzen studierte gerade grummelnd den Speiseplan, als Schwester Amelie ins Zimmer kam.

„Schon wieder *Mohrrüben bürgerlich*. Mir wachsen schon Hasenzähne, soviel Mohrrüben bekomme ich vorgesetzt."

„Entschuldigung, Euer Durchlaucht, ich gebe die Beschwerde gleich weiter", sagte Schwester Amelie.

„Warum nehmen Sie mich nie ernst?"

„Sie haben Besuch, Herr Fallada, ganz ernsthaft."

„Ach, wen denn?"

Schwester Amelie brauchte nicht mehr zu antworten, denn hinter ihr war Becher ins Zimmer getreten. Ditzen war gleichermaßen erfreut wie beschämt.

„Ach, Herr Becher, daß Sie mich so sehen müssen."

Schwester Amelie verließ grinsend das Zimmer, die beiden Männer waren alleine.

„Zieren Sie sich nicht, mein lieber Fallada, wir haben alle so unsere Phasen", sagte Becher und hielt Ditzen einen Laib Brot hin, der in ein blaues Tuch eingewickelt war.

„Was ist das?"

„Das ist frisches Brot, ihr Sohnemann sagte mir, das könnten Sie hier gebrauchen."

„Ach, das ist nett, in der Tat, das Brot hier ist ganz fürchterlich und arg sparsam bemessen."

Während Ditzen das Brot ächzend zur Seite legte, nahm sich Becher den Stuhl, der an der Wand stand, und setzte sich. Es war einen Augenblick still im Zimmer, draußen auf dem Gang schepperte es. Becher überlegte, wie er beginnen sollte.

„Wie geht es Ihnen?", fragte er zunächst.

„Mir geht es schon wieder ganz gut, obwohl ich glaube, daß ich noch etwas mehr Schlaf vertragen könnte."

Becher dachte daran, was Professor Zutt ihm gerade auf dem Gang gesagt hatte. „Diese Frau ist sein Todesengel. Solange Fallada unter dem Einfluß dieser Frau steht, wird er immer wieder rückfällig werden." Sie sei dem Rauschgift mehr verfallen als er. Zutt hatte aber auch gesagt, Fallada habe sich ganz gut erholt.

„Sie haben von dem Artikel in der *Neuen Zeitung* gehört, oder?", fragte Becher jetzt unumwunden.

„Allerdings. Auch die ein oder andere Reaktion darauf ist mir leider nicht verborgen geblieben. Vor allem die Vorwürfe von Wegener haben mich gekränkt. Er ist doch ein guter Freund von Rowohlt und sollte wissen, daß ich kein Nazi war."

„Die Schärfe dieses Habes hat mich etwas überrascht", sagte Becher.

„Dabei wollten die Amerikaner letztes Jahr noch, daß ich für sie arbeite."

„Ach, das wußte ich nicht. Inwiefern?"

„Für ein Projekt im Hebbel-Theater."

„Das wirft natürlich nochmal ein anderes Licht auf die Sache", sagte Becher nachdenklich.

Ditzen war sich da nicht so sicher. Die Anschuldigungen waren nun mal da.

„Kompromisse hat doch jeder machen müssen, der hier arbeiten wollte. Die Frage war nur, ob einer innerlich sauber blieb", sagte Ditzen.

Becher schwieg. Er mußte an die Briefe denken, die er von Hans Lorbeer und anderen bekommen hatte, aufrechten Widerstandskämpfern, die sich darüber beschwerten, daß er diesen Fallada so bevorzugen würde. Wackere Genossen, die für *Klassenkampf* und *Die Rote Fahne* geschrieben hatten, inhaftiert waren und jetzt um ihr Überleben als Schriftsteller kämpften.

„Bei mir zu Hause wurde nie *Heil Hitler* gerufen", redete Ditzen weiter. Er merkte gleich selbst, daß dies eher ein schwaches Argument war und unterschlug dabei sogar unbewußt, daß er seinerzeit einige Briefe an den Rowohlt-Verlag sehr wohl mit *Heil Hitler* beendet hatte.

„Ich sitze immer zwischen den Stühlen", lamentierte Ditzen jetzt. „Vor 33 hat mir die SPD *Bauern, Bonzen, Bomben* nicht verziehen, und den Nazis habe ich es auch nicht recht gemacht."

Ditzen schwieg einen Augenblick, aber da Becher ebenfalls nichts sagte, legte er nach: „So ein großer Nazi kann ich gar nicht gewesen sein, zu meinem 50. Geburtstag stand nicht eine Zeile in irgendeiner Zeitung, meinen *Blechnapf* haben die Nazis als Zuchthauspornographie gebrandmarkt und dann wurde mir noch die finanzielle Basis entzogen, als sie Rowohlt dicht gemacht haben."

„Wollen Sie gegen Habes Angriff vorgehen?", hörte sich Becher sagen.

Ditzen schaute ihn stumm an.

„Sie könnten das, was Sie mir jetzt gesagt haben, doch in der *Täglichen Rundschau* aufschreiben."

„So eine Gegendarstellung finde ich eher schwach, das ruft doch nur neue Kritiker hervor."

Zog Fallada jetzt den Schwanz ein? Vielleicht war er auch noch zu schwach, um sich zu wehren. Von dem antifaschistischen Roman, den er schreiben sollte, mal ganz abgesehen. Becher hatte sich nach dem Hetzartikel Habes viele Gedanken gemacht. Fallada war einfach kein politischer Schriftsteller. Aber durfte ein Schriftsteller in diesen Zeiten eigentlich unpolitisch sein? Hatte man da nicht eine besondere Verantwortung? Becher mußte an einen Satz denken, den er neulich irgendwo von dem Verleger Peter Suhrkamp gelesen hatte. Die schönste Gabe eines Dichters sei es, den Menschen Mut zu machen, Mut zum Leben. Aber er war sich nicht mal sicher, ob Fallada derzeit selbst genug Mut zum Leben hatte.

„Ich will einen Roman über die Zeit schreiben", sagte Ditzen jetzt.

Becher war etwas verblüfft.

„Ja klar, das hatten wir doch vereinbart."

Ditzen schaute irritiert.

„Nicht *diesen* Roman, etwas Persönlicheres. Ich muß mir meinen Alpdruck von der Seele schreiben. Das ist die richtige Antwort auf die Anschuldigungen. Ich habe schon mit ersten Skizzen angefangen."

Becher schwieg. Er dachte daran, wie sich Lilly über Fallada beschwert hatte. Seit über zwei Monaten sollte das Manuskript zu dem antifaschistischen Roman der *Neuen Berliner Illustrierten* vorliegen und Fallada hatte diesen Termin verstreichen lassen, ohne eine Entschuldigung oder auch nur einen Hinweis.

„Wie weit sind Sie denn mit der Akte Hampel?", fragte Becher geistesabwesend.

Was hatte Ditzen vorhin gesagt? *Es ging darum, inwieweit man innerlich sauber geblieben war.* Becher dachte an die Zeit in Moskau zurück. An seine Wohnung im achten Stock der Lawruschinski Gasse. Dieses Klima der Angst. Menschen, die in den GULAG geschickt wurden. Genossen, die spurlos verschwanden. Was hatte er getan, als der nette Professor aus dem fünften Stock abgeholt wurde? Er hatte Schmeichelgedichte auf die ruhmreiche Sowjetunion verfasst.

Was hatte Lilly über Fallada gesagt? Ein Schriftsteller müsse nicht nur Talent, sondern auch Charakter besitzen. Fallada und ich haben beide nicht genug gegen das Unrecht getan, dachte Becher. Im Grunde mußte Fallada den großen antifaschistischen Roman für sie beide schreiben.

Ditzen hatte etwas gesagt und schaute Becher abwartend an. Becher hatte nicht mitbekommen, was Ditzen gesagt hatte.

„Können Sie bitte Herrn Kappus bei der *Neuen Berliner Illustrierten* informieren, wann Sie das Manuskript einreichen werden?"

Ditzen wirkte etwas verstimmt.

„Ach so, ja, das kann ich machen."

Hatte Becher nicht zugehört? Er hatte doch gerade gesagt, daß er diesen düsteren Stoff vorerst nicht anpacken wolle. Ohnehin war Ditzen etwas beleidigt, das war ihm gerade wieder eingefallen. Für seinen *Jungherr von Strammin* hatte er nicht mal eine Absage bekommen. Er hatte erst dem in der Zeitung abgedruckten Frühjahrsprogramm von Aufbau entnommen, daß sein Buch nicht erscheinen würde.

Ditzen und Becher schauten sich an. Für den Augenblick hatten sie sich nichts mehr zu sagen. Becher hatte kurz überlegt, ob er den *Uhufelsen* erwähnen sollte, aber er hatte gerade keine Lust auf dieses Thema, es mußte nach vorne geschaut werden.

Ditzen fixierte den rostroten Fleck an der Decke. Der wirkte jetzt irgendwie vertraut, beruhigend. Ob er einfach den Fleck fixieren könnte, bis Becher gegangen war? Aber dann fiel ihm doch noch was ein.

„Danke, daß Sie sich so um Uli kümmern, das rechne ich Ihnen hoch an."

Wie denn?, dachte Becher.

„Aber das ist doch selbstverständlich, mein lieber Fallada, ich bitte Sie." Die beiden Männer schauten sich noch einen Augenblick wortlos an. Unschlüßig, was er noch in Sachen des Romans ausrichten könne, der eine, ungeduldig, endlich wieder alleine zu sein, der andere. Dann schüttelten sie sich die Hände und Becher ging mit einem Gefühl der Unzufriedenheit.

Jener Uli, um den sich Becher kümmerte, war ein paar Tage zuvor selbst im Westend gewesen. Uli war nicht gerne gekommen. Er war mehr oder weniger einbestellt worden. Sein Vater hatte ihm einen Brief geschrieben, der auf gute Laune machen sollte. *Das Farbband ist nicht in Ordnung, der Schreiber ooch nicht.* Dann hatte er ihm eingeschärft, der Mummi nichts von dem Klinikaufenthalt zu berichten. Die würde sich sonst bloß Sorgen machen. Schon klar. Er behielt das aber nur für sich, weil er selbst genau wußte, daß er sonst zurück nach Carwitz mußte, er war ja nicht blöd. Daher nervte es ihn auch, daß dieser Mann immer von der *Krankheit* schrieb, die er und Ulla hätten. Dieses Schönfärberische. *Du bist in eine recht verdrehte Welt gekommen.*

Der Brief enthielt dann noch eine stattliche Liste mit Dingen, die er seinem Vater mitbringen sollte. Die Tintenflasche vom Arbeitstisch, 50 Marken à 12 Pfennig, 50 Umschläge, Nachthemden, Bücher von Dickens, Thomas Wolfe, zwei Bände vom Pitaval mit möglichst niedrigen Nummern. Es war für ihn also mehr ein Botengang als ein Besuch und er hatte sich nicht wohlgefühlt, seinen Vater in diesem Bett liegen zu sehen.

Ditzens dritter und letzter Besucher im Westend war Hans-Joachim Geyer. Er kam zwei Tage nach Becher. Geyer hatte einen Brief erhalten, in dem ihn Ditzen umständlich um Geld gebeten hatte. Geyer war fast erleichtert gewesen, denn er hatte nach dem Besuch im Eisenmengerweg nicht so richtig gewußt, wie das weitergehen sollte mit ihrer durch den Krieg brüchig gewordenen Freundschaft.

Hier aber waren die Rollen jetzt klar verteilt. Ditzen lag im Bett und war der Patient, der um Hilfe gebeten hatte, er war der Besucher, der etwas mitbrachte. In diesem Falle 750 Reichsmark. Ditzen hatte ihn gebeten, das Geld persönlich vorbeizubringen, da er Angst hatte, es würde andernfalls an der Pforte kassiert. Denn die erste Rechnung für den Aufenthalt in den Kuranstalten wartete auch schon auf Bezahlung.

Direkt am Tag, nach dem Geyer den Brief erhalten hatte, stand er bei Ditzen im Zimmer. Er war überrascht, sein alter Freund sah eigentlich nicht schlimmer aus, als beim Besuch im Eisenmengerweg. Geyer nestelte an der Innentasche seines Anzugs herum, wo er den Umschlag mit dem Geld drin hatte. Er zögerte noch. Einerseits wollte er Ditzen ersparen, danach fragen zu müssen. Andererseits wollte er auch nicht den Anschein erwecken, nur wegen der Geldübergabe gekommen zu sein.

Ditzen war sichtlich gerührt über den prompten Freundschaftsdienst.

„Mein lieber Geyer, schön, daß Sie so rasch kommen konnten. Nehmen Sie sich doch den wackligen Stuhl dort in der Ecke."

„Wie lange sind Sie denn schon hier?", fragte Geyer, während er den Stuhl nahm und sich ans Bett setzte.

Ditzen überlegte. „Seit bald vier Wochen schon."

Darum, dachte Geyer. Vor vier Wochen hätte ich ihn nicht sehen wollen.

„Sie haben sicherlich von den Anschuldigungen gegen mich gehört", forschte Ditzen.

Geyer winkte ab und versuchte dabei, ein möglichst gelangweiltes Gesicht zu machen.

„Jeder will doch nun besonders gut dastehen."

„Aber wer da alles meint, sich äußern zu müssen, das hat mich schon getroffen. Sie haben mich ja besucht in meiner

Einöde, ich habe doch versucht, mich gegen die feindliche Welt so gut es geht abzuschirmen."

„Es ist der selbe Mist wie vorher, nur die Hähne, die jetzt darauf sitzen, sind andere", sagte Geyer. Mehr war zu dem Thema unter alten Freunden nicht zu sagen, deswegen war es auch für einen Moment still im Raum.

„Weswegen sind Sie hier?", traute sich Geyer dann zu fragen.

„Ich komme einfach nicht zur Ruhe. Mein Glück hat ständig eine schiefe Backe. Seit einem halben Jahr will ich einen Roman schreiben, aber mich treiben zu viele andere Sachen um. Obwohl ich jetzt schon wieder angefangen habe mit einem Roman."

„Vielleicht übt Ihre junge Frau keinen guten Einfluß auf Sie aus", probierte Geyer vorsichtig.

„Sie sind nicht der Erste, der mir das sagt, Geyer. Aber ganz so schlecht ist Uschi nicht. Wir wären schon längst verhungert, wenn Sie nicht wie eine Löwin für uns kämpfen würde. Stellen Sie sich vor, gestern hat sie sich hier rausgeschlichen um auf dem Ernährungsamt pater peccavi zu machen für Uli. Sie schafft alles, was sie schaffen will, wenn sie mir bloß nicht immer das Mistzeugs von Morphium ins Haus schleppen würde."

Als Geyer *Ernährungsamt* hörte, fiel ihm der Umschlag in seiner Innentasche wieder ein. Er zog ihn heraus, hielt ihn hoch und legte ihn dann wortlos auf das Beistelltischchen.

„Vielen Dank, lieber Geyer. Sie bekommen es sobald es geht mit Zinsen zurück."

Geyer winkte ab, was Ditzen nicht sah, weil er den Umschlag gleich versteckte.

Ditzen hatte die Geste mit dem Umschlag missverstanden und dachte, Geyer wolle schon wieder aufbrechen.

„Sie können mir noch einen Gefallen tun."

„Jederzeit."

„Sie könnten rüber zu meiner Frau gehen und ihr Danke sagen für ihren Einsatz gestern. Ich selbst darf nicht zu ihr, das sei nicht gut für die Genesung, meinen die Ärzte."

„Woher wissen Sie dann von ihrem Ausflug?"

„Ich stehe mit einem der Pfleger hier im Bunde. Der lässt mir ab und an Nachrichten zukommen. Sie liegt auf der Station *Frauen Mitte*."

„Ich werde zu ihr gehen", sagte Geyer, der froh war, noch etwas für Ditzen tun zu können. Er stand auf, schüttelte Ditzen die Hand, stellte den Stuhl in die Ecke zurück und drehte sich an der Tür angekommen noch einmal um und nickte, bevor er wortlos verschwand.

Ditzen war nach dem Besuch seines Freundes gutgelaunt und machte sich gleich daran, noch ein paar Briefe zu schreiben. Dieses kleine Hoch mußte ausgenutzt werden. Er schrieb einen langen Brief an Rowohlt, indem er nochmal zu den Vorwürfen Bakonyis Stellung bezog und bedauerte, daß die Entnazifizierung Rowohlts sich so lange hinziehe. Gleichzeitig bot er ihm den *Jungherrn vom Strammin* zum Verlag an und beschwerte sich über Becher, mit dem er innerlich so einige Differenzen habe und der wohl kein großer Kämpfer sei.

Ditzen schrieb an Ledig, um neues über den Verlag zu erfahren, und er schrieb an Kappus von der *Neuen Berliner Illustrierten*, um sein Bedauern über die Verschiebung des Abgabetermins auszudrücken. Einen neuen Termin wolle er

nicht nennen, weil der vielleicht dann doch wieder nicht eingehalten würde. Er schrieb auch einen langen Brief an Suse,
wobei er im Briefkopf *Berlin-Niederschönhausen, Eisenmengerweg 19* angab.

Dann machte sich Ditzen Gedanken, was er seinem ältesten Sohn schreiben könne. Denn der würde in einer Woche
16 Jahre alt werden.

Plötzlich hatte er eine Idee. Er würde ihm einen Gutschein
ausstellen, wonach der Geburtstag einfach im April nachzu-
holen wäre. Das Ganze müßte einen hochoffiziellen Klang
haben, so etwas wie eine Urkunde mußte das sein.

*WIR, RUDOLF DITZEN, ältester aller Ditzens des Erd-
balls, und WIR, Ulla Ditzen, sein angetrautes Eheweib, auch
stammend aus dem Thale der Bolzen, tun kund und zu wissen,
daß wir Unsern lieben Sohn und Stief zu seinem Geburtstage am
14. März im Jahre des Unheils 1946 aus bekannten Umständen
und Gegebenheiten nicht gebührend zu feiern wissen.*

Das klang doch schonmal ganz gut, dachte sich der älteste
Ditzen des Erdballs.

*Darum verpflichten wir uns durch die Urkunde, eigenhändig
unterzeichnet von Unsern hohen Händchen, daß wir obenge-
nannten lieben Sohn und Stief, nämlich unsern Ulrich Ditzen,
gebürtig in Berlin-Moabit, im Jahre des Heils MCMXXX
schadlos halten wollen an allem, was ihm am 14. des Monats
MARTIUS MCMVIL entgeht an freundschaftlichen Zuwen-
dungen, freundlichen Worten und Taten, Fresserei und Trinkerei,
als da ist Fleisch, Fett, Kartüffeln, Sauce oder Suppe oder beides,
auch Tunken, Beiguß genannt, Puddings, Kuchen oder Küch-
chen, Wasser, Bier, Schnaps, Tee, Kaffee, Muckefuck, Milch, Zu-*

cker, Brot, auch Kuchenbrot, Süßes oder Saures oder beides, viel oder wenig ...

Nämlich: ALL DIES SOLL NACHGEHOLT WERDEN ZU SEINER ZEIT, wenn es das Schicksal so will am 5. Aprilius MCMVIL, dem Geburtstage Unserer Lieben Frau wie oben, und an diesem Tag soll ihm auch überreicht werden ein Geschenk oder eine Gabe, gleich nützlich, angenehm und SCHOEN, daß er Freude habe und noch lange denke an diesen Tag!

So gegeben in unserer derzeitigen Residenz zu Hungersdorf am 10. Brachmond 1946.

Dann fügte Ditzen handschriftlich die Namen an.

Rudolf Wilhelm Friedrich Ditzen, genannt Hans Fallada und Ursula Mara Helene Agnes Ditzen, geb. Boltzenthal, verw. Losch.

Ditzen war gerade fertig und betrachte sein Werk wohlwollend, als die Tür aufging und Schwester Amelie mit dem Abendessen hereinkam. Ditzen zuckte heftig zusammen, so konzentriert hatte er in den vergangenen Stunden gearbeitet. „Na, Herr Schriftsteller, wo waren Sie denn gerade?", fragte die Kunz gutgelaunt.

Bei Piecks -----------------------------

Becher schaute sich verblüfft in dem Salon um. Wo hatte Wilhelm nur das ganze Zeug her? Die Gründerzeitmöbel fand Becher ja noch ganz schick. Klar, Wilhelm war gelernter Tischler, der legte Wert auf sowas. Aber dieser ganze Kitsch. Die Spitzengardinen. Dieses Hirschgeweih an der Wand und die vielen kleinen Porzellanfigürchen auf dem großen

Schreibtisch. Einen solchen Hang zum Kleinbürgertum hatte er Wilhelm nicht zugetraut. Aber vielleicht war das seine Art, sich über die Rückkehr in die Heimat zu freuen, oder waren Porzellanfigürchen auch eine Erinnerung an seine Frau Christine, die schon 1936 in Moskau gestorben war.

Becher konnte sehen, daß auch die anderen ein wenig erstaunt um sich blickten. Erpenbeck konnte sich sogar ein Grinsen nicht verkneifen. Nur Otto Winzer, der alte Apparatschik ließ sich nichts anmerken oder fand das ganz normal, daß Pieck sie hier in sein Museum der plüschigen Gemütlichkeit eingeladen hatte.

Obwohl Becher und Pieck seit etwa einem Dreivierteljahr fast Tür an Tür im Städtchen wohnten, war es das erste Mal, daß Becher bei seinem Parteivorsitzenden zu Besuch war. Die Einladung dazu hatte Pieck an Weihnachten bereits vage ausgesprochen. Aber was als launiger Gegenbesuch gedacht war, hatte sich nun eher zu einer Krisensitzung gewandelt.

Mit dem Kulturbund ging es nicht recht voran. Die Russen beklagten, der Kulturbund sei keine Massenorganisation geworden, die Mitgliederzahlen ließen zu wünschen übrig. Zwar war die magische Grenze von 100 000 Mitgliedern fast erreicht, aber den Russen schwebten ganz andere Zahlen vor. Oberst Tulpanow störte zudem schon der Name Kulturbund, weil er an den jüdischen Arbeiterbund erinnere.

Der Leiter der SMA-Kulturabteilung, Alexander Dymschitz, hatte sich mehrfach über Becher beschwert, weil er im Kulturbund nicht deutlich genug die Linie der Partei vertrete. Einige Stimmen hatten schon gemunkelt, Becher solle ausgetauscht werden.

Seit September 1945 hatte der Kulturbund etwa 300 Veranstaltungen mit rund 15 000 Besuchern ausgerichtet. Aber jetzt hatte die Stadtverwaltung beschlossen, die Veranstaltungen des Kulturbunds nicht mehr in ihr Programm aufzunehmen und an den Litfaßsäulen zu plakatieren. In den westlichen Stadtteilen hatten die Alliierten den Kulturbund quasi verboten. Die geplante Fusion von SPD und KPD warf ihre Schatten voraus. Da der Kulturbund in der Spitze fast nur mit Kommunisten besetzt war, stellte er vor allem für die Amerikaner und Briten eine Bedrohung dar. Erich Weinert hatte diese Entwicklung als einziger in der heutigen Runde vorausgesehen. Er war im vergangenen Juli demonstrativ nicht dem Kulturbund beigetreten. Aber das half jetzt auch wenig.

Pieck setzte sich als letzter an den Tisch und schaute in die Runde.

„Schön, daß Ihr alle gekommen seid. Das ist ja fast ein kleines Veteranentreffen."

Die Männer in der Runde schauten sich verblüfft an. In der Tat hatten die sechs Genossen am Tisch die vergangenen zehn Jahre in Moskau gemeinsam verbracht und dort mehr oder weniger miteinander zu tun gehabt.

„Wie geht es euch, wie kommt ihr voran mit eurer Arbeit?", fragte Pieck ganz väterlich.

Die Männer schauten sich wieder reihum an. Nur Becher und Willmann blickten aneinander vorbei. Zwischen den beiden Freunden hing der Haussegen schief. Sie hatten sich vor ein paar Tagen morgens im Garten getroffen. Becher war allerbester Laune gewesen. Ein bißchen zu guter Laune, so früh am Morgen. Wahrscheinlich ist ihm wieder irgendein

Vers geglückt im Morgengrauen, dachte sich Willmann. Wie zur Bestätigung rezitierte Becher unaufgefordert:

Dort in dem Bergwald steht mein Baum, die Eiche
und rauscht gewaltig in die Zeiten fort.

Becher schaute Willmann erwartungsvoll an. Willmann war noch nicht nach rauschenden Eichen zumute so früh am Morgen.

„Hätte es ’ne Fichte nicht auch getan?“

Becher bedachte Willmann mit einem vernichtenden Blick, warf den Kopf in den Nacken, stapfte ins Haus und war Willmann nun zehn Tage lang böse. Es war an der Zeit, eine eigene Bleibe zu finden, dachte sich Willmann. Winzer ergriff als erster das Wort.

„Die SPD in Charlottenburg hat jetzt einen …“

„Bitte, Otto, ich will jetzt mal nichts über den Zusammenschluß hören, das ist hier heute keine Parteiveranstaltung“, fiel ihm Pieck ins Wort.

Winzer schwieg beleidigt, die anderen freuten sich insgeheim.

Pieck war zwar Parteivorsitzender, aber eine große politische Karriere stand ihm nicht mehr bevor, das wußte er selbst. Ihm haftete der Makel an, damals davongekommen zu sein. Er war im Januar 1919 gemeinsam mit Rosa Luxemburg und Karl Liebknecht in Wilmersdorf festgenommen worden. Luxemburg und Liebknecht hatte man umgebracht, Pieck war aus nicht geklärten Umständen die Flucht gelungen. Anfang der 30er Jahre hatte es eine KPD-interne Untersuchung zu Verratsvorwürfen gegeben. Danach war Pieck offiziell entlastet, aber er hatte es auch stillschweigend akzeptiert, daß Ulbricht nun das Sagen hatte. Dafür nahm sich Pieck die Freiheit heraus, ab und zu mal nicht über die Partei zu sprechen, sondern über die Kultur. Willmann mußte sich an einen Ausspruch Piecks in Moskau erinnern. *Man ist kein richtiger Mensch ohne Kunst und Kultur.*

Pieck schaute noch einmal in die Runde.

„Wie kriegen wir mehr Schwung in den Laden?"

Becher war etwas pikiert, das war indirekt ein Vorwurf gegen ihn.

„Das Problem ist, daß wir außerhalb Berlins nicht genügend gute Leute haben. Genosse Heinz und ich waren ja unlängst in Dresden. Wir haben von Hanstein absetzen müssen, das war schlicht nicht machbar mit ihm."

Genosse Heinz, dachte Willmann.

„Das ist mir jetzt zu klein gedacht. Es kann doch nicht an einzelnen Personalien in Sachsen liegen, daß unsere Akzeptanz in der Bevölkerung eher schwindet als steigt", gab Pieck zu bedenken.

„Wir brauchen einen großen Erfolg. Etwas, woran niemand vorbeikommt, auch die Amerikaner nicht", sagte Weinert.

Der hat gut reden, dachte Becher. Er war auf Weinert immer etwas eifersüchtig. Beide hatten sie 1936 in den Spanischen Bürgerkrieg ziehen wollen. Weinert durfte, Becher nicht. Die Russen hatten ihm damals die Ausreise verweigert. Sie hatten ihm trotzkistische Schwankungen unterstellt und nicht wirklich getraut, wahrscheinlich, weil er nie Russisch gelernt hatte. Becher aber war sich damals in Moskau wie ein Gefangener vorgekommen. Der Grund für seinen Suizidversuch.

„Wie könnte so ein Erfolg aussehen?", fragte Pieck.

Die Augen wanderten zu Becher. Der Präsident des Kulturbunds zögerte.

„Was ist denn mit dieser Akte, die ich dir gegeben habe, sollte Fallada da nicht den großen Roman draus zimmern?", fragte Winzer scheinbar ganz arglos.

„Er ist dabei, aber er macht momentan eine schwierige Phase durch", sagte Becher.

In der Runde murmelte und prustete es. Willmann feixte innerlich. Da hatte sich Becher wirklich verzockt. Von dieser ausgemergelten Gestalt würde gar nichts mehr kommen, vor allem kein großer Roman. Das hatte er bei seinem ersten Besuch schon gemerkt, das hatte er Fallada angesehen.

„Nun ja, wenn ich mir die Stadt so anschaue, machen alle Berliner momentan eine schwierige Phase durch", sagte Pieck mit ungewohnter Süffisanz.

„Die Frage ist doch, ob es überhaupt noch Sinn macht, daß Fallada den Roman schreibt, so wie er nach den öffentlichen Angriffen dasteht", gab Weinert zu bedenken.

„Kein schlechter Einwand", sagte Pieck und schaute zu Becher.

„Aber das war doch von den Amerikanern lanciert. Fallada hat mir gesagt, die Amerikaner hätten ihn selbst noch gefragt, ob er für sie arbeiten wolle", sagte Becher.

„Interessant. Aber ist an den Vorwürfen auch wirklich nichts dran. Was wissen wir über Fallada?", fragte Pieck und versuchte dessen jämmerlichen Auftritt an Weihnachten auszublenden. Gute Schriftsteller mußten keine guten Menschen sein, aber ...

„Also ein Widerstandskämpfer war er jetzt nicht gerade", begann Becher vorsichtig.

„Das wissen wir. Aber hat er sich nun den Nazis ange-
dient?", fragte Pieck.

Willmann mußte an das Foto aus der Illustrierten denken,
die sie 1943 bei einem gefangenen deutschen Soldaten gefunden hatten. Auf dem Foto posierte Fallada in der Uniform
eines Offiziers des Reichsarbeitsdienstes. Becher hatte ihn
beschwichtigt. Das sage noch nichts, Fallada sei kein politischer Mensch, er habe sich nicht wirklich auf den Faschismus
eingelassen.

Aber aus marxistischer Sicht hatte Fallada sich auf alle Fälle
mitschuldig gemacht. Er gehörte zu jenem Kleinbürgertum,
das immer nur das Beste gewollt, aber alles mitgemacht hatte.

„Ich glaube, er hat versucht, sich so durchzulavieren", sagte Willmann jetzt.

„Nach dem, was ich gehört habe", gab Erpenbeck zu bedenken, „hat er bei seinem *Eisernen Gustav* mehr Zugeständ-
nisse an die Nazis gemacht, als nötig gewesen wären. Sogar
gegen den Rat von Rowohlt und seinem Lektor Mayer."

„Das soll ein Zusatzauftrag von Goebbels gewesen sein",
sagte Willmann.

Weinert ächzte leise, weil ihn das Thema langweilte. „Er
mag kein schlechter Mensch sein, aber die größere politische
Sensibilität, die von Schriftstellern und Künstlern verlangt
wird, hat er wohl nie erkannt."

„Also gut", sagte Pieck und blickte dankbar zu Weinert.
„Wir veröffentlichen Fallada, wenn er denn was schreibt,
aber wir gehen mit seiner Biografie nicht hausieren."

Winzer räusperte sich. Er hatte das Thema Fallada auch
angeschnitten, weil er nicht viel von ihm hielt und insgeheim

hoffte, es würde sich für den Roman noch ein Schriftsteller finden, der etwas mehr für die gemeinsamen politischen Ziele stand. Oder wenigstens jemand, der überhaupt politisch dachte. Jetzt war zumindest die Gelegenheit, eine andere Entscheidung gegen Fallada zu verkünden. „Unabhängig davon will ich darauf hinweisen, daß wir alle Exemplare von *Bauern, Bonzen, Bomben* aus den öffentlichen Bibliotheken entfernt haben. Die SPD kommt darin zu schlecht weg, das können wir uns jetzt vor der Vereinigung beider Parteien nicht leisten. Im Westen der Stadt haben wir ohnehin schon mehr Gegenwind als uns lieb sein kann, Genossen. Die Gründung der SED darf jetzt nicht mehr gefährdet werden."

Becher hatte bei Winzers Worten kurz die Brauen gehoben. Im Sinne der Kultur war das nicht. Gerade erst hatte er erfahren, daß der *Jungherr von Strammin* keineswegs nicht veröffentlicht wurde, weil es nur seichte Unterhaltung war. Vielmehr kam in dem Buch der Grundbesitz zu gut weg, und das hätte den Verlag leicht in den Verdacht bringen können, gegen die Bodenreform zu sein, hatte Klaus Gysi, der nun den Verlag leitete, Becher hinter vorgehaltener Hand erklärt. Aber wegen eines alten Romans würde Becher jetzt nicht für Fallada kämpfen, er hatte schon genug Ärger mit ihm.

„In der Frage, ob Fallada diesen Roman überhaupt schreiben wird, sind wir übrigens noch keinen Schritt weitergekommen", setzte Winzer nach.

Becher war ein bißchen in der Zwickmühle. Es wäre ja glatt gelogen gewesen, den Genossen zu erzählen, jener Mann, der da ausgemergelt in seinem Krankenbett lag und etwas von Alpdruck faselte, würde jetzt ziemlich bald den großen antifaschistischen Roman schreiben, den Deutschland so dringend benötigte, um im Ausland wieder zu etwas Ansehen zu kommen. Andererseits schien ihm dieser besessene Schriftsteller immer noch der geeignetste Mann für diesen Auftrag.

„Ich glaube, er hat im Moment noch ein anderes Projekt", sagte Becher vorsichtig und verschwieg dabei, daß Ditzen im Krankenhaus erzählt hatte, nach dem Alpdruck keineswegs den ersehnten Roman mit dem Arbeitstitel *Im Namen des Deutschen Volkes* schreiben zu wollen, sondern vielmehr einen Wälzer, der das Leben in einem norddeutschen Dorf von 1923 bis heute zeigen sollte.

Willmann war hin und her gerissen. Einerseits wollte er seinem Chef trotz der derzeitigen Animositäten nicht in den Rücken fallen. Andererseits glaubte er weniger denn je, daß Fallada diesen Roman jemals schreiben würde. Es war ein Jammer, wie dieser Mann sein Talent verschleuderte. Was hätte er selbst nicht für dieses Talent gegeben. Und für diese Chance. Aber irgendwie hatte er es von Anfang an geahnt, und nun mußte der Runde hier doch reiner Wein eingeschenkt werden. Willmann probierte es indirekt.

„Auffallend ist, daß er überhaupt so viel von Projekten spricht. Früher hat er einfach geschrieben und seinem Lektor das fertige Manuskript auf den Schreibtisch geknallt. Das ist doch verdächtig", sagte Willmann. Den zornigen Blick von Becher sah er nicht.

Pieck seufzte. „Kann diesen Roman denn nicht jemand anderes schreiben?"

„Was ist mit Remarque? Der kann doch sowas auch", warf Weinert ein. „Oder Döblin", schob er noch nach.

Die Augen wanderten zu Becher.

„Liebe Genossen, ich denke es dürfte klar sein, daß diesen Roman jemand schreiben muß, der die Zeit des Nationalsozialismus in Deutschland verbracht hat. Es bringt uns doch nichts", gab Becher zu bedenken, „wenn ein antifaschistischer Roman in den USA, Frankreich oder der Schweiz entsteht."

Die Runde schwieg einen Augenblick. Da hatte Becher natürlich recht. Die Signalwirkung mußte von Deutschland ausgehen. Aber wer blieb dann noch?

„Was ist mit Ricarda Huch?", schlug Erpenbeck vor.

„Die hat seit 1935 nichts geschrieben, und ehrlich gesagt ist das glaube ich nicht ihr Thema", sagte Becher.

„Ernst Wiechert?", schlug Winzer halbherzig vor.

„Ach bitte nicht", sagte Erpenbeck.

„Was ist mit Kiaulehn?", legte Winzer nach, der scheinbar einfach nur Fleißpunkte sammeln wollte.

„Also bitte", empörte sich Weinert, „da können wir ja gleich die Rökk für uns tanzen lassen, Walter Kiaulehn war doch Sprecher der *Wochenschau*."

„Ich meine ja nur, weil Habe den genauso auf dem Kieker hat wie Fallada", sagte Winzer zunächst etwas kleinlaut, ärgerte sich dann aber über Weinert und ging zum Gegenangriff über.

„Also wenn wir so anfangen, der Leuteritz, der bei der *Täglichen Rundschau* in der Kulturredaktion hockt ..."

„Sagt mir nichts gegen Leuteritz ...", knurrte Weinert.

„Caspar war sogar NSDAP-Mitglied", fiel Erpenbeck ein.

„Was habt ihr nur immer mit dem Habe ..."

„Kiaulehn, also wirklich ..."

„Was soll das denn jetzt?"

„Was soll *was* jetzt?"

„Immer die gleiche Leier."

„Wer jetzt?"

„Also ich muß doch bitten."

„Pah."

„Warum fragen wir nicht gleich Zarah Leander, ob sie sich mal an einem Roman versuchen will?"

„Ach, Genosse Weinert will jetzt witzig sein, das hat ja noch nie so richtig geklappt."

„Das sagt der Richtige."

„Um was geht es hier gerade?"

Es ging jetzt munter durcheinander. Die Anspannung der vergangenen Wochen entlud sich an diesem bislang eher nebensächlichen Thema. Die Stimmen wurden lauter und hitziger, und der Disput hätte so manchen Stammtisch einer Eckkneipe beifällig staunen lassen. Piecks Haushälterin Alma steckte vorsichtig den Kopf in den Raum, weil sie einen Tumult befürchtete. Pieck, der als einziger äußerlich gelassen blieb, warf ihr einen beruhigenden Blick zu. Er wollte nicht die Stimme erheben müssen in seinem eigenen Haus. Also hob er nach einer Weile, als die Streithähne Luft holten, beschwichtigend die Hände, worauf sich die Genossen allmählich beruhigten, nur Winzer schob noch ein knurriges „immer schön vor der eigenen Tür kehren" in die einsetzende Stille nach.

„Ich finde es schön, wenn wir so engagiert debattieren, aber es muß auch irgendwie zielführend sein", mahnte Pieck.

Die Runde schwieg beschämt. Becher nestelte an seinen Manschettenknöpfen, Weinert starrte in die Ferne, die es hier gar nicht gab, Winzer musterte die Runde, als lauere er nur darauf, wieder loszulegen, Erpenbeck studierte die Porzellanfigürchen. Ähnlich wie Winzer war er nur mäßig begeistert davon, daß Fallada die große Abrechnung mit dem Nationalsozialismus schreiben sollte. Und ähnlich wie Becher waren auch Erpenbeck die Klagen verdienter Autoren zu Ohren gekommen, warum denn dieser Fallada vom Kulturbund so hofiert wurde. Aber damit wollte er jetzt nicht anfangen.

Es war Willmann, der das betretene Schweigen brach. „Was ist mit Thiess, hat er nicht auch das Zeug dazu? Sein Roman *Tsushima* hat eine gewisse düstere Größe."

Weinert seufzte. „Also ich will jetzt nicht schon wieder anfangen, aber auch Thiess ist ja alles andere als unbeschädigt und von seinem *Tsushima* gab es sogar eine eigene Frontbuchhandelsausgabe."

„Auf Thiess bin ich derzeit ohnehin nicht gut zu sprechen", sagte Becher.

Wieso, hat er einen Witz gemacht?, dachte sich Willmann, dem dann aber einfiel, worauf Becher anspielte.

Thiess führte gerade einen öffentlichen Disput mit Thomas Mann. Der Auslöser dazu war Walter von Molo gewesen. Der ehemalige Präsident der Dichterakademie hatte Mann in einem offenen Brief zur Rückkehr nach Deutschland aufgefordert.

Mann hatte daraufhin aus Kalifornien einen Brief an die *Bayerische Landeszeitung* geschrieben, in dem er darlegte, warum er nicht wiederkehren würde. Der Hitlerismus habe Deutschland zu einem dickwandigen Folterkeller gemacht. Die Menschheit schauere vor Deutschland, das als politische Nation untragbar sei.

Thiess hatte Mann daraufhin, ebenfalls in einem offenen Brief, scharf kritisiert und alle anderen Exilanten gleich mit. Er selbst sei nicht emigriert, weil er hoffte, aus dieser schauerlichen Epoche reicher an Wissen und Erfahrung hervorzugehen. Das sei besser gewesen, als von den Logen und Parterreplätzen des Auslands der deutschen Tragödie zuzuschauen. Ein ungeheuerlicher Vorwurf, wie die Runde der Moskauer Exilanten nur zu genau wußte. Er selbst sei, so schrieb Thiess weiter, stattdessen innerlich emigriert.

Der Brief hatte eine Debatte über innere und äußere Emigration ausgelöst, jeder Künstler sah sich nun genötigt zu erklären, warum er emigriert oder nicht emigriert war. Die Antwort Manns ließ nicht lange auf sich warten. In seinen Augen seien Bücher, die zwischen 1933 und 1945 in Deutschland überhaupt gedruckt werden konnten, weniger als wertlos und nicht gut in die Hand zu nehmen. Während Molo erneut schwieg, weil er schon bemerkt hatte, daß das Kind in den Brunnen gefallen war, legte Thiess nochmal nach und warf Mann vor, er begrenze seine Welt mit dem Horizont, den die Sonne seines Erfolges beschreibe.

„Wie ist denn da eigentlich der neueste Stand, hattest du schon Kontakt zu Mann?", fragte Erpenbeck Becher.

„Ich habe ihm einen Brief geschrieben, aber er hat bislang nicht geantwortet. Ich glaube, er fühlt sich sehr missverstanden. Allerdings möchte ich hier in dieser Runde zum Ausdruck bringen, daß auch ich Manns Worte an ein Volk, das hungert und friert, unpassend fand." Becher mußte dabei an einen Spruch denken, den er neulich an einer Hauswand am Reichskanzlerplatz gelesen hatte:

Gebt uns mehr zu fressen, sonst können wir Hitler nicht ver-gessen.

„Hast du ihm das auch so geschrieben?", fragte Weinert.

„Natürlich nicht. Ich habe allerdings auch Thiess einen Brief geschrieben, in dem ich ihn mal darüber aufgeklärt habe, wie bitter das Los der meisten Emigranten war, und daß er jetzt endlich die Füße stillhalten soll. Ich glaube, seine Briefe haben uns sehr geschadet."

„Ich kann das auch nicht mehr hören von wegen innerer Emigration", brummte Winzer. „Der Thiess hat doch während des Krieges munter Drehbücher geschrieben und jetzt redet er von innerer Emigration. Jeder, der nichts Brauchbares ge-schrieben hat, will jetzt innerlich emigriert sein, und jeder, der nicht verlegt wurde, war ein Widerstandskämpfer oder wie?"

„Da lobe ich mir Walter Karsch, der hat wirklich zwölf Jahre lang geschwiegen, weil alles andere geistige Korruption gewesen wäre, hat er gesagt", warf Erpenbeck ein.

Weinert mußte daran denken, was Thiess noch gesagt hat-te. In der Debatte gehe es gar nicht mehr um innere und äu-ßere Emigration, sondern nur noch um das Recht, alle Deut-schen, die nicht emigriert waren, für schuldig zu erklären. Es hatte sicherlich auch Gründe gegeben in Deutschland zu bleiben, aber würde jemand, der sich in den USA so einge-richtet hatte wie Mann, seine neue Heimat verlassen?

„Hans, glaubst du wirklich, es hätte eine Chance bestanden, daß Mann zurück nach Deutschland kommt?", fragte Weinert.

„Vielleicht nicht dauerhaft, aber selbst ein programmati-scher Besuch von ihm hätte Deutschland schon wieder ein bißchen Ansehen in der Welt zurückbringen können."

„Wie sieht das denn überhaupt mit unseren Exilanten aus, mit wessen Rückkehr können wir denn rechnen?", fragte Pieck.

Wieder ruhten alle Augen auf Becher.

„Nun, die Briefe von Thiess haben es gewiss nicht einfacher gemacht. Ich habe an Heinrich Mann, Hermann Hesse und Arnold Zweig geschrieben, aber auch von ihnen noch keine Antwort erhalten. Heinrich wird ja demnächst 75 und wir hatten vor, im Aufbau eine Sonderveröffentlichung von ihm zu bringen. Allerdings kann ich gar nicht sagen, ob die Briefe überhaupt angekommen sind."

„Hesse? Der hat längst die Schweizer Staatsbürgerschaft", gab Winzer zu bedenken.

„Remarque, von dem wir es vorhin hatten, hat in einem Interview übrigens gesagt, er sei kein Deutscher mehr. Er fühle, spreche und schwöre amerikanisch", warf Weinert ein.

„Aber schreiben tut er weiter auf Deutsch", höhnte Erpenbeck.

Die ausbleibende Rückkehr der Emigranten führte den Männern schmerzlich vor Augen, was sie versäumt hatten. Im Programm des Kulturbundes tauchten die Exilanten und wie man sie zurückgewinnen wollte gar nicht auf. Die *Deutsche Volkszeitung* hatte die Exilanten kürzlich aufgefordert, heimzukehren. Die Zeit der Emigration sei zu Ende. Aber so einfach war das nicht.

„Döblin soll zurückgekehrt sein, habe ich gehört", sagte Erpenbeck.

„Ja, er arbeitet jetzt als Literaturzensor für die Franzosen", sagte Becher und konnte seine Bitterkeit nicht ganz verbergen. Jeder große Schriftsteller, den sie nicht für den Kulturbund gewinnen konnten, war eine Niederlage. Aber bei Döblin war es besonders schade, den kannte Becher bereits seit 1918.

Auch die anderen am Tisch schwiegen nun. Es war noch nicht zu begreifen, daß sie sich über die Rückkehr eines großen Schriftstellers nicht so richtig freuen konnten.

„Was ist eigentlich mit Kästner, warum ist der nicht emigriert?", fragte Willmann.

„Er hat gesagt, er wolle hierbleiben, um die große Abrechnung mit dem Nationalsozialismus zu Papier zu bringen", antwortete Weinert.

„Die muß er aber auch erst noch schreiben", spottete Willmann.

„Er hat doch schon abgewinkt. Das 1000-jährige Reich habe nicht das Zeug zum großen Roman, hat er gesagt", wußte Becher.

„Ich habe gehört, er sei wegen seiner Mutter hiergeblieben", sagte Erpenbeck.

„Wegen seiner Mutter?", wunderte sich Weinert.

„Wenn er früher im Radio gesprochen hat, richtete er die ersten Worte immer an seine Mutter, ob die wohl auch zuhören würde in Leipzig", wußte Erpenbeck. In der Runde gluckste es.

„Lasst mir mal den Kästner in Ruhe, es könnte gut sein, daß der noch für uns arbeitet, er hat ein Angebot bekommen, für unser *Filmaktiv* zu schreiben, da denkt er momentan drüber nach", mahnte Winzer.

„Aber der arbeitet doch für die Amerikaner", sagte Willmann.

„Und da macht er keinen schlechten Job", sagte Becher und blickte an Willmann vorbei.

Kästner leitete unter Habe das Feuilleton bei der *Neuen Zeitung*.

„Er hat wohl mit diesem Alfred Andersch einen recht fähigen Assistenten", sagte Erpenbeck.

„Was ist eigentlich mit Zuckmayer, kommt der nicht zurück?", fragte Weinert, den die Abschweifungen nervten.

„Das würde mich wundern", sagte Becher.

„Wieso?", fragte Weinert.

„Zuckmayer hat im Auftrag der Amerikaner Dossiers über fast alle deutschen Schriftsteller und Künstler angefertigt. Einige kommen da nicht gut weg."

„Wieso macht der das?", wunderte sich Erpenbeck.

„Weil ihn die Amerikaner darum gebeten haben."

„Die Amerikaner bitten, und dann denunziert man seine Landsleute?", zweifelte Erpenbeck noch immer.

„Woher weißt du das denn, Hans?", fragte Weinert.

„Von Furtwängler. Zuckmayer hat ihn als den deutschesten Musiker unter den großen Dirigenten bezeichnet."

„Und das haben die Amerikaner Furtwängler gesagt?"

„Nein, aber dem Barlog haben sie es gesagt."

„Wer ist Barlog?", wollte Pieck wissen.

„Boleslaw Barlog, der leitet das Schloßbergtheater in Steglitz und kann wohl ganz gut mit den Amerikanern. Und er steht im regen Austausch mit Furtwängler."

„Wie ist denn da jetzt eigentlich der Stand?", wollte Erpenbeck wissen.

„Er hockt immer noch in dieser Klinik in Montreux herum und fühlt sich als Opfer einer Intrige, weil die Amerikaner ihm die Entnazifizierung verweigern."

„Aber die Alliierten haben doch jetzt diesen neuen Fragebogen zur Entnazifizierung erlassen, geht das damit nicht einfacher?", fragte Erpenbeck.

Becher zuckte die Schultern. „Den Fragebogen auszufüllen ist nicht das Problem, aber die Bearbeitung dauert. 131 Fragen und fast jeder zweite Deutsche muß ihn ausfüllen. Ich bemühe mich jedenfalls um Furtwängler und stehe mit ihm in Briefkontakt."

„Furtwängler ist ja nicht der einzige, der Probleme mit der Entnazifizierung hat, Rühmann hat auch Probleme", sagte Weinert.

„Von dem höre ich gar nichts mehr", bekannte Erpenbeck erstaunt.

„Er sollte eigentlich die Leitung des Renaissance-Theaters in Charlottenburg übernehmen. Aber jetzt tingelt er, glaube ich, mit irgendeinem Ensemble über die Dörfer", sagte Winzer, kam aber wieder zurück zu Furtwängler: „Will Furtwängler denn überhaupt für uns arbeiten? Ich habe da auch schon anderes gehört", gab er zu bedenken. Becher war ein wenig genervt, weil er sich mittlerweile wie in einer Prüfung vorkam, aber er war auch dankbar, wenn er Fragen gestellt bekam, die er halbwegs präzise beantworten konnte.

„Er schwankt im Moment noch zwischen Wien und Berlin, aber wenn er nach Berlin kommt, wüßte ich nicht, warum er nicht für uns arbeiten sollte. Ich räume allerdings ein, daß auch Barlog sich für ihn stark macht. Er hat wohl den Amerikanern schon erzählt, wie vielen Menschen Furtwängler während des Kriegs geholfen hat."

„Aber was Mann geschrieben hat, wird Furtwängler auch nicht unbedingt helfen", warf Willmann ein.

„Wieso?", fragte Winzer.

„Naja, er hat doch geschrieben, Furtwängler sei Hitlers Kapellmeister gewesen, der unter dem Vorwand Musik zu machen, nach Zürich, Paris oder Budapest entsandt wurde."

„Er hat ja auch zu Hitlers Geburtstag oder auf Parteitagen dirigiert", sagte Weinert.

Es war einen Augenblick still in der Runde.

Becher seufzte. „Eine gute Nachricht habe ich aber noch. Es ist so weit alles bereit, um Hauptmann nach Berlin zu ... zu bringen. Wir haben auch schon ein Haus für ihn gefunden."

Jetzt seufzte Erpenbeck mehr als bloß vernehmlich.

„Was ist los Fritz?", wollte Pieck wissen.

Erpenbeck wand sich sichtlich. Er suchte nach einem Einstieg.

„Habt ihr die Kritik von Elisabeth Langgässer mitbekommen?"

Fragende Blicke in der Runde, nur Becher wußte, was jetzt kommen würde.

„Nein", sagte Pieck stellvertretend für die anderen. „Sie hat gesagt, das geistige Leben in der Stadt bestehe nur noch aus alten verbeulten Konserven."

„Was meint sie damit?"

„Na, daß hier derzeit nur alte Männer eine Rolle spielen, die ihre größten Erfolge lange vor dem Krieg hatten. Hat Hauptmann in diesem Jahrhundert überhaupt noch was geschrieben?", fragte Erpenbeck polemisch.

„Also Fritz, bitte", sagte Becher, der von Langgässers Kritik gehört hatte. Da hatte er sich auch seine Gedanken drüber gemacht. Er mußte an das denken, was Furtwängler ihm geschrieben hatte. Das kulturelle Leben in einer von vier Mächten geteilten Stadt könne er sich nicht so richtig vorstellen.

„Es steht doch jedem frei, sich künstlerisch zu betätigen. Ich habe auch keine Lust, wenn Aufbau jetzt ein reiner Exilantenverlag wird. Aber wenn wir Hauptmann in einem symbolischen Akt zurückholen, hindert das doch keinen jungen Künstler, zu schreiben, zu malen oder zu musizieren", sagte Becher.

„Ich verstehe das sowieso nicht, die ganzen Schriftsteller müssen doch alle noch was in der Schublade haben", sagte Winzer.

„Ein Schriftsteller schreibt für seine Leser, nicht für die Schublade", warf Weinert ein.

„Ich verstehe immer noch nicht, was das für ein symbolischer Akt sein soll, Hauptmann zurückzuholen", sagte Erpenbeck. „Erinnere dich mal, was du zu Hauptmanns 70. Geburtstag geschrieben hast, Hans. *Geblieben ist ein Mensch, der nicht weiter interessiert. Er ruhe in Frieden, den er mit den herrschenden Mächten geschlossen hat.* Und 13 Jahre später ist es ein symbolischer Akt, diesen Mann wieder nach Deutschland zu holen?"

Erpenbeck hatte sich richtig ein bißchen in Rage geredet. Becher war überrascht über die Schärfe. Willmann freute sich insgeheim, auch wenn er in einer Sache jetzt etwas versöhnt war: Womöglich hatte Becher ihn nur deshalb nicht mit dem Klabautermann-Roman beauftragt, weil er den Krieg nicht in Deutschland verbracht hatte.

„Weiskopf sieht das übrigens ähnlich und Friedensburg auch", schob Erpenbeck noch nach.

„Ach, Friedensburg", sagte Winzer verächtlich.

Ferdinand Friedensburg war einer von vier Vizepräsidenten des Kulturbunds. Da er aber auch gleichzeitig die Berliner CDU mitbegründet hatte, gehörte er nach den jüngsten politischen Entwicklungen nicht mehr wirklich dazu.

„Was hat Friedensburg denn gesagt?", wollte Willmann trotzdem wissen, was Becher als weitere Spitze gegen sich auffasste.

„Es fehle ihm die geistige Auseinandersetzung und der Kampf", antwortete Erpenbeck.

„Pah, Friedensburg fehlt der Kampf", sagte Winzer verächtlich.

„Natürlich weiß ich noch, was ich geschrieben habe", nahm Becher jetzt den Vorwurf Erpenbecks wieder auf.

„Aber die Situation ist ja nun auch eine ganz andere. Der symbolische Akt besteht darin, der Welt zu zeigen, daß ein Schriftsteller von Weltruhm nach Deutschland heimkehrt. Völlig unabhängig davon, ob von ihm noch was kommt."

Erpenbeck seufzte.

„Ich habe noch was anderes, Hans", fing Weinert jetzt an, der genug von dem Thema hatte. Becher versuchte, ein freundliches Gesicht zu machen.

„Was ist eigentlich mit deinem Kurtz los?"

„Mit *meinem* Kurtz? Was ist mit ihm?"

„Er soll neulich bei einer Redaktionskonferenz im Schlafanzug aufgetaucht sein."

Allgemeine Erheiterung in der Runde.

„Der Chefredakteur kommt im Schlafanzug?", staunte Erpenbeck.

„Im Schlafanzug?", fragte auch Becher ungläubig.

„Also zumindest soll er ihn drunter gehabt haben und das wohl nicht zum ersten Mal."

Becher kannte Kurtz für seine pointierte Ironie.

„Wahrscheinlich ist es seine Art mitzuteilen, daß ihn der Job unterfordert", mutmaßte er.

„Ich glaube eher, daß er seine Aufgabe da beim *Nacht-Express* nicht richtig ernst nimmt. Das Feuilleton hat er vollständig Wiegler überlassen, eigentlich taucht er nur noch im Impressum auf", wandte Winzer ein.

„Der *Nacht-Express* hat ein Feuilleton?", witzelte Weinert, aber es mochte niemand lachen.

Becher mußte daran denken, was Kurtz ihm neulich gesagt hatte. Der *Nacht-Express* sei eine Zeitung, die die Leute am Alex kaufen und in der Friedrichstraße wegschmeißen. Insofern war er vielleicht wirklich nicht ganz überzeugt von seiner Zeitung.

„Vielleicht kann er ja bei der neuen *Wochenzeitschrift* mitmachen, die demnächst kommt", schlug Becher vor.

„Gysi wird ihn nicht haben wollen, da bin ich mir sicher", sagte Erpenbeck.

„Ich spreche mal mit ihm. Ansonsten könnte er auch mit Wiegler zusammen als Lektor bei Aufbau arbeiten", schlug Becher vor.

„Genau, dann kann Kurtz den Roman lektorieren, den Fallada niemals schreiben wird", scherzte Weinert. Willmann frohlockte, Becher grummelte.

1. Mai -----------------------------------

Johannes Kupke war fast ein bißchen feierlich zumute. Er hatte von den Russen eine Einladung ins Schloß Schönhausen erhalten. Da war er schon ewig nicht mehr drin gewesen. Die Russen hatten das Schloß jetzt für die Öffentlichkeit gesperrt und dort ein Offizierskasino eingerichtet. Aber heute, anlässlich der Feierlichkeiten zum 1. Mai, waren verdiente Zivilisten zu einem großen Fest ins Schloß geladen. Am Abend sollte es dann noch ein Feuerwerk geben. Kupke sah sich allerdings nicht wirklich als Zivilist. Schon in den 20er Jahren hatte er sich der Arbeiterbewegung angeschlossen und war später auch in der Roten Hilfe aktiv. Nach der Machtergreifung der Nazis hatte er Kontakt zu Widerstandskämpfern gehalten und sogar seine Arztpraxis in Niederschönhausen für konspirative Treffen der Roten Kapelle zur Verfügung gestellt. Aus „Dankbarkeit" hatten die Russen ihn nach Kriegsende zunächst als Bürgermeister von Niederschönhausen eingesetzt. Aber das Amt hatte Kupke zum Glück schon bald wieder abgeben können. Er wollte lieber als Arzt praktizieren, da konnte er den Menschen mehr helfen. Zu seinen Patienten gehörte jetzt auch Wilhelm Pieck, dessen schwaches Herz machte ihm gelegentlich zu schaffen. Seit zwei Monaten betrieb Kupke nun in der Marthastraße ein Hilfskrankenhaus für Geschlechtskrankheiten. Das Haus war ursprünglich ein Altenheim, aber die Geschlechtskrankheiten in der Stadt hatten nach dem Krieg dermaßen zugenommen, daß der Magistrat das Haus hatte umwandeln lassen. Kupke war Allgemeinmediziner, aber die Geschlechtskrankheiten in der Stadt waren ein dringliches Problem, um das er sich kümmern wollte.

Jetzt überlegte er noch, ob er zur Feier des Tages die rote Krawatte anziehen sollte, entschied sich dann aber dagegen. Das schien ihm zu bemüht. Lieber die unauffällige graue.

Es klingelte. Wer konnte das sein? Abholen sollte ihn eigentlich niemand. Die paar Schritte zum Schloß wollte er alleine hinübergehen. Ein Notfall in der Klinik? Das würden sie sich nicht trauen, er hatte seinem Personal sehr deutlich gemacht, wie wichtig ihm der Tag war. Es war schließlich der erste Tag der Arbeit seit langer Zeit, der ohne die faschistische Unterjochung begangen werden konnte. Als Kupke die Tür öffnete, war er irritiert. Das Gesicht kam ihm entfernt bekannt vor, ohne daß er hätte sagen können, woher.

„Verzeihen Sie, Herr Doktor. Rosenberg mein Name. Herr Becher bittet mich, in einer dringenden Angelegenheit nach Ihnen zu schicken."

Kupke schaute Bechers Chauffeur wortlos an. Er war nicht begeistert, das merkte Rosenberg.

„Es geht um einen wichtigen Patienten. Herr Becher würde nicht nach Ihnen verlangt haben, wenn es nicht dringend wäre."

Kupke stöhnte und schaute demonstrativ auf seine Armbanduhr, die er bereits angelegt hatte.

„Also gut, ich komme."

„Vielen Dank, ich fahre Sie rasch rüber."

Die Fahrt in die Victoriastraße 21 dauerte keine fünf Minuten. Die Straßen wirkten wie ausgestorben, fast alle hatten sich auf den Weg in Richtung Lustgarten gemacht, wo die große Kundgebung geplant war.

Auf das Klingeln Rosenbergs öffnete Lilly Becher die Tür. Sie war sichtlich genervt.

„Sie sind drüben bei Fallada", sagte sie nur, bevor sie die Tür schon wieder schloß und die beiden verdutzten Männer stehen ließ.

Kupke schaute Rosenberg fragend an. Auf eine Schnitzeljagd hatte er jetzt am allerwenigsten Lust.

„Geht es um Fallada?", fragte Kupke, während sie wieder zum Auto gingen.

„Ich fürchte schon", sagte Rosenberg mit der Diskretion eines Chauffeurs. Er hatte sich eigentlich denken können, daß sie noch drüben waren, aber es hatte ihm widerstrebt, direkt zu diesem irren Schriftsteller zu fahren. Insgeheim hatte er gehofft, die Sache habe sich mittlerweile erledigt. Kurz darauf stoppte er den Wagen vor dem Eisenmengerweg 19. Auf Rosenbergs Klingeln öffnete zunächst niemand, aber im ersten Stock waren Schreie zu hören. Kupke und Rosenberg schauten sich an. Kupke leicht vorwurfsvoll. Wo hatte ihn der Fahrer da jetzt reingezogen? Rosenberg fühlte sich schuldig, auch wenn er absolut nichts für die Situation konnte. Schuldig fühlte er sich eher, weil ihm diese Episode hier nicht ungelegen kam. Er hatte keine Lust, sich mit dem Wagen durch die Menschenmassen Richtung Lustgarten zu quälen.

Jetzt ging die Tür doch noch auf. Vor ihnen stand ein hochaufgeschossener, schlaksiger Junge, der sichtlich verängstigt und auch ein bißchen beschämt wirkte.

Uli kannte die beiden Männer nicht, aber wie Morphiumkumpane seines Vaters sahen sie nicht aus, und auch für Schuldeneintreiber waren sie zu gut gekleidet.

Kupke stöhnte innerlich. Wenn *ich* mich mal auf was freue. Aber er war jetzt auch ganz Arzt. Die mittlerweile verstummten Schreie hatten nicht nach Feiertagsjubel geklungen. Eher nach massiver Hysterie.

„Hallo junger Mann, ich bin Arzt, lässt du uns bitte rein?" Schon während er sprach, hatte er sich an Uli vorbeigeschoben, der zögerlich einen Schritt zurücktrat.

Arzt? Wollte dieser Mann ihm jetzt auch erzählen, daß sein Vater krank war?

Rosenberg blieb zunächst in der Tür stehen. Er hätte sich am liebsten ins Auto verdrückt, aber wie hätte das ausgesehen? Er nickte dem Jungen zu und ging dann ebenfalls Richtung Treppe, die Kupke schon hochgesprungen war.

Im Badezimmer wurde Kupke fündig. Auf dem Boden kauerte ein zusammengesunkenes Männchen, eine junge Frau beugte sich über ihn und redete auf ihn ein. Daneben Becher, die Hände in die Hüften gestützt und schwer atmend. Urplötzlich sprang das Männchen auf und ging der jungen Frau an die Kehle. Bevor Kupke reagieren konnte, war schon Rosenberg zur Stelle, der gerade ins Badezimmer reinkam und seinen noch vorhandenen Schwung nutzte, um Ditzen von hinten zu packen und von der Frau wegzuzerren. Ditzen schrie, sein eingefallenes Gesicht war eine verzerrte Grimasse. Rosenberg, obwohl mindestens 20 Kilo schwerer als Ditzen, hatte seine liebe Mühe, den Schriftsteller zu bändigen. Ulla fing nun ihrerseits wieder an zu zetern. Vielleicht würde ich doch lieber im Stau stehen, dachte sich Rosenberg und hoffte inständig, daß wenigstens die Frau Ruhe geben würde.

„Was geht hier vor?", fragte Kupke Becher.

„Gut, daß Sie kommen, Doktor. Er hat versucht, sich umzubringen."

„Ist das Fallada?", fragte Kupke und musterte die Gestalt im Klammergriff Rosenbergs. Der Mann war völlig verfallen und wog keine 50 Kilo mehr.

„Ja, das ist er", sagte Becher resigniert. Er wußte nicht, was er sonst noch sagen sollte.

Kupke war erschüttert. Das war der Mann, von dem er mit großer Begeisterung drei oder vier Romane gelesen hatte? Kupke wußte, daß ein fesselnder Roman nicht von einem spannenden Menschen geschrieben werden mußte, aber diese Diskrepanz hier zwischen Werk und Autor war ihm unverständlich. Die beiden Männer musterten Ditzen, der sich gerade noch einmal aufbäumte und versuchte, Ulla zu beißen. Aber sie hielt wohlweislich Abstand und hatte sich nun beruhigt.

Der arme Kerl, dachte Becher, meinte damit aber seinen aufopferungsvoll kämpfenden Chauffeur.

„Er hat mir vorhin sein Testament in die Hand gedrückt", sagte Becher jetzt zu Kupke.

„Werfen Sie es schnell weg, der Mann ist doch überhaupt nicht geschäftsfähig."

„Können Sie sich um ihn kümmern?"

Kupke blickte Becher erschrocken an.

„Sie meinen ..."

„Sie haben doch das Krankenhaus in der Marthastraße."

„Aber das ist eine Einrichtung für Geschlechtskrankheiten. Da liegen derzeit ausschließlich Frauen", wehrte sich Kupke.

„Er war zuletzt bei Zutt in den Kuranstalten. Aber es ist sündhaft teuer und wir kommen auch immer beschwerlicher ins Westend."

Zehn Tage zuvor hatte sich im Admiralspalast die SED gegründet. Doch die SPD in den westlichen Sektoren hatte gegen die Vereinigung mit der KPD gestimmt. Das hatte die Spaltung zwischen den Westmächten und den Russen weiter beschleunigt, an den Sektorengrenzen wurde nun kontrolliert. Kupke hatte keine große Lust, diesen Fallada als Patienten aufzunehmen, aber er sah jetzt eine Möglichkeit, sich des Problems zumindest für heute recht schnell zu entledigen.

„Ich muß telefonieren. Kann Ihr Fahrer den Mann in die Marthastraße fahren?"

Becher war irritiert, das klang jetzt nicht, als würde Kupke mitkommen.

„Selbstverständlich. Ich werde ihn auch begleiten." Der Tag war für Becher ohnehin schon gelaufen und zu Hause wartete seine übellaunige Frau auf ihn.

Die ganze Vorbereitung für den 1. Mai war irgendwie aus dem Ruder gelaufen. Zunächst war eine Kundgebung im Treptower Park geplant gewesen. Doch je mehr sich die Russen oder vielmehr die neu entstandene SED Arbeiterbewegung und Feierlichkeiten auf die Fahnen schrieb, desto mehr torpedierten Amerikaner und Briten die Planungen. Aus Treptower Park wurde Lustgarten. Auch gut, immerhin hatte Liebknecht vom Balkon des ehemaligen kaiserlichen Schlosses einst die Sozialistische Republik ausgerufen. Ein von den Amerikanern geplantes Feuerwerk vor dem Schöneberger Rathaus wurde dann am Vorabend abgesagt, angeblich wegen Sicherheitsbedenken. Mit jeder Änderung war Lilly nöliger geworden. Die sonst so gänzlich unromantische Frau hatte seit frühester Kindheit ein Faible für Feuerwerke. Dabei planten die Russen für den Abend ein eigenes Feuerwerk, das die Bechers fast aus dem eigenen Garten würden bestaunen können.

Am Vormittag waren die zwei dann recht spät dran gewesen. Lilly hatte überraschend Besuch von einer alten Freundin bekommen, die partout am 1. Mai vorbeischauen wollte. Das war ja nicht seine Schuld gewesen. Aber als sie dann endlich bereit zum Aufbruch waren und Rosenberg schon zweimal gemahnt hatte, die Straßen Richtung Tiergarten würden immer voller, hatte Fallada Sturm geklingelt. Er wedelte mit einer Schriftrolle in der Hand und drängte ihn förmlich ins Arbeitszimmer. Während Fallada hektisch sein Testament entrollte, sah er aus dem Augenwinkel das Bild an der Wand hängen. *Der Hafen von Candia.* Das Aquarell, das Kurt Losch seiner zweiten Frau gemalt hatte und das Ulla so viel bedeutete.

„Wie kommt dieses Bild hierher?", hatte Fallada gefragt, und ohne eine Antwort abzuwarten, hatte er Becher das Testament entgegengeschleudert und war aus dem Haus gestürmt. Becher hatte kurz überlegt, ob er es einfach dabei bewenden lassen sollte, aber er konnte jetzt schlecht zur Tagesordnung übergehen, schon gar nicht zu der, die heute anstand. Während er Fallada hinterhereilte und gleichzeitig Rosenberg bat, Dr. Kupke zu holen, traf ihn ein Blick Lillys, der ihn schwer verwundete. Er war dann im Eisenmengerweg gerade noch rechtzeitig gekommen, um zu verhindern, daß Fallada irgendeine hochätzende Tinktur aus Ullas Schmink-arsenal hinunterkippte.

„Er ist Morphinist, nicht wahr?", fragte Kupke ohne Rück-sicht darauf, daß Ditzen ihn hören konnte. Becher nickte.

„Dann brauchen Sie sich keine Sorgen machen. Morphi-nisten bringen sich niemals freiwillig um, dafür ist die Hoff-nung auf eine weitere Injektion viel zu stark."

Becher und Rosenberg waren sich da nicht so sicher. Ro-senberg verstand den Schriftsteller, den er mittlerweile aus seinem Klammergriff entlassen hatte und der nun mit hän-gendem Kopf auf dem Boden des Badezimmers saß, immer weniger. Woher kam nur diese Todessehnsucht? Gewiss, in den vergangenen Monaten hatten sich in Berlin Tausende umgebracht oder es versucht. Aber deren Lage war doch we-sentlich hoffnungsloser. Rosenberg drehte seine Handflächen nach oben und besah sich seine Unterarme, die Ditzen voll-kommen zerkratzt hatte. Was war nur los mit dieser Type?

„Was soll das mit dem Bild?", fragte Ditzen jetzt schwach.

Ulla konnte mit der Frage nichts anfangen und schwieg. Becher überlegte, ob er die Sache aufklären sollte. Ulla hatte ihm das Bild als Pfand für die geborgten 3000 Reichsmark vorbeigebracht. Aber Becher hielt es für klüger, jetzt nicht weiter auf Ditzen einzugehen.

Ditzen war am 22. März aus den Kuranstalten entlassen worden. Wegen guter Führung, wie er seinem Sohn mit ei-nem Augenzwinkern verriet. Er hatte wirklich fleißig an sei-nem Alpdruck gearbeitet, der geregelte Tagesablauf hatte dem selbsterklärten Ordnungsfanatiker gutgetan. Zutt war begeistert von seinen Fortschritten und hatte ihn einen Monat früher entlassen, als ursprünglich geplant.

Doch schon als Ditzen zu Hause die Post öffnete, ging es ihm schlagartig wieder schlecht. Er fand einen Brief, in dem Becher bat, ihm bis Ende des Monats die 3000 Reichsmark zurückzuerstatten, die er Ulla geliehen hatte. Ditzen war fassungslos. Ulla hatte sich Geld bei Becher geliehen? Ditzen war das wie Verrat vorgekommen. Er hatte jetzt Schulden bei Becher, von denen seine Frau ihm nichts erzählt hatte und die er im Moment auch nicht zurückzahlen konnte. Vielmehr schleppte er als erste Amtshandlung einige seiner Bücher in die Leihbücherei Hans Nagel, um wenigstens Geld für Zigaretten zu haben.

Da Ulla noch in den Kuranstalten lag, kam er nicht an Morphium heran. Dafür hielt er sich um so mehr an Alkohol. Eine Flasche Cognac am Vormittag war kein Problem für Ditzen. Er aß stattdessen nichts mehr. So blieb mehr für den Jungen. Das war sein Begriff von Väterlichkeit. Aber wenn Uli von der Schule nach Hause kam, schlief Ditzen meist oder täuschte Geschäftstätigkeit in seinem Arbeitszimmer vor. Doch er schrieb kaum etwas in jener Zeit. Zu groß waren seine Sorgen zwischen Schulden und Schuldgefühl. Den Brief von Becher behandelte er wie nicht zugestellt. Er hatte das Schreiben vor sich selbst versteckt, es einfach wegzuschmeißen, hatte er sich nicht getraut. Irgendwann wollte er es seiner Frau unter die Nase reiben.

Als Ulla aus dem Westend kam, wurde die Situation nicht gerade besser. Zum Alkohol kam jetzt wieder Morphium dazu. Drei Tage hielt Ulla durch. Doch in diesem großen kahlen Haus neben diesem antriebslosen, griesgrämigen Mann war ihr einziger Trost der Morphiumrausch. Für den Stoff versetzte Ditzen nun doch seine besten Bücher, darunter teure Erstausgaben von Jean Paul und E.T.A. Hoffmann. Zurück in die Buchhandlung Keiper. Da hatte Ditzen die Bücher auch einst erstanden, wie er verbittert bemerkte.

Die Geburtstagsfeier für Uli hatten sie, entgegen großangelegter Urkunde, auch noch nicht nachgeholt.

Dafür wurde es mit dem Morphium immer exzessiver, die Dosen immer heftiger, bis die Körper der beiden Eheleute kaum noch reagierten und beide von sich selbst angeekelt waren. In der Nacht vor dem 1. Mai waren ihre Morphiumvorräte aufgebraucht.

Kupke hatte mittlerweile begriffen, daß die attraktive Blondine die Frau dieses Irren sein mußte.

„Können Sie ihm eine Tasche packen? Für einen längeren Klinikaufenthalt!"

Ulla nickte. Fünf Wochen nach seiner Entlassung fuhr Ditzen wieder zur Suchtheilung ein.

Becher schaute auf die Uhr. Die Feierlichkeiten im Lustgarten mit den Reden von Pieck und Grotewohl konnte er sich abschminken. Schöner 1. Mai.

-------------------------*Die Beerdigung*

Dann starb Gerhart Hauptmann. Nach einer Bronchitis hatte er sich nicht mehr erholt. Zur Übersiedlung nach Berlin, die auch von der polnischen Regierung forciert wurde, weil sie keine Deutschen mehr haben mochte, war es nicht mehr gekommen. *Gott sei Dank*, dachte sich mancher. Der Nobelpreisträger für Literatur starb 83-jährig in seinem Haus in Agnetendorf, wo ihn Becher acht Monate zuvor besucht hatte.

Die *Tägliche Rundschau* hatte anlässlich Hauptmanns Tod eine Sonderausgabe erwogen, brachte dann aber „nur" eine Doppelseite. Vielen war auch das noch zu üppig. Franz Carl Weiskopf erneuerte seine Kritik an Hauptmann und dessen zwielichtiger Rolle während des Nationalsozialismus und in der Weimarer Republik. Weiskopf zeigte sich enttäuscht, daß Schriftstellern wie Hans Marchwitza, Karl Grünberg oder Hans Lorbeer, die während des Kriegs anständig geblieben waren, so viel weniger Aufmerksamkeit zuteil wurde als einem Fallada oder Hauptmann.

Aus den USA meldete sich Ludwig Marcuse mit einem Nachruf zu Wort, der eher einer Schmähschrift glich. Hauptmann sei ein Genie gewesen, das wie irgendein Meissner vegetiert habe. Er säte tiefe Einsichten, aber ging durch die Zeit als verlorener Säufer, der sich von allen bekränzen ließ, die gerade etwas zu sagen hatten.

Pieck und Becher reisten nach Stralsund zur Ehrenwache. Die alte Hansestadt hatte der Verstorbene immer sehr geliebt. Im Trauerakt rief Pieck dazu auf, Hauptmanns Dichtungen zur befreienden Tat werden zu lassen. Zu Klängen von Beethovens Fünfter trugen Arbeiter den Sarg mit der sterblichen Hülle zum Hafen. Der Sarg war aus Fichtenbrettern, wie es sich Hauptmann testamentarisch gewünscht hatte.

Die Beisetzung erfolgte auf Hiddensee. Witwe Margarete vermischte ein Säckchen Riesengebirgserde mit Ostseesand und versprach, aus dem Nachlass ihres Mannes ein Haupt-mann-Museum einzurichten. Die *Tägliche Rundschau* brach-te abermals eine ganze Seite. *Auf Hiddensee bei Sonnenunter-gang – Feierliche Bestattung von Gerhart Hauptmann.*

Den Aufwand, der betrieben wurde, hielten viele für über-zogen. Doch der Kulturbund und die *Tägliche Rundschau* feierten Hauptmann nicht für den Ruf, den der Dramatiker mittlerweile in Deutschland hatte, sondern für die Vereh-rung, die der Schriftsteller in Russland noch immer genoß. Seine *Weber* waren zu Zeiten der Revolution ständig gespielt worden, und während der Hungersnot an der Wolga 1921 hat-te der Schriftsteller Hilfslieferungen organisiert.

Das deutsche Volk interessierte die Beerdigung Haupt-manns nur mäßig. Es hungerte nun selbst.

------------------------*Schreibversuche*

Für Ditzen begann die gleiche Leier wie ein paar Monate zu-vor in den Kuranstalten und wie bei so vielen anderen Kli-nikaufenthalten davor. Die Entwöhnung, das Feilschen um Medikamente und Ersatzdrogen, die Tobsuchtsanfälle und Trübungen des Bewußtseins. Doch mit Kupke sprach er nun offener als früher mit anderen Ärzten. Der Mann hatte ihn in seiner Todessehnsucht kennengelernt, was gäbe es da noch zu beschönigen?

Ditzen gestand Kupke, daß er gewohnt war, jeden Tag Morphium zu bekommen. Der Allgemeinmediziner war schockiert, aber Ditzens Mengenangaben hielt er für stark übertrieben. Typisches Suchtverhalten, dachte sich Kupke und reichte ihm abends Chloralhydrat, durch dessen hypnotische Wirkung Ditzen besser schlafen konnte.

Schon nach zehn Tagen begann Ditzen wieder mit dem Arbeiten. Doch mit seinem Alpdruck oder *Fallada sucht einen Weg*, wie der Arbeitstitel war, kam er jetzt nur mäßig voran. In den Kuranstalten hatte Ditzen seine gewohnte Arbeitsweise beibehalten können: Das Pensum langsam aber stetig steigern. Zunächst zwei bis vier Druckseiten am Tag, in der Hochphase Mitte März dann 12 bis 14 Druckseiten. Davon konnte im Moment keine Rede sein. Er quälte sich nun schon seit Monaten mit dem Stoff, fand dafür aber nicht sein inneres Gleichgewicht. Die authentischen Passagen gefielen ihm nicht, die fiktiven misslangen ihm. Ditzen schob das auf das Arbeitsklima hier im Haus zurück. Zwar hatte er von seinem Zimmer einen schönen Ausblick auf den Brosepark mit heilen Häusern und Akazien, die sogar etwas Grün trugen. Aber Ditzen konnte nicht ausblenden, daß er hier als einziger Mann unter 60 geschlechtskranken Frauen lag.

Die *Tägliche Rundschau* hatte den grassierenden Geschlechtskrankheiten dieser Tage einen großen Artikel gewidmet: „Syphilis auf dem Vormarsch". Die Fallzahlen hätten ein Jahr nach Kriegsende einen traurigen Höchststand erreicht, Syphilis erfordere anders als Gonorrhoe eine Zwangseinweisung, mahnte das Blatt. Daher war manche Frau nicht freiwillig in der Marthastraße, was an dem Gezeter auf den Gängen deutlich zu hören war. Das wurde auch nicht dadurch besser, daß es im ganzen Haus kein warmes Wasser gab, weil die Warmwasserzubereitung noch immer nicht repariert war.

Wie sollte er in diesem Chaos einen Roman schreiben?, dachte sich Ditzen.

Stattdessen begann er wieder für die *Tägliche Rundschau* zu arbeiten. Die Aufregung nach den Vorwürfen Habes hatte sich gelegt, Ditzen mußte keine Angst mehr vor erneuten Anfeindungen haben, wenn sein Name in der Zeitung auftauchte. Er schrieb einen *Pfingstgruß an Achim*, seinen jüngeren Sohn, den die *Tägliche Rundschau* veröffentlichte. Aber auch bei den Arbeiten für die Zeitung war Ditzen nicht in Form. Meist modelte er einfach frühere Aufsätze im Sinne seiner Auftraggeber um. Das erzählerische Talent Ditzens blieb dabei gänzlich auf der Strecke. Er schrieb nur wegen der Honorare, bedankte sich bei Pereswetow artig für die rasche Veröffentlichung der Pfingstgrüße und bekannte ohne Scham, daß er für eine baldige und großzügige Honorierung sehr empfänglich sei, da ihn seine fast halbjährige *Krankheit* in eine recht drückende Notlage gebracht habe. Ditzen schickte Pereswetow auch die ersten 100 Seiten von *Fallada sucht seinen Weg* und gab an, das vollständige Buch werde etwa 300 bis 350 Manuskriptseiten umfassen.

Pereswetow hingegen klagte Becher sein Leid. Manche Geschichten Falladas seien schlicht nicht zu lesen, die reinste Pathologie, ein Wühlen in Schmutz und Scheußlichkeiten. Selbst der Pfingstgruß an seinen jüngsten Sohn las sich ziemlich merkwürdig: Der kleine Achim schleicht sich da frühmorgens aus dem Haus, begegnet dem Fleischerhund, vor dem er normalerweise Angst hat und stürzt dann in einen Kaninchenbau, wobei er sich den Fuß verknackst. Doch vom Sonnenaufgang ist der kleine Achim dann sehr ergriffen und daran solle er sich immer erinnern, so die Botschaft des Vaters. „Eine Kurzform von Alice im Wunderland für Gemütskranke", schimpfte Pereswetow.

Becher nahm die Beschwerde mit einem Schulterzucken zur Kenntnis. Der Auftritt Falladas am 1. Mai hatte ihn endgültig desillusioniert. Andererseits versuchte Becher wirklich, Verständnis für den Strauchelnden aufzubringen. Er dachte zurück an seine eigene Morphium- und Kokainsucht und die zahlreichen Entziehungen. Den Ärzten hatte er damals teilweise absurde Märchen aufgetischt. Becher mußte schmunzeln, als er daran dachte, wie er einmal bei der Einlieferung in eine Klinik in Jena erzählt hatte, er sei Doktor der Philosophie und habe bei Freud und Adler in Wien studiert. In der Hochphase seiner Sucht, 1918 war das gewesen, hatte Becher sogar Rezepte gefälscht, um an Morphium und Kokain zu kommen. Aber das war bald 30 Jahre her, Fallada mußte doch auch erwachsen geworden sein. Becher war damals nach dem Selbstmord seines Bruders zur Vernunft gekommen. Auch seine erste Frau, Käthe Ollendorf, die damals Medizin studierte, hatte ihm geholfen. Aber hatte Fallada von seiner Frau Ulla Hilfe zu erwarten?

Becher versuchte die Gedanken an Fallada und seine eigene Vergangenheit zu verdrängen. Was ihm dank der vielen Arbeit, die er hatte, recht gut gelang. Er reiste nach Leipzig und traf sich mit Kippenberg, dem Verleger des Insel-Verlags, er schrieb an Willi Bredel und lud ihn nach Hause ein, weil Lilly nach ihm gefragt hatte, und er schrieb erneut einen Brief an Hermann Hesse und bat ihn um einen Besuch in Berlin.

Auch der Patient in der Marthastraße schrieb wieder viele Briefe. Den ersten seit langem, den er tippte, schickte er an seine Mutter. Dabei entschuldigte Ditzen sich vor allem für den äußeren Anschein des Briefes, der viele Tippfehler und Korrekturen enthielte. Er versuchte seiner Mutter die eigene Notlage recht schonend beizubringen und schrieb von einem kleinen netten Krankenhaus, in dem er sich gerade aufhalte. Die meisten Briefe dieser Zeit aber schrieb Ditzen an seinen Sohn Uli, der schon wieder auf sich allein gestellt war. Denn etwa zehn Tage nach Ditzens Einlieferung stand auf einmal eine freiwillige Patientin an der Pforte in der Marthastraße. Kupke war sehr überrascht, als Ulla ihm bekannte, auch sie sei hochgradig morphiumsüchtig.

Der Arzt hatte im Eisenmengerweg eine attraktive junge Frau gesehen, die scheinbar unter der Sucht ihres älteren Mannes litt. Diese Rollenverteilung ging nicht so ganz auf, erfuhr Kupke nun. Becher teilte ihm in einem Telefonat mit, im Drogenwettstreit der Eheleute Ditzen sei eher *sie* die treibende Kraft. Kupke war schockiert.

Ditzen nahm Ulla zunächst übel, daß Uli nun schon wieder alleine war. Doch in seinem kleinen Einzelzimmer mit Blick auf die Akazien reifte in Ditzen auch eine persönliche Einsicht: Es rührte ihn fast an, daß Ulla offensichtlich ohne ihn gar nicht klarkam.

Kupke erkannte ähnlich wie Zutt recht schnell: Er mußte die beiden während ihres Entzugs voneinander trennen, denn wenn die Eheleute in der ersten Phase ihrer Abstinenz aufeinandertrafen, spielten sich zunehmend unschöne Szenen ab. Und Ditzen war Kupkes einziger Verbündeter unter lauter übellaunigen Frauen. Daher nahm sich der Arzt für den gefallenen Schriftsteller mehr Zeit, als er eigentlich hatte. Ditzen dankte es ihm mit offenen Worten. „Ich bin doch ein altes Kamel, daß ich aus meinen Fehlern so gar nichts lerne. Das fängt mich jetzt mit 52 so langsam zu fuchsen an." Kupke grinste nur verschmitzt, was sollte er dazu sagen? Er saß verkehrt herum auf einem splissigen Holzstuhl an Ditzens Bett, die Unterarme vorne auf die Lehne gestützt.

„Erich Kästner hat mal über mich gesagt, ich sei *ein ewiger Gymnasiast*. Ich habe nicht verstanden, was er da meinte, aber wahrscheinlich hatte er recht, irgendetwas in mir ist nie richtig fertig geworden, so daß ich kein richtiger Mann bin, sondern nur ein alt gewordener Mensch."

„Aber jetzt stellen Sie Ihr Licht doch zu sehr unter den Scheffel. Sie haben doch Kinder und das ist doch ..."

„Die Kinder sind rasch verglühende Lichtblicke in einem tiefen Dunkel. Mir macht nichts mehr Freude, nicht mal mehr meine Arbeit."

Kupke schwieg betreten. Ähnlich wie Willmann beneidete er Fallada für dessen Gabe. Er selbst hatte früh erkannt, daß er nicht zum Schreiben taugte.

„Wie sind sie eigentlich Schriftsteller geworden, haben Sie Ihre Gabe früh erkannt?"

„Ach woher denn? Ich wollte zwar früh Schriftsteller sein, habe aber nur Unfug geschrieben."

Das fand Kupke interessant, so war es ihm ja auch gegangen: „Wie haben Ihre Anfänge ausgesehen?"

„Ich habe ein landwirtschaftliches Volontariat gemacht auf einem Rittergut im Altenburger Land. Den ganzen Tag auf dem Feld habe ich den Leuten beim Kartoffeln ernten zugeschaut. Kartoffeln von früh bis spät. Ich habe mal 2000 verschiedene Kartoffelsorten gekannt."

Kupke schaute ihn ungläubig an.

„So viele verschiedene Kartoffeln gibt es?"

Ditzen zuckte seine eingefallenen Schultern.

„Aber wieso eine Lehre in der Landwirtschaft?"

„Das haben mein Vater und der Arzt ausgeheckt. Ich war als Kind viel krank. Körperliche Arbeit und die frische Luft sollten mir guttun."

„Verstehe."

„Dann habe ich mich an Gedichten über die Kartoffel versucht. Die Kartoffel mit ihrem Drang nach Licht und Blüte als Symbol der Sehnsucht. So einen hanebüchenen Unfug habe ich am Anfang geschrieben. Oder Kurzgeschichten. *Die Kuh, der Schuh, dann du* hieß eine."

„Die Kuh, der Schuh, dann du?", fragte Kupke belustigt.

Ditzen nickte. „Dann ist mir irgendwann aufgegangen, daß es nicht um Kartoffeln und Kühe, sondern um Menschen geht. Ich habe ja auf den Feldern von früh bis spät den Mädels und Frauen bei ihren Gesprächen zugehört."

„Das haben Sie dann für Ihre Romane ..."

Ein markerschütternder Schrei aus einem der anderen Zimmer ließ die beiden Männer zusammenfahren. Der Arzt wurde in die Gegenwart zurückgeholt. Er schaute auf die Uhr und stellte mit Schrecken fest, daß die Visite am Nachmittag längst überfällig war.

Kupke seufzte und erhob sich. „Ich muß mal wieder nach der anderen Kundschaft schauen."

Ein andermal erzählte Ditzen seinem Arzt, wie es ihm seinerzeit in Neumünster ergangen war. Denn nach seinen ersten beiden Romanen *Der junge Goedeschal* und *Anton und Gerda* war die Schriftstellerei noch lange kein Selbstläufer gewesen.

„Ich habe in Neumünster eine zweijährige Haftstrafe wegen Unterschlagung abgesessen."

Kupke staunte und schaute ihn fragend an.

„Die Drogen", seufzte Ditzen. „Ich habe Geld gebraucht."

Einen Augenblick war es still. Kupke schwieg. Er wollte, daß sein Patient selbst begriff, wie sehr die Drogen sein Leben bestimmt hatten.

„Aber ich bin im Gefängnis von den Drogen weggekommen", sagte Ditzen und sah nachdenklich an die Decke. Gerade verströmt er doch eine gewisse Zuversicht, dachte sich Kupke erfreut.

„Vielleicht müßte ich einen schönen Bruch machen und mich wieder einbuchten lassen, um von dem Teufelszeug loszukommen."

Kupke erschrak. „Das kriegen wir auch ohne Gefängnis hin", beeilte er sich zu sagen und versuchte Zuversicht zu verbreiten. Er mußte seinen männlichen Patienten wieder auf positive Gedanken bringen. „Wie war das jetzt in Neumünster? *Kleiner Mann, was nun?* hatten Sie da ja noch nicht geschrieben, oder?"

Ditzen winkte ab. „Noch lange nicht. Ich bin erstmal nach Hamburg. Dort hatte ich über die Gefängnisleitung eine Arbeit als Adressenschreiber für eine Exportfirma bekommen. Aber das war richtig hart, fast schlimmer als der Knast selbst."

Ditzen schwieg, als würde er sich in diese Zeit zurückversetzen. Kupke wartete gespannt, aber ruhig, an den Adressenschreiber aus dem Roman mit dem Blechnapf konnte er sich erinnern. Wie hieß der noch gleich? Er wollte gerade danach fragen, da sprach Ditzen weiter.

„Ich habe meinen Verleger angeschrieben und um irgendeine Arbeit gebettelt. Aber er war recht zurückhaltend. Ich war ja noch ein kleines Licht. Dann kam das Stellenangebot als Annoncenwerber für eine Zeitung, den *General-Anzeiger*. Ausgerechnet wieder in Neumünster! Für die Anstellung sollte ich noch 2000 Mark an Kaution stellen. Das hat dann mein Vater übernommen."

„Für was denn Kaution?"

„Da komme ich gleich zu. Jedenfalls war die Arbeit für mich ein noch größeres Grauen als das Adressenschreiben. Ich entwickelte eine regelrechte Angst vor Klingelknöpfen. Morgens bin ich voller Elan losgezogen, aber wenn dann 20 Türen vor der Nase zugeschlagen waren, dachte ich mir bei jeder Klingel, das kann nichts werden bei diesem Klingelschild oder jenem Namen. Ich brauchte aber Abonnenten. Für jeden Abonnenten bekam ich 1,25 Reichsmark. Ich darf gar nicht dran denken. Teilweise waren es minus 20 Grad in diesem Winter, 28/29 war das. Aber ich habe mich damals mit meiner Suse verlobt, die in Hamburg saß. Das hat mir Kraft gegeben. Außerdem hat dieser Berthold, der Chef des Verlags, erkannt, daß ich mehr konnte, als Leser werben. Also durfte ich dann Anzeigen verkaufen, aber eben auch kleine Meldungen schreiben. Dabei sind mir dann eines Abends Sammellisten der Holsteinischen Wirtschaftspartei in die

Hände geraten. Ich habe gesehen, daß die Spenden nicht ver-
bucht waren. Mit Unterschlagung kannte ich mich ja aus."
Ditzen grinste. „Ich hatte schon länger den Verdacht gehabt, daß mit diesem Berthold was nicht stimmte, und daß
die Kaution nur dazu diente, irgendwelche Schuldenlöcher
zu stopfen. Als ich dann mein Februar-Gehalt nicht bekam,
bin ich zum Bürgermeister und habe das angezeigt. Kauti-
onsschwindel, Veruntreuung von Spendengeldern und Ge-
halts-Hinterziehung. Der Bürgermeister war auch gleichzeitig Aufsichtsperson des Verkehrs- und Wirtschaftsvereins,
und der ist der Sache dann nachgegangen."

Kupke schaute verstohlen auf die Uhr. „Und dann?"

Ditzen grinste wieder. „Sieg, auf der ganzen Linie. Berthold entlassen, ich bekam mein Gehalt und die zu Unrecht
erhobene Kaution und obendrein noch einen besseren Pos-
ten. Aber ich war trotzdem froh, als sich dann Rowohlt gemeldet hat und mir eine halbe Stelle als Rezensent bei ihm
im Verlag angeboten hat. Und da habe ich dann nebenbei mit
Kleiner Mann was nun? angefangen."

„Wie alt waren sie da?"

„37." Das kam wie aus der Pistole geschossen.

Kupke nickte, sagte aber nichts. Schamgefühl schien der
große Schriftsteller nicht zu haben, wegen der Schnüffelei
oder seinem Denunziantentum.

„Was denken Sie gerade, Herr Doktor?"

Kupke schaute Ditzen an.

„Sie haben Ihren Weg erst recht spät gefunden, dachte ich
gerade", und ihn auch schon wieder verlassen, dachte Kupke
für sich.

„Ich war immer das Sorgenkind meiner Eltern und meiner beiden Schwestern. Meine Eltern haben mich sogar gewarnt, Kinder zu bekommen. Ich sei zu labil dafür, haben sie gesagt."

„Nein, das denke ich nicht. Aber ich glaube, Sie brauchen jemanden, der Ihnen ein bißchen zur Seite steht."

Ditzen schwieg. War das jetzt wieder Kritik an Ulla? Das hatte er doch alles schon gehört.

„Ach wissen Sie, Herr Doktor, *ich* bin doch der Mann, *ich* müßte meine Frau doch führen und nicht umgekehrt."

Kupke war aufgestanden, er hatte viel zu lang hier herumgetrödelt.

„Das ist keine Frage des Geschlechts, Herr Fallada. Außerdem braucht jeder Künstler einen Rückhalt für seine Arbeit", sagte Kupke im Rausgehen. Wie er darauf jetzt gekommen war, wußte der Arzt selbst nicht.

Als Ditzen wieder alleine war, mußte er an das denken, was er gerade gesagt hatte. *Meine Eltern haben mich für zu labil zum Vater sein gehalten.* Er mußte jetzt augenblicklich Uli einen Brief schreiben. Uli mußte ihn besuchen kommen. Der Aufbau-Verlag hatte ihm ja ein Paket mit Neuerscheinungen geschickt, die würde Uli schön an Nagel verkloppen können. Und Geld mußte Uli mitbringen, damit er seine Zigarettenschulden bei Frau Möller begleichen konnte. Hatte Uli nicht im letzten Brief geschrieben, daß er so stark erkältet sei? Er mußte Salbei gurgeln oder wenigstens heißes Salzwasser. Ditzen hatte den Bogen schon in die Schreibmaschine eingespannt. Ob er Uli auch von Ullas kleiner Gehirnerschütterung schreiben sollte, die sie sich hier bei einem Sturz zugezogen hatte? Wenn Uli morgen käme, würde er es ja sowieso erfahren.

Ditzen haute in die Tasten. Richtig, er mußte sich ja noch für das Päckchen bedanken, das Uli ihm geschickt hatte, mit den Zeitungen und der Pinguin. *Du bist ein braver Sohn – bis auf die Seife*, schrieb er. Denn die hatte Uli vergessen beizulegen. Ach so, ein, zwei Botengänge müßte der Junge noch machen. *Fahre dafür mit der U-Bahn, schone deinen Körper vorläufig*, hieb er in die Tasten und kam sich dabei recht väterlich vor.

Sommer 46 -----------------------------

Vor der Ruine des Brandenburger Tores wurde jetzt Gemüse angebaut. Die Briten, die bis auf weiteres die am wenigsten beliebte Besatzungsmacht in Berlin waren, hatten den abgeholzten Tiergarten für die Kleingärtner freigegeben. Auf 400 Morgen wurde nun in jedem kleinen Winkel Obst und Gemüse angebaut. Um die zarten Pflänzchen vor Mundraub zu schützen, schliefen viele den Sommer über gleich im Tiergarten. Wer nichts anpflanzte, versuchte sich als Angler. 50 000 Berliner saßen an Wannsee und Müggelsee, um etwas an den Haken zu bekommen, was über die kargen Zuteilungen der Lebensmittelkarte hinausging. Denn der Hunger war immer noch das größte Problem in der Stadt, in der es ansonsten langsam wieder aufwärts ging.

Im Juni hatte es nur 24 Morde gegeben, so wenige wie noch nie nach dem Krieg. Der Reichskanzlerplatz und der Funkturm wurden hergerichtet, die Mühlendammbrücke stand unmittelbar vor der Fertigstellung und die Bauhilfsarbeiterinnen hießen jetzt im Volksmund Trümmerfrauen. Die

Bürger konnten sich über die neue Orgel im Berliner Dom freuen, wieder ohne Umsteigen von Ruhleben nach Pankow fahren und das so beliebte Märkische Museum mit zunächst 15 Räumen besuchen.

Auch viele Kühlhäuser für Fleisch waren wieder instand-gesetzt, wenn auch die meisten leer waren. Statt Fleisch gab es bei der Zuteilung auf Lebensmittelkarte versalzenen Fisch, und die Hausfrauen maulten, daß an den kleinen Heringen gar nichts mehr dran sei, wenn Kopf und Schwanz entfernt waren. Dazu stellten amtliche Prüfer bei den Broten in den Bäckereien häufig Untergewicht fest. Es gab keine Butter, bestenfalls Margarine. Die Fettzuteilung wurde teilweise von 400 auf 200 Gramm gekürzt: Die Berliner nahmen es mit schwarzem Humor. In der Stadt kursierte der Witz, wer nach der nächsten Zuteilungsperiode noch lebe, lande wegen Schwarzhandels vor Gericht. Es gab nur braunen Zucker, kaum noch Honig und nicht ausreichend Kartoffeln. Dafür wurden in den Lebensmittelgeschäften Mohnblätter gegen die Ruhr ausgegeben, die jetzt im Sommer wieder grassierte.

Durch eine Transportpanne gab es im Juni auch keinen Tabak, womit die Raucherkarte, für viele Nichtraucher ein kleiner Nebenerwerb, nichts einbrachte.

Im Norden der Stadt stand ein 16-jähriger Junge vor sei-nen Tabakpflanzen und untersuchte sie mit Argusaugen. In der *Täglichen Rundschau* hatte Uli gelesen, daß Blattläuse auf dem Vormarsch seien. Wenn nur *eine* Blattlaus sich den gan-zen Sommer über ungestört vermehren könnte, hätten die daraus entstehenden Blattläuse am Ende des Sommers ein Gewicht von 822 Tonnen. Das war sicherlich zu schwer für seine zarten Tabakpflanzen, dachte sich Uli und untersuchte auch die Unterseite der Blätter akribisch.

Aus Enttäuschung über seinen Vater hatte sich der Junge in die Pflanzen vernarrt. Hier im Garten hatte er seine Ruhe und bekam von den heftigen Streitigkeiten zwischen Ulla und Papa nicht so viel mit. Uli erfreute sich gerade am stattlichen Kohlrabi, als das Gezeter im Haus schon wieder losging. Was sein Vater im ersten Stock schrie, konnte er sogar hier im Garten hören:

„Du hast dem Halsabschneider 30 000 Reichsmark dafür gegeben? Bist du denn noch ganz bei Sinnen?"

Uli hatte keine Ahnung, für was Ulla 30 000 Reichsmark ausgegeben hatte, er wußte nur, das war viel Geld. Er wollte auch gar nicht darüber nachdenken, verzog sich stattdessen in den hinteren Teil des Gartens zu seinen Tomaten, die noch ziemlich grün waren. Im Juni hatte es viel geregnet.

Ulla war einem windigen Rauschgifthändler auf den Leim gegangen. Mit einer solchen Skrupellosigkeit hatte sie nicht gerechnet. Sie hatte ja schon mehrfach mit diesem Kerl Geschäfte gemacht.

Ulla war den Schwarzmarkt allmählich leid. Hier vom Städtchen hatte sie auch ziemliche Entfernungen in den Westen der Stadt zurückzulegen. Also hatte sie sich 30 000 Reichsmark geschnappt, die Rudolf in der Küche deponiert hatte, und war zum Schlesischen Tor gefahren. Als sie dem gedrungenen Mann sagte, sie wolle Ware für 30 000 haben, hatte der keine Miene verzogen. Er hatte ihr eine Ampulle mit sehr gutem Morphium gegeben, das Geld genommen und ihr eingeschärft, genau dort stehen zu bleiben. So viel Ware habe er nicht bei sich. Ulla hatte ein ungutes Gefühl gehabt, aber sich dann doch damit beruhigt, daß sie den Mann ja bereits kannte und er schließlich auch schon bei ihnen im Eisenmengerweg gewesen war. Doch der Kerl war einfach nicht mehr aufgetaucht, hatte sie dort stehen lassen mit einer Ampulle, die nur 300 Reichsmark wert war. Geschlagene zwei Stunden hatte sie sich am Schlesischen Tor rumgedrückt und war fast ohnmächtig geworden, und zwar vor Zorn. In ihrer bangen Hoffnung hatte sie geflucht, geschrien, getobt und schließlich auch geweint. So weit war es schon gekommen, daß sie von einem solchen Ganoven reingelegt werden konnte. Bislang hatten ihr Männer immer aus der Hand gefressen oder sie zumindest zuvorkommend behandelt. Jetzt wurde sie das erste Mal in ihrem Leben versetzt und dann auch noch bei einem Treffen, wo so viel Geld im Spiel war.

Ulla versuchte, sich eine Geschichte zurechtzulegen, mit der sie einen Polizisten hätte ansprechen können. Aber ihr fiel partout nicht ein, weswegen sie 30 000 Reichsmark hätte dabeihaben sollen, ohne den Argwohn der Polizei zu wecken. Das hätte alles nur noch schlimmer gemacht.

Am folgenden Tag war Ulla zur gleichen Zeit wieder ans Schlesische Tor gefahren und hatte nach dem Kerl im beigen Hemd Ausschau gehalten. Aber der wäre ja schön blöd gewesen, hier so bald nochmal aufzutauchen, das wußte sie selbst. Sie hatte nur insgeheim noch gehofft, ihm wäre etwas dazwischengekommen und alles würde sich aufklären. Ungewohnt naiv für Frau Ditzen.

Schließlich hatte sie den schweren Gang nach Hause angetreten. Sie hatte mit sich gerungen, wie sie Rudolf das Ganze beibringen sollte. Am liebsten hätte sie für sich behalten, daß sie genau von dem Kerl gelinkt worden war, vor dem Rudolf sie ausdrücklich gewarnt hatte. Aber das hätte bedeutet, ihm stattdessen zu erzählen, daß sie die 30 000 Reichsmark einem Wildfremden in die Hand gedrückt hatte. Kurz hatte sie auch noch überlegt, einfach zu sagen, sie habe das Geld verloren. Aber das brachte sie auch nicht übers Herz, sie war ja keine Schlampe.

Ditzen wußte nicht mehr weiter. Er hatte sich im Krankenhaus so viel vorgenommen für seine noch junge Ehe, wollte seinem Alter angemessen Ruhe bewahren. Aber diese Frau trieb ihn einfach zur Weißglut. Finanziell lief es derzeit eigentlich sehr gut. Seine Kalendergeschichten und andere Beiträge für die *Tägliche Rundschau* wurden ordentlich honoriert und die 30 000 Exemplare vom *Blechnapf*, den Aufbau gedruckt hatte, waren rasch verkauft. An seinem Geburtstag Mitte Juli war Ditzen erstmals seit langem schuldenfrei.

Aber das war eine Momentaufnahme. Schon zwei Tage nach seinem Geburtstag flatterte eine horrende Rechnung der Weinhandlung Drambusch ins Haus, woraufhin er das Geschäft in einem flehentlichen Brief bat, seiner Frau keine Ware mehr anzuschreiben oder gar Geldbeträge zu leihen. Ditzen schaltete sogar einen Rechtsanwalt ein, um sich gegen so manche Forderung zu wehren oder von seiner Frau versetzte Gegenstände, die ihm am Herzen lagen, zurückzufordern.

Gesundheitlich ging es Ditzen etwas besser. Er hatte in den 13 Wochen seit Anfang Mai zwölf Kilo zugenommen, was dieser Tage nicht einfach war. Kupke hatte ihn Ende Juni entlassen. Aus der Marthastraße brachte Ditzen seine Arbeit am Roman und seine Grübeleien mit.

Den Roman über den Alpdruck schrieb er nur aus Pflichtgefühl zu Ende. Sieben Monate hat er sich mit dem Stoff, der ihm eigentlich eine seelische Befreiung werden sollte, herumgeschlagen. Er würde ihn später in einem Brief an Becher *einen sehr mäßigen oder sogar völlig misslungenen Roman* nennen.

Eben jener Becher kam im Roman als Granzow sehr gut weg. Immerhin hier konnte Ditzen Dankbarkeit zeigen. Zwar ist Granzow anders als Becher dickleibig, dafür aber *ein glänzender Frager und Zuhörer.* Ditzen schildert die Szene seines ersten Besuchs in der Schlüterstraße, bei der Granzow noch fürsorglicher rüberkommt, als es Becher war. Aber Ditzen ist unzufrieden mit dem Roman. Die Aufbruchsstimmung, die er vermitteln wollte, gibt es nicht. Der Roman ist vielmehr ein Krankenbericht, hadert er und bringt das auch im Vorwort zum Ausdruck, das er im August schreibt. Das Wichtigste an dem Roman ist für Ditzen: Er ist endlich fertig damit und kann sich wieder Stoffen widmen, die ihm mehr Spaß machen. Im Frühjahr hatte er noch einen Wälzer über das private, wirtschaftliche und politische Leben in einem Dorf in Norddeutschland von 1923 bis heute schreiben wollen, aber jetzt schwebt ihm eher die Geschichte eines jungen Mannes vor, der nach dem Krieg aus Pommern nach Berlin kommt und die Stadt erobern will. Den Stoff hatte er in einer Geschichte für die *Tägliche Rundschau* schonmal skizziert, das war gut angekommen, glaubte Ditzen. Den vereinbarten Roman *Im Namen des Deutschen Volkes* will er nach wie vor nicht schreiben, das ist ihm zu düster, da fehlt ihm die Jugend und die Hoffnung.

Doch Ditzen hat ohnehin nicht die Ruhe, mit einem großen Roman zu beginnen. Stattdessen schreibt er wieder viele Briefe: An seinen englischen Verlag Putham, den er um ein Care-Paket bittet, an einige alte Weggefährten und gleich mehrfach an Väterchen Rowohlt.

Ditzen merkt, er schreibt die vielen Briefe nur, um seine Arbeit vor sich herschieben zu können. Dabei hätte er jetzt wirklich Zeit für einen Roman, denn die *Tägliche Rundschau* hat derzeit wenig Platz für seine Geschichten. Der Literaturwettbewerb aus dem vergangenen Herbst ist beendet und das Blatt druckt ab Anfang August die preisgekrönten Einsendungen in den Kategorien Novelle, Kurzgeschichte und Gedicht. Einen ersten Preis für eine Novelle gibt es nicht, und Leuteritz beklagt in der *Täglichen Rundschau*, es fehle derzeit ein Schriftsteller, der dem Volk aufs Maul schaue.

Becher bewertet die lyrischen Einsendungen und lobt viele Gedichte. Ansonsten hat er im Sommer wenig Zeit für Literatur. Mitte August ist der *1. Pädagogische Kongress* in Berlin. Becher will eine Schulreform und das ganze Erziehungswesen überprüfen. Da ist im Kopf kein Platz für Reime und Verse. Willmann sitzt jetzt im Ausschuß für Entnazifizierung, der in die Schlüterstraße gezogen ist. Die Arbeit macht ihm keinen Spaß. Er beklagt die systematische Diffamierung des Kulturbunds und zugleich die Lethargie des deutschen Volkes und dessen Desinteresse an öffentlichen Dingen. *Die Menschen sind unpolitisch geworden, daß man erschrecken könnte*, schreibt er in einem Brief an Martin Anders Nexö.

Ab Ende August bekommt dann einer, der schon immer unpolitisch war, endlich wieder mehr Platz in der *Täglichen Rundschau*. Ditzens Geschichte *Der Ententeich* erscheint, in der er einen heilen Alltag im Eisenmengerweg schildert, den es dort *so* gar nicht gegeben hat. Statt der geschilderten Kabbeleien zwischen Vater und Sohn gibt es im Eisenmengerweg handfeste Auseinandersetzungen zwischen den Eheleuten. Allein der Streit wegen der verzockten 30 000 Reichsmark endet mit zerschlagenen Möbeln, einer kaputten Brille und einem blauen Auge. Ditzen weiß jetzt, so kann es nicht weitergehen. Er muß an das denken, was ihm Kupke im Krankenhaus gesagt hat. *Jeder Künstler braucht einen Rückhalt.* Er weiß nicht, ob das stimmt, aber bei ihm ist es bestimmt so. Ulla geht für ihn zwar durch dick und dünn, aber nur bis zum nächsten Schuß. Das hilft niemandem.

Ditzen denkt zurück an Suse, die immer für ihn da war. *Sie hat mich erst zu dem gemacht, der ich bin,* denkt Ditzen und meint seine Erfolge als Schriftsteller. *Sie hat mir Hoffnung gegeben und an mich geglaubt, ohne zu schulmeistern. Einfach durch ihre Anwesenheit. Wie sie beim Schreiben still hinter mir saß. Ihre Güte und Geduld.* Ditzen schwelgt in Erinnerungen. *Diese 15 Jahre Ehe können doch nicht ganz verkehrt gewesen sein. Nein, sie waren sogar die beste Zeit meines Lebens.*

Er ist mit einem Mal wild entschlossen, er will seine Suse zurück. Schon sitzt er am Schreibtisch und schreibt Suse einen Brief, in dem er ihr mitteilt, er habe Ulla ohne Wenn und Aber gesagt, daß er die Scheidung wolle. Das hat er zwar noch nicht, aber er nimmt es sich fest vor. Ansonsten steht in dem Brief eher drin, warum er nicht mehr mit Ulla zusammen sein will, und weniger, warum er es nochmal mit Suse probieren will. *Ulla raubt mir all meine Arbeitskraft*, schreibt er ganz vorwurfsvoll und ohne sich zu fragen, was Suse denn davon halten soll.

Aber der Brief hat ihn immerhin bestärkt, jetzt wirklich mit Ulla zu brechen. Sie wird jeden Augenblick aus dem Krankenhaus zurück sein, wo sie wegen Unterleibsschmerzen zur Untersuchung ist. Ditzen atmet tief durch. Ob er schnell noch ins Schloßkasino huscht, um sich mit einem Schnaps und einem Pilsener zu stärken? Ditzen reibt sich über den nicht vorhandenen Bauch. So ein warmes Gefühl im Magen könnte er jetzt gut vertragen. Dann denkt er wieder an Suse und wie heroisch sie dafür gekämpft hat, ihn vom Alkohol loszubringen. Nein, jetzt besser keinen Schnaps. Wenn er getrunken hat, nimmt Ulla ihn meist nicht ernst. Er muß ganz bei Sinnen sein. Er hatte ja schon in der Meraner Straße versucht, mit ihr Schluß zu machen, und da hat sie ihn einfach um den Finger gewickelt.

Es dauert dann aber doch sehr lange, bis er endlich den Schlüssel im Schloß hört. Seine Entschlußkraft, die er während des Briefs an Suse verspürte, ist schon ein bißchen geschwunden.

„Der Lieferservice ist wieder da", ruft sie mit ihrer hellen klaren Stimme durchs Haus. Ihre gute Laune wird ihr nicht helfen, nimmt sich Ditzen noch vor. Doch als er ins Wohnzimmer kommt, ist er doch irritiert über ihr Strahlen.

„Du, du warst aber lange weg."

„Ich habe mich mit Vera getroffen. Wir haben uns ausgesprochen. Sie arbeitet jetzt in der Charité."

Ditzen wußte gar nicht, daß die beiden Streit gehabt hatten. Oder hatte er das vergessen?

„Ulla, wir müssen reden."

„Oh, so ernst, Herr Bürgermeister a.D."

„Nein, wirklich."

„Schon gut, vergiss mal deine Rede nicht – ich bin schwanger", sagte sie und pikste ihm in den Bauch.

„Also doch." Mehr fiel ihm dazu erstmal nicht ein.

„Na, deine Freude ist ja riesig."

„Du willst das Kind doch nicht etwa bekommen?"

„Warum denn nicht? Vielleicht wird es ein kleiner Schriftsteller."

„Du hast schon eine kleine Tochter, sie ist bei deiner Schwester, du erinnerst dich?"

Ulla ärgerte sich über diesen Seitenhieb, aber sie ging nicht darauf ein. „Mücke kann doch auch zu uns kommen, jetzt wo es langsam wieder aufwärts geht."

Es geht aufwärts?, fragte sich Ditzen. Aber er wollte sich jetzt nicht ablenken lassen.

„Ulla, das mit uns funktioniert doch nicht. Wir sind nur am streiten."

Ditzen hatte sich fest vorgenommen, das Argument der mangelnden moralischen Unterstützung nicht ins Feld zu führen. Das konnte nur nach hinten losgehen, denn Ulla setzte sich für die Familie ein, so gut sie konnte. So gut es eine Drogensüchtige konnte.

Ulla hatte sich gesetzt. In der Tat hatten sie in den vergangenen Wochen und Monaten häufig heftig gestritten, aber zu diesem Zeitpunkt war sie schon überrascht von seinem Vorstoß.

„Worauf willst du hinaus?"

„Ich will zurück zu Suse, nach Carwitz." Ditzen erschrak selbst, als er das hörte. An Carwitz hatte er noch gar nicht gedacht. Wieder Landleben und knorzige Bauern.

„Und du glaubst, sie nimmt dich noch?"

Ditzen war pikiert.

„Warum sollte sie mich nicht nehmen? Ich bin der Vater ihrer Kinder."

„Du hast auf sie geschossen, schon vergessen?"

„Ich habe nicht auf sie geschossen, ich habe vor ihr ins Tischbein geschossen."

„Ach so, na dann", sagte Ulla gedehnt und voller Ironie, die Ditzen irritierte. Er mußte an die junge hübsche Kranken-schwester im Westend denken. Wie hieß sie noch?

Ditzen schaute hilflos, das wollte Ulla nutzen: „Als du dich das letzte Mal mit ihr versöhnen wolltest, hast du dich stattdessen mit mir verlobt, weißt du noch?" Ulla lächelte kokett.

Ditzen stand da wie ein Schuljunge an der Tafel, der nicht weiterweiß. Ulla hatte fast Mitleid.

„Also gut. Wenn Suse dich zurücknimmt, dann lasse ich dich gehen. Aber nur dann. Ich lasse dich nicht alleine, ich lasse dich nicht im Stich." Ulla grinste schief. Es sollte ein bißchen wehmütig rüberkommen.

Ditzen war jetzt doch gerührt. Kein Wehklagen, daß er sie im Stich lasse. Kein Gezeter über den Zeitpunkt, jetzt, wo sie schwanger war. Stattdessen dieses selbstlose Angebot. Ulla schien seine Schwäche zu spüren. Sie stand auf, trat vor ihn und begann ihn mit der linken Hand im Nacken zu kraulen, was er so mochte. Die rechte Hand legte sie auf seinen Bauch. Ditzen zuckte zusammen.

„Wir gehören doch zusammen", schnurrte sie. „Wir packen das."

Jetzt, wo sie so nah vor ihm stand, fiel ihm erst auf, wie blass sie war. Ihre rosige Jugend ist vergänglich, dachte Ditzen bekümmert. Er schaute ihr in die Augen, in denen ein unbestimmtes Verlangen lag. Verhängnisvoll für ihn. Er mußte daran denken, wie sie sich kennengelernt hatten, damals im Mecklenburger Hof. Wie sie sich über die spießigen Kleinstädter lustig gemacht hatten und wie souverän sich Ulla unter all diesen Männern bei den Saufgelagen in den Gasthäusern bewegt hatte. Diese Frau war so unberechenbar. Sie konnte zärtlich sein, stürmisch oder auch kalt wie ein Eiszapfen. Diese Frau war einfach spannend. Das genaue Gegenteil von Suse.

Ullas rechte Hand war langsam tiefer gewandert. Ditzen schauderte. Aber den Brief an Suse würde er trotzdem noch abschicken, dachte er schwach. Der ewige Abiturient.

------------------------------*Der Roman*

Georg Klaren klappte die Mappe zu und warf sie auf seinen Schreibtisch. Er seufzte vernehmlich. Immer der gleiche Mist. Traumatisierte Heimkehrer, zerrüttete Ehen. Alle Autoren waren von einer seltsamen geistigen Lethargie befallen. Klaren nahm seine Brille ab und putzte sie energisch, als könne er die Texte vor ihm dadurch besser machen.

Er wollte Filme machen, die sich gegen den Bürokratismus wendeten oder sich mit dem Schicksal der modernen berufstätigen Frau beschäftigten. Stattdessen bekam der Chefdramaturg der DEFA immer wieder die gleichen Stoffe auf den Tisch: Heimkehrerprobleme. Er selbst hatte diese Problematik nie kennengelernt, er war nicht als Soldat im Krieg und nie emigriert. Er hatte seine Tochter und seine erste Frau, eine Jüdin, nicht schutzlos den Nazis ausliefern wollen. 1940 hatte er seine Frau fast ein Jahr lang in einer kleinen Dachgeschoßwohnung in Spandau versteckt gehalten. Frau und Tochter hatte er damit gerettet, die Ehe nicht. Klaren hielt seine Brille gegen das Licht und begutachtete sie, da klopfte es. Das konnte auch nichts Gutes sein, dachte sich Klaren und stieß ein trotziges „Ja" aus. Hans Klering steckte den Kopf zur Tür rein. „Eine gute, eine schlechte Nachricht, welche zuerst?"

„Zuerst die Schlechte, davon habe ich eh den ganzen Schreibtisch voll."

„Immer noch nichts Gescheites dabei?"

Klaren winkte ab. „Ich finde mich nicht zurecht, ich kenne meine Frau nicht mehr, meine Frau kennt mich nicht mehr, die Kinder sind mir fremd, die Menschen sind mir fremd. Dazwischen Erinnerungen an die grausame Ostfront ... Selbstmitleid in allen Variationen."

Klering presste die Lippen aufeinander. Er hätte gar nicht fragen sollen, dachte er.

„Also, die schlechte Nachricht: Kästner kommt nicht. Er arbeitet jetzt für die Amerikaner, weil, Achtung: Pommer zurückgekehrt ist."

„Sowas habe ich schon befürchtet", sagte Klaren.

„Dafür wird Fallada wohl für uns arbeiten, er kommt heute Nachmittag rein."

Klaren schaute Klering mit gerunzelter Stirn an. „Und *das* ist die gute Nachricht?"

Klering schmunzelte. „Jetzt mal nicht so negativ, lieber Klaren. Naja, wenn Sie so wollen, die gute Nachricht ist, daß Lindemann Dymschitz mehr Geld für uns aus den Rippen geleiert hat. Volkmann meint, die Russen hätten ihm einen Waschkorb voller Geldscheine hingestellt. Unsere russischen Freunde haben wohl erkannt, daß wir jetzt auf die Tube drücken müssen, bevor Schauspieler und Regisseure in die anderen Zonen abwandern."

„Und Fallada schreibt uns jetzt dieses Widerstandsdrama, oder wie?"

„Das werden wir ihm vorschlagen. Er weiß noch nichts von seinem Glück. 15 Uhr kommt er."

Klering nickte nochmal kurz, dann verschwand er.

Unsere russischen Freunde, dachte Klaren befremdet. Was hatte er eigentlich mit den Russen zu schaffen? Die waren nicht gerade zimperlich gewesen, als sie in Berlin einmarschierten.

Auch daß mit Fallada sah er mit sehr gemischten Gefühlen. Er konnte sich noch gut an den *Eisernen Gustav* erinnern. Die Kollegen bei Tobis waren damals nahe an einem Nervenzusammenbruch gewesen, weil Fallada ihnen statt eines stringenten Drehbuchs einfach ein 1000-seitiges Manuskript vor die Füße geworfen hatte und dann so störrisch war, das Ganze nicht selbst auf ein erträgliches Maß zu kürzen. Aus der Verfilmung war dann auch nie was geworden.

Klaren seufzte wieder. Da würde viel Arbeit auf ihn zukommen. Naja, immer noch besser als diese Heimkehrersülze.

Ditzen kam pünktlich zum Treffen in der Krausestraße an. Aber ihm war ganz und gar nicht wohl bei der Sache. Das Thema Film war für ihn auf alle Zeit mit dem *Eisernen Gustav* verbunden. Er hatte sich damals von Goebbels und der Filmindustrie so unter Druck gesetzt gefühlt. Einerseits wollte er daher nichts mehr mit dem Film zu tun haben, andererseits wußte er, daß hier gut gezahlt wurde. Und Geld konnte er wahrlich gebrauchen.

Ulla hatte eine Fehlgeburt gehabt und er hatte sie ins Krankenhaus bringen müssen. Sie kam einfach nicht mehr auf die Beine. Sie hatte die ganze Zeit über Erbrechen geklagt. Das war so gar nicht ihre Art, und sie war ja auch nicht zum ersten Mal schwanger.

Mit dem Geld von den Filmleuten wollte er sie in den Kuranstalten bei Zutt unterbringen, bis sie vollständig genesen war. Vielleicht kam sie ja doch noch von diesem Teufelszeug los. Sie war doch noch so jung!

Von den drei Herren in der Sitzgruppe erkannte er zwei, die waren auch bei diesem Treffen im vergangenen Winter im Adlon dabei gewesen. Der mit dem schmalen Gesicht und den zurückgekämmten Haaren und der Jüngling mit dem hübschen Gesicht. Aber an die Namen konnte er sich nicht mehr erinnern. Der Typ mit dem schmalen Gesicht schien der Chef zu sein.

„Schön, daß Sie kommen konnten, Herr Fallada", sagte Klering. Der Jüngling lächelte freundlich, der dritte Mann, rundes Gesicht, Brillenträger, nickte stumm.

„Ich freue mich auch", sagte Ditzen, obwohl niemand gesagt hatte, daß er sich freue.

Niemand erwiderte etwas. Stellen sich diese Filmtypen denn gar nicht vor? Ditzen nickte und wartete. Die Stille war nicht unangenehm, eher amüsant. Aber Ditzen wollte es hinter sich bringen.

„Ich würde Ihnen gerne ein Buch über einen jungen Mann schreiben, der aus dem Osten nach Berlin kommt und ..." Ditzen blickte auf und hielt inne. Der Brillenträger schien ernstlich erschrocken, der mit dem schmalen Gesicht hob abwehrend die Hände. Er hatte noch nicht mal seinen ersten Satz zu Ende gesprochen, staunte Ditzen.

„Wir sind an der Akte Klabautermann interessiert", sagte Klering jetzt unumwunden.

Ditzen war nicht ganz bei der Sache. Er grübelte noch, was an dem Satz falsch gewesen sein könnte.

„Die Akte Klabautermann? Was soll das sein?", fragte er geistesabwesend.

Klaren grummelte. *Das kann ja heiter werden.* „Sie haben im vergangenen Jahr schon einen kleinen Aufsatz darüber geschrieben", half Klering jedoch geduldig.

Ein junger Mann, der aus dem Osten nach Berlin kommt, sinnierte Ditzen ohne auf Klering zu achten. Wie mußte er es anstellen, daß er dieses Heimkehrerdrama schreiben durfte? Er wußte ja, daß die Filmleute gut bezahlten.

Klaren schaute zu Klering, der schaute zu Lindemann. Der DEFA-Geschäftsführer zuckte unbewußt die Schultern. Die Idee, den Stoff über diesen Gestapo-Irrsinn zu verfilmen, war von Maetzig gekommen. Der hatte den Aufsatz seinerzeit gelesen und sich jetzt daran erinnert. Das könnte ein schönes Widerstandsdrama werden, hatte er gesagt und in der vergangenen Woche über die *Tägliche Rundschau* den Kontakt zu Fallada hergestellt. Da jetzt alles so schnell gehen mußte, hatte Lindemann gar nicht mehr mit Maetzig gesprochen, inwieweit Fallada überhaupt im Bilde war.

Klering war offiziell der Künstlerische Leiter der DEFA, aber eigentlich für das Finanzielle zuständig. Der Prokurist hatte auch Kontakt zu Otto Winzer und der hatte durchblicken lassen, daß es um Fallada derzeit nicht eben gut bestellt war. Das fehlte ihnen gerade noch, kaum Stoffe, keine Zeit und dann auch noch ein nicht zurechnungsfähiger Autor.

Klaren sah das hingegen ganz pragmatisch. Wenn der nicht mal weiß, worum es geht, wird er mir bestimmt keine 1000 Seiten auf den Tisch knallen. Er war fast gut gelaunt ob dieses verwirrten Auftritts von Fallada.

Ditzen erwachte aus seinen Träumereien. Er bemerkte, wie ihn die drei Männer aus der Sitzgruppe heraus unverwandt musterten.

„Verzeihung, meine Herren, wo waren wir stehengeblieben?"

„Der Aufsatz in der *Täglichen Rundschau*. Sie wollten darüber einen Roman schreiben. *Im Namen des Deutschen Volkes*. Daran sind wir auch interessiert. Sehr interessiert", sagte Lindemann und kam sich wie ein Arzt vor, der mit einem Amnesie-Patienten spricht.

„Ach, das meinen Sie. Die Geschichte über das Arbeiterehepaar", dämmerte es Ditzen, der unwillkürlich noch weiter zusammensackte. Er war sehr enttäuscht. Wie kamen die jetzt auf diese alte Geschichte?

„Ehrlich gesagt, ich will das nicht schreiben ..." Ditzen schaute seine Gegenüber an, so als würden die den Satz vollenden. Doch die drei Herren blieben stumm. „Der Stoff behagt mir nicht. Das ist zu trocken, niemand will das lesen. Das taugt vielleicht für 20 Schreibmaschinenseiten, aber nicht für einen Roman von 400 Seiten."

„Wir brauchen auch gar keine 400 Seiten", beeilte sich Klaren zu sagen und dachte sich: Wenn der 400 schreiben soll, schreibt er ja gleich 800. „Wir brauchen nur eine gewisse Dramaturgie und vielleicht ein Ende, das ein bißchen Hoffnung macht."

„Aber das ist es ja, da ist ja nichts drin, keine positiven Figuren, keine Jugend."

„Aber gerade aus dieser Düsternis lässt sich doch vielleicht ein Lichtstrahl am Horizont einbauen, oder?", versuchte es Klaren erneut.

Wer war denn dieser Mann mit dem runden Gesicht überhaupt?, fragte sich Ditzen. Auf alle Fälle ein Österreicher, das hörte man gleich.

Klering war etwas unwohl. Er sah wenig Sinn darin, Fallada in Richtung dieses Auftrags zu schubsen. Es war wenig Zeit, daher brauchte es für das Projekt einen hochmotivierten Autor.

Klering lugte in Richtung Lindemann, ob der vielleicht mal das Wort ergreifen würde. Lindemann nahm den Blick auf. Er räusperte sich. „Die Aufarbeitung der faschistischen Vergangenheit liegt der DEFA und der Zentralstelle für Volksbildung sehr am Herzen. Wir wollen etwas Großes aus dem Stoff machen, Herr Fallada. Wir sind daher auch gewillt, dafür ordentlich zu zahlen. Aber dazu müßten wir ganz sicher sein, daß Sie auch wirklich hinter dem Projekt stehen", sagte Lindemann.

„Was heißt denn ordentlich zahlen, über welche Summe sprechen wir?", biss Ditzen an. Und ewig lockt ihn das Geld.

„Wenn Sie uns bis Anfang Dezember ein fertiges Manuskript liefern, ist uns das 50 000 Mark wert", sagte Lindemann und staunte, wie leicht ihm die große Zahl über die Lippen kam.

Ditzen schluckte. „Das sind nur zwei Monate", sagte er eher zu sich selbst, denn die andere Zahl beschäftigte ihn viel mehr. Mit 50 000 Mark wäre er viele seiner Sorgen erstmal los. Vielleicht würde er sich ja an den Nebenfiguren erwärmen können. Vielleicht baute er die Geschichte, die er im Kopf hatte, noch mit ein. Würde sie diesen Filmleuten einfach unterjubeln.

„Ich werde keine Zeit haben, unterdessen etwas anderes zu schreiben."

Klaren runzelte die Stirn, aber Klering wußte gleich, worauf Fallada hinaus wollte.

„Wir können ihnen einen Vorschuß von 5 000 zahlen."

Der Schriftsteller wand sich etwas, schaute auf seine Schuhe. „Mit 5 000 komme ich nicht weit." Er blickte auf. Hatte er das jetzt laut gesagt? Dann kam ihm eine Idee. „Kann ich die steuerfrei bekommen?"

Klering zog die Brauen hoch, Klaren warf Lindemann einen vielsagenden Blick zu. Dieser Fallada war eine Nummer. Feilscht hier wie ein Schieber, dachte sich Klaren. Klering sah das wohl ähnlich, sein Tonfall war leicht empört. „Herr

Fallada, wir sind die DEFA, kein Nachtclub." Der Angesprochene zeigte keine Regung.

„Aber wenn es der Sache dienlich ist, sind wir auch bereit, vorab 10 000 Mark zu zahlen", legte Klering nach. Klaren fragte sich, wie viel Geld wohl in einen Wäschekorb passt.

Der Schriftsteller war noch immer nicht überzeugt, fühlte sich überrumpelt. Da muß doch was faul sein, wenn die mir so viel Geld zahlen wollen.

Lindemann räusperte sich, sagte aber nichts.

Ditzen schaut die drei an. Wie Gauner sahen sie nicht aus. 50 000 Mark für einen Hoffnungsschimmer am Horizont, sinnierte er.

„Ja, also gut", sagte er schließlich, obwohl ihm trotz des vielen Geldes noch immer unwohl bei dem Gedanken daran war, sich wieder mit den Filmleuten einzulassen. „Aber ich schreibe kein Drehbuch, ich schreibe einen Roman", wehrte er sich noch schwach.

Lindemann nickte, Klaren blieb ganz unbewegt.

„Wir müssen nur auf dem Abgabetermin Anfang Dezember bestehen", betonte Klering.

Ditzen nickte stumm. Klaren war zufrieden. In den zwei Monaten konnte der Mann ja höchstens 200 Seiten schreiben und selbst das schien ihm schon hochgegriffen, wenn er sich das dürre Männchen so anschaute.

„Gehen wir doch in mein Büro und setzen rasch einen Vertrag auf", sagte Klering.

Auf dem Weg in Klerings Büro war Ditzen zumute, als sei er gerade bei einem Kaufvertrag übers Ohr gehauen worden. Es fühlte sich nicht richtig an. Er hatte doch nach diesem missglückten Buch über den Alpdruck wieder etwas Großes schreiben wollen. Einen Roman, für den er sich auch selbst begeistern konnte. Ein guter Roman mußte in seinem Inneren wachsen und nicht von außen herangetragen werden. Stattdessen schielte er wieder einmal nur nach dem Geld und mußte sich jetzt mit diesem trübseligen Arbeiterehepaar befassen. Zwei ältliche Leute, ohne Anhang, ohne Kinder, ohne Freunde. Sie schrieben zwei Jahre lang nur Postkarten, wurden dann erwischt und hingerichtet. Was soll das für ein Roman sein?

In Klerings Büro angekommen, schob ihm der Prokurist einen Stuhl unter. Klaren hatte sich an der Sitzgruppe verabschiedet, Lindemann dagegen war nur kurz verschwunden, um noch einen dritten Stuhl zu organisieren. Er setzte sich ebenfalls vor den Schreibtisch, neben Ditzen. Vielleicht, um dem Schriftsteller ein wenig Beistand zu signalisieren.

Klering hatte ein vorgefertigtes Papier in die Schreibmaschine eingespannt und begann nun zu tippen, Frau Wergel, die Sekretärin, hatte heute leider frei. Ditzen hörte das Klackern der Maschine und fühlte sich wie in einem Verhörraum. Den Blick hielt er gesenkt, als hätte er gerade seine Tat gestanden und dächte verschämt über seine Sünden nach.

„Ich trage den 2. Dezember als Abgabetermin ein, das ist ein Montag", sagte Klering.

Ditzen schaute auf und stutzte. Sein Blick ging an Klering vorbei.

„Herr Fallada?", fragte Lindemann nach, weil der sich nicht rührte und mit offenem Mund an die Wand hinter Klering starrte.

„Die kenne ich", brachte Ditzen jetzt hervor.

Klering schaute sich um. Sein Blick fiel auf das neue Plakat zum Film *Die Mörder sind unter uns*, der im kommenden Monat Premiere feiern würde. „Klar kennen Sie die ... das ist ..."

„Nein, nein, ich meine, die hat bei uns gewohnt."

Klering und Lindemann schauten sich verwundert an.

„Hildegard Knef hat bei ihnen gewohnt?", staunte Lindemann, der das aber für ein Missverständnis hielt. Ditzen starrte noch immer auf das Plakat und las, was dort stand. *Regie: Wolfgang Staudte Darsteller: Hildegard Knef (Susanne Wallner) Ernst Wilhelm Borchert (Dr. Mertens) Erna Sellmer (Frau Brückner).*

„Wir haben zusammen in der Küche gesessen, in der Meraner Straße", sagte Ditzen, der noch immer das Plakat musterte.

„Das ist erstaunlich", sagte Klering, weil ihm nichts besseres einfiel. Lindemann zuckte die Schultern.

„Die ist doch noch so jung", sagte Ditzen.

„Aber sie ist gut. Die Kleine macht Karriere, die geht nach Hollywood", sagte Klering und wunderte sich über die Begeisterung in seiner Stimme.

„Nach Hollywood", echote Ditzen und sprach den Ort aus wie ein Fremdwort, das er nicht kannte, aber schon mal gehört hatte.

Auf dem Heimweg war Ditzen nachdenklich. Das war schon seltsam. Da hatten sie beide gemeinsam in dieser Küche in Schöneberg gesessen, und jetzt ging die Kleine nach Hollywood und er ... Er arbeitete für die Russen. Sie für die Amerikaner, ich für die Russen. Am selben Küchentisch hatten sie gesessen. Diese kahle, aber irgendwie doch heimelige Küche. Was wohl diese Pesoke machte? *Kleines* hatte sie immer zu ihr gesagt. Wie hieß sie jetzt nochmal? Ihren Namen hatte er schon wieder vergessen. Hatte er sich überhaupt mal ernsthaft mit ihr unterhalten? Dieser verfluchte Krieg. So schmal und schüchtern hatte sie auf dem Stühlchen gesessen, und jetzt ging sie nach Hollywood, hatte der eine Filmfritze gesagt. Das mußte er Ulla erzählen. Nach Hollywood. Das Leben ging doch irgendwie weiter. Ditzen ging ein bißchen zügiger.

Am 30. September 1946 begann Ditzen mit seinem Roman über das Arbeiterehepaar aus dem Wedding. Er tat es aus Pflichtgefühl und weil er die Ruhe in dem großen Haus genoß. Ulla lag im Krankenhaus, Uli war in der Schule, die neue Haushälterin, Frau Hermann, kam immer erst gegen Mittag.

Noch immer war Ditzen nicht von dem Stoff überzeugt. Er fühlte sich wie ein Nichtschwimmer, der bei tosender Brandung ins offene Meer stakst. Wenig zuversichtlich begann er, erste Figuren zu entwerfen. Seinen Aufsatz aus dem vergangenen Jahr schaute er sich dafür gar nicht mehr an. Es müßte doch etwas Jugend und Liebe in dem Buch vorkommen. Und er wollte auf alle Fälle starke Frauen in dem Buch haben. Unter den Nazis waren die Frauen immer nur Beiwerk gewesen, das wollte er jetzt korrigieren. Frauen waren doch die humaneren Geschöpfe. Er würde seinen Roman also mit einer Frau beginnen. Wo spielte das noch gleich? Im Wedding? Der Wedding lag jetzt im französischen Sektor, das ging nicht. Das mußte schon im russischen Sektor sein. Irgendein ruhiges Arbeiterviertel. Ditzen überlegte. Ein Arbeiterviertel im russischen Sektor? Ja, genau, er würde das Ehepaar am Prenzlauer Berg wohnen lassen.

Diese Frau Hampel hatte ihren Bruder verloren im Krieg. Aber das schien ihm zu schwach. Ditzen dachte an seinen Bruder Uli, der im Krieg gefallen war. Welch schmerzlicher Verlust das für ihn und seine Eltern gewesen war. Ein Schmerz, der immer dumpf da war, eine Lücke, die nie mehr zu schließen war. Diese Hampels mußten gemeinsam an etwas leiden. Sie würden ihren Sohn im Krieg verlieren. Für Hampel mußte er auch noch einen anderen Namen finden. Ditzen tastete sich in die Geschichte hinein. Vielleicht würden ihm die Nebenfiguren ein bißchen Lust auf die Arbeit machen, ein bißchen Trost spenden.

Schon nach wenigen Seiten merkte Fallada, wie er in Fahrt kam. Endlich konnte er wieder richtig düstere und fiese Schufte entwerfen. So etwas durfte er ja unter den Nazis gar nicht. Wie ihm das gefehlt hatte!

Fast mußte er sich ein bißchen bremsen am ersten Tag. Er wollte seine Maxime, das Pensum Tag für Tag zu steigern, beibehalten. Fallada schrieb wie immer mit der Hand. Nur so konnte er sich in einer Geschichte verlieren, wie von selbst schreiben, zwanghaft schreiben. Er begann den ersten Arbeitstag mit vier Druckseiten, am zweiten Tag wurden es schon sieben, am dritten acht. Als das erste Kapitel fertig war, frohlockte er: Das erste Kapitel ist wie der Eingang zu einem Haus, steht man erst in der Tür, ist alles ganz einfach, man braucht nur noch weiterzugehen, dachte Fallada und wunderte sich. Da hatte er den Stoff die ganze Zeit abgelehnt, aber sein Hirn hatte wohl still und heimlich an der Geschichte herumgekaut. Dieser Hampel, das würde sein *kleiner Mann* werden. Ein kleiner Mann, der sich gegen die Maschinerie des Staates auflehnt. Eine Figur, die man irgendwie liebgewinnt, die aber zum Scheitern verurteilt ist.

Fallada begann nun schon morgens um fünf zu arbeiten und schrieb fast den ganzen Tag. Abends freute er sich, wenn er penibel genau in seinen Arbeitskalender eintragen konnte, wie viele Seiten er geschafft hatte. 15, 18, 20, stand da bald.

Denn Fallada schrieb, als gebe es kein Morgen. Wie in früheren Zeiten vergaß er die wirkliche Welt und erschuf sich in seinem Arbeitszimmer in Niederschönhausen seine eigene. Das erste Urteil in den Nürnberger Prozessen fiel, da ließ Fallada den Barkhausen einbrechen. Bechers Essayband *Erziehung zur Freiheit* erschien, Fallada erweckte zwei fiese SS-Männer zum Leben. Es gab endlich wieder Schrippen in Berlin, Fallada entwarf den Richter Fromm und dachte dabei an seinen Vater. Die Tiergartenteiche wurden entschlammt, Fallada beschrieb die Abholung der Jüdin Rosenthal. Hermann Hesse erhielt den Literaturnobelpreis, Fallada ließ seinen kleinen Mann die erste Karte ablegen. Die Pesoke arbeitete nun als Schneiderin und nähte Bettbezüge zu Hosen um, Fallada entwarf den guten Kommissar Escherich. *Die Mörder sind unter uns* wurde unter Begeisterungsstürmen uraufgeführt, Fallada ließ den kleinen Mann jetzt zwei Karten pro Woche schreiben. Der Parteidogmatiker Alfred Rosenberg wurde hingerichtet, Fallada gab zwei weiblichen Figuren den Vornamen seiner ersten Frau. Zuckmayers Roman *Des Teufels General* erschien, Fallada ließ den kleinen Enno Kluge verhören. Die SED feierte den sowjetischen Staatsfeiertag, Fallada entwarf die Erpressung der Frau Häberle. Thomas Mann ließ sich in Chicago wegen seiner Lungenkrebserkrankung behandeln, Fallada erschuf den kleinen Kuno-Dieter. Von der Welt da draußen bekam er nichts mit. Brauchte er nicht. Er hatte die Gesellschaft seiner Figuren.

Fallada schrieb mehr, als seine Hände hergaben. Wie hatte sein Lektor Kurtz, dieser verhinderte Künstler, gesagt? *Schreiben ist Kunst, Arbeit ist Handgelenk.*

Wenn es nur nicht so verflucht kalt wäre. Der Herbst war eisig kalt, wie würde wohl erst der Winter werden? Neun Grad waren es nur im Haus, und das im Oktober! Aber die Kohle für das große Haus mußte gut eingeteilt werden. Man konnte doch nicht bereits im Oktober heizen! Wenigstens der Cognac, den er schon frühmorgens trank, wärmte ihn ein bißchen. Fallada rieb sich die steifen Finger. Ob sie warm werden, wenn ich Cognac drüber gieße?, fragte sich Fallada. Meinen Magen wärmt er ja auch. Andererseits, schade um den schönen Cognac. Er nahm noch einen Schluck. Wie ihm der Cognac die Kehle runterrann, mußte Fallada daran denken, wie er am 1. Mai die Natronlauge in sich hatte reinschütten wollen. Fünf Monate war das jetzt her. Fallada schüttelte den Kopf. Wieder hatte er versucht, sich umzubringen. Dabei wollte er doch leben. Er wollte schreiben, er war doch zum Geschichten erzählen geboren. All die schönen Geschichten, die er aufgeschrieben hatte. Aber da waren seine Hände noch nicht so gebraucht gewesen. Im Moment ging es echt nicht.

Fallada stand auf und schlurfte ins Erdgeschoß an den Ofen. Er legte die Hände ans Ofenrohr und stellte sich vor, der Ofen wäre an. Er war ganz enttäuscht, als er die Kälte des gußeisernen Metalls spürte. Er betrachtete wieder seine Hände, mit denen er in den zurückliegenden Jahrzehnten so viel geschrieben hatte. Schulaufsätze, Liebesbriefe, Bilanzen. Mit diesen Händen hatte er Zahlen frisiert. Korrespondenzen, Romane und immer wieder Romane geschrieben. Jetzt ließen ihn seine Werkzeuge im Stich, dabei sprudelten doch seine Ideen, seine Figuren sprachen unablässig mit ihm, sie wollten weiter! Da waren Seitenstränge und Dialoge in seinem Kopf, die mußten raus! *Du hör mal Ede, weeßte hier nich wen, bei den du Zigaretten krichst? Aber Tabakkarte hab ick keene.*

In die Akte Klabautermann schaute er gar nicht mehr rein, daß das Ende fehlte, merkte er nicht. Er hatte seine Geschichte im Kopf, in die Hand mußte er sie bekommen, dann aufs Papier. Selbst wenn es mit dem Schreiben überhaupt nicht mehr ging, steckte er weiter in der Geschichte fest. Er versuchte sich in diesen Quangel, wie er ihn jetzt mal genannt hatte, hineinzuversetzen: Welche Ängste der ausstehen mußte. Fallada dachte zurück an die Zeit in Berkenbrück, als ihn die SA abgeholt hatte. Mit zehn Mann hatten sie das Haus umstellt. Die stundenlangen Verhöre dann in seinem Arbeitszimmer, der schmachvolle Abtransport nach Fürstenwalde. Erst im Untersuchungsgefängnis erfuhr er, weswegen er verhaftet worden war. Verunglimpfung des Führers und Verkehr mit unzuverlässigen Leuten. Dabei hatte er nur mitgelacht, als Ernst von Salomon sich über die Nazis lustig gemacht hatte. Seine Nachbarn hatten ihn denunziert. Elf Tage lang wurde er festgehalten. Der Telefonanschluß in Berkenbrück gekappt, die Post abgefangen. Elf Tage lang immer wieder Verhöre. Bis endlich Rowohlt einen nazifreundlichen Anwalt besorgt und ihn rausgepaukt hatte.

Aber danach war es fast schlimmer geworden. Dieser Verfolgungswahn und die unerträgliche Nähe zu den Denunzianten. Er floh mit Suse und Uli nach Berlin in die Pension Stössinger. Aber auch da fühlte er sich immerzu verfolgt und dachte ständig, er würde gleich abgeholt. Er wußte, wie sich dieser Quangel fühlen mußte. Diese latente Angst, die sickernde Ungewissheit. Fallada mußte an ein Zitat von Flaubert denken. *Gefühle hat jeder, darüber schreiben muß man können.*

Wenn die Figuren schliefen, schrieb er Briefe. Kurtz, der das Buch gemeinsam mit Wiegler lektorieren sollte, bat er schon am 5. Oktober um mehr Papier.

Kurtz dachte zunächst, Fallada wolle das Papier zum Heizen missbrauchen, bis er weiterlas. *Ich merkte schon beim ersten Anschreiben, daß es wieder mal kein kleiner Roman wird, sondern ein Wälzer, den ich auf etwa 600 Seiten taxiere. Gott, was werden die sich freuen bei der DEFA.*

Kurtz grunzte und rief Becher an. Er machte sich eine Freude daraus, ihn erstmal zappeln zu lassen.

„Dein Fallada will mehr Papier."

Becher brummte. Weniger ob dieser Aussage, sondern weil er daran denken mußte, wie auch der Anrufer vor ein paar Wochen *sein Kurtz* gewesen war. Warum gehören alle Problemfälle mir, dachte sich Becher.

„Hat er auch gesagt, wofür?"

„Na für den großen Roman, den er gerade schreibt." Kurtz hielt den Tonfall bewußt ironisch, um Becher weiter zappeln zu lassen. Dann fiel ihm auf, daß er selbst ja auch nicht mehr hatte als diesen Brief, in dem Fallada von einem Wälzer schwadronierte. Er lehnte sich also besser nicht zu weit aus dem Fenster.

„Hat er denn schon was vorzuweisen?“

„Also pass auf, er hat hier noch nichts abgeliefert, aber ich habe ein gutes Gefühl. Er hat einen Brief geschrieben. Warte.“

Kurtz nahm den Brief zur Hand und las ihn Becher vor.

Becher lächelte. Auch er hatte nun ein gutes Gefühl, obwohl er überhaupt nicht mehr glauben konnte, daß Fallada jetzt wirklich einen Roman schrieb, der Deutschland helfen würde. Aber es freute ihn zumindest für den Menschen. Es mußte ihm besser gehen, wenn er sich derart euphorisch äußerte. Becher bedankte sich bei Kurtz und hängte ein. Zu schade, daß Willmann gerade in Frankfurt auf einem Kongress weilte, die Neuigkeit hätte er ihm gerne unter die Nase gerieben. Aber Lilly könnte er doch anrufen, dachte er sich erfreut, ließ es dann aber sein. Das würde er ihr zu Hause erzählen, damit konnte er eine größere Wirkung bei ihr erzielen, als mit einem beifallheischenden Anruf.

Fallada schrieb seiner Schwester Elisabeth Hörig, die für ihn ein wandelndes Lexikon war. Er brauchte ihre Hilfe. *Ich weiß nicht mehr, was an großen Ereignissen auf den Kriegsschauplätzen zwischen '40 und '42 geschah.*

Seiner Suse in Carwitz gaukelte er in einem Brief eine heile Welt im Eisenmengerweg vor. Gut gelaunt war er tatsächlich. *Man gewöhnt sich an alles, auch an das Eierlegen, wenn der Hintern am Eis festbackt.*

Im Schreibrausch vergisst Fallada die frostigen Temperaturen, seine starren Hände und seine angeschlagene Gesundheit. Die Geschichte wächst, seine Gesundheit schwindet. Er merkt es nicht in seiner rauschenden Euphorie. Er hat immer geschrieben, um zu vergessen. Geschrieben, um die Hänseleien in der Schule auszuhalten, geschrieben, um seinen kümmerlichen Alltag mit den Finanzproblemen zu verdrängen, geschrieben, um seine Zeit im Knast zu überstehen, geschrieben, um den Krieg nicht an sich ranzulassen. Diesmal vergaß er beim Schreiben seine angeschlagene Gesundheit.

Nur 24 Tage braucht Fallada, um seinen Roman niederzuschreiben. 24 Tage für 550 Druckseiten. *Ich fühle mich puppenlustig*, schreibt er nach Carwitz, nachdem er das Manuskript an den Verlag geschickt hat. *Ich glaube, es ist seit* Wolf unter Wölfen *wieder der erste richtige Fallada geworden.*

------------------------------------*Epilog*

Es war kühl geworden am Grau-du-Roi. Alfonse Payette klappte das Buch zu und strich behutsam über den Buchdeckel. Ihn fröstelte trotz seiner Strickjacke. Er nahm sein leeres Glas vom Tisch und ging nach innen. Dort legte er das Buch auf den Couchtisch und schenkte sich noch ein Glas Rotwein ein. Kurz überlegte er, die Abendnachrichten einzuschalten, doch dann zog es ihn zurück an den Couchtisch. Er setzte sich und nahm das Buch nochmal zur Hand. Er schlug es auf, schaute nach, wann es erschienen war. 7. *Auflage, Berlin 1953.*

Das Buch stammte aus dem Nachlass seines Großvaters. Es war eines der wenigen belletristischen Bücher, die Opa

Rousel ihm hinterlassen hatte. Die meisten der alten Schinken in seinen Regalen waren Bücher über griechische und römische Geschichte und über den Zweiten Weltkrieg. Er hätte das Buch wohl trotzdem nie mit ins verlängerte Wochenende genommen, wenn die Lieferung von Gallimard rechtzeitig eingetroffen wäre. Was für ein glücklicher Zufall. Payette blätterte weiter und las das erste Kapitel wieder an. Er erinnerte sich daran, wie er das Buch vor vier Tagen ohne große Erwartungen zur Hand genommen hatte. Das Buch eines Deutschen, dessen Name ihm nichts sagte. Einzig die Tatsache, daß sein Großvater dieses Buch all die Jahre aufgehoben hatte, hatte ihn neugierig gemacht.

Jetzt wünschte er sich, er könnte diese fesselnde Geschichte noch einmal zum ersten Mal lesen. Wie hatte dieses tolle Buch nur so in Vergessenheit geraten können?

Als er zwei Tage später zurück in Paris war, begann Payette zu recherchieren. Der Verleger ließ sich alles zusammenstellen, was über die Begleitumstände des Buches in Erfahrung zu bringen war. Das war zunächst nicht viel, aber seine Mitarbeiter kannten auch weder den Roman, noch den Autor und wußten nicht recht, worauf ihr Chef da hinaus wollte. Das wußte er eigentlich selbst nicht. Jedenfalls hatte das Buch nach seiner Veröffentlichung 1947 einige Auflagen im In- und Ausland erlebt. In Deutschland aber war es hauptsächlich kritisiert worden. Ein *Zuhälterroman mit politischem Aufputz*, war die schlimmste Kritik, auf die Payette bei seiner Recherche stieß. Der politischen Führung damals in der sowjetischen Zone war vor allen Dingen die hölzerne und wenig sympathische Beschreibung der kommunistischen Widerstandszelle negativ aufgestoßen. Eine Lilly Becher warf Fallada *elendes Versagen* bei dem Versuch vor, revolutionäres Arbeiten zu beschreiben. Vielleicht war das Buch deswegen erst 1962 erstmals verfilmt worden und das auch noch in der BRD.

Payette fand heraus, daß der damalige Lektor Wiegler viel an dem Roman geändert hatte. Bei allen politischen Aspekten hatte er eingegriffen und auch die teilweise derbe und raue Sprache entschärft.

Payette war sehr überrascht als er erfuhr, daß der Autor selbst die Veröffentlichung seines Romans gar nicht mehr erlebt hatte. Fallada war schon kurz nach der Abgabe des überarbeiteten Manuskripts ins Krankenhaus eingeliefert worden und im Februar 1947 verstorben.

Payette versuchte mehr über diesen Autor herauszufinden. Er staunte, wie viele Biografien es über diesen Fallada gab und wunderte sich, warum er zuvor noch nichts von ihm gehört hatte. Er verstand auch jetzt nicht alles. Fallada war wohl in einem Hilfskrankenhaus in einer alten Schule in Pankow gestorben. *Der ewige Gymnasiast war in einer Schule gestorben!* schrieb ein Biograph. Was sollte das bedeuten? Aber Payette war fasziniert, daß dieser Mann den großen Wälzer kurz vor seinem Tod quasi noch ausgestoßen hatte. Woran war er gestorben?

Der Verleger brachte in Erfahrung, daß Fallada am 6. Dezember 1946 in die Charité eingewiesen worden war. Zwei Wochen danach kam auch seine sehr viel jüngere Frau in die Klinik. Beide waren wohl stark morphiumabhängig. Payette staunte, als er las, daß Fallada sich während des Schreibens abwechselnd mit Alkohol, Kaffee und Morphium gepuscht hatte. Payette war enttäuscht und doch fasziniert, wie dieser Autor Raubbau mit seinem Körper betrieben hatte.

Aus der Charité waren er und seine Frau rausgeflogen, weil sie wohl Drogen auf die Station geschmuggelt hatte. Der Verleger schüttelte den Kopf.

Payettes Mitarbeiter wunderten sich, was ihr Chef da die ganze Zeit trieb. Die Arbeit am Frühjahrsprogramm war ohnehin schon im Verzug und der Alte betrieb irgendeine Recherche über einen toten deutschen Schriftsteller. Aber Payette konnte nicht anders. Er fuhr auf bei der Anmerkung, daß Fallada fast acht seiner ohnehin nur 53 Jahre in Krankenhäusern, Anstalten und Gefängnissen verbracht hatte. Kein Wunder, daß er so viel Zeit hatte, all diese Briefe zu schreiben. Rund 8 000 Briefe soll dieser Mann geschrieben haben, die meisten mit einem Matrizendurchschlag. Auch aus seinen letzten Tagen waren noch Durchschläge erhalten. Da war ein Brief an irgendeinen Geyer, an seine Mutter, an seine Ex-Frau und eine kaum lesbare handschriftliche Notiz an seinen Sohn Uli. Seine Ex-Frau bat er, bloß nicht diesen albernen und zerschnitzelten Alpdruck zu lesen. Die dort gemachten Geständnisse waren ihm vor seiner Ex-Frau offenbar peinlich. Hieß die jetzt Suse oder Anna? Jedenfalls war da der Brief an diesen Geyer ehrlicher. *Wie sie aus der Anschrift sehen, habe ich mal wieder umgeschmissen,* schrieb er ihm zwei Tage vor Weihnachten aus der Nervenklinik der Charité. *Unser kleiner Haushalt am Eisenmengerweg ist aufgelöst, Uli wieder auf dem Weg zu seiner Mutter.*

Die letzte Nachricht an seinen Sohn war etwas traurig, sie war nicht datiert, mußte aber zuvor entstanden sein. *Bitte be-*

sorge für die beiliegende Karte in dem Geschäft neben der Kommandantur Zigaretten und bring uns doch deine kleine Pfeife für Ulla mit.

Über diese Ulla war nicht viel zu finden. Sie war wohl vorher schonmal verheiratet und hatte dann noch ein drittes Mal geheiratet und die Urheberrechte und den literarischen Nachlass ihres zweiten Mannes verramscht, um Geld für Drogen zu erlangen. Payette schüttelte erneut den Kopf. Sie war 1958 im Alter von 37 Jahren in Berlin an ihrer Drogensucht gestorben. Die Kosten für die Beerdigung hatte das Sozialamt getragen. Aber am meisten faszinierte Payette ohnehin das seltsame Leben dieses Schriftstellers, der jetzt schon fast 60 Jahre tot war und den er erst seit ein paar Tagen kannte. Am 24. November 1946 hatte Fallada das überarbeitete Typoskript an den Verlag geschickt, am Tag darauf stellte ihm ein Doktor Krupke ein Rezept über Chloralhydrat aus. Ein paar Tage darauf war er laut schimpfend in die Charité eingeliefert worden. Er verlangte Zigaretten, ließ sich nicht beruhigen und handelte schließlich beim leitenden Arzt eine doppelte Ration Scopolamin aus. Aber was hilft das, wenn die eigene Frau ihn heimlich mit Morphium versorgt.

Der Letzte aus seinem Bekanntenkreis, der ihn lebend gesehen hatte, war dieser Geyer gewesen. Er hatte ihn am 4. Februar 1947 nochmal in der Blankenburger Straße in dem Hilfskrankenhaus besucht. Am Tag darauf war Fallada gestorben. Sein Sohn Uli war da längst wieder in Carwitz und hatte von dem Aufenthalt in Niederschönhausen gar nichts gewußt. Payette brummte vernehmlich. Das entbehrte nicht einer gewissen Tragikomik. Der Mann, der *Jeder stirbt für sich allein* geschrieben hatte, war kurz darauf selbst alleine gestorben. In einem Einzelzimmer am Ende des Flurs.

Payette lehnte sich zurück und betrachtete durch die Glasfront seines Büros seine Mitarbeiter im Großraum. Ob sich die alte Fassung von Falladas Roman noch finden lassen würde? Payette griff zum Hörer.

Ende -----------------------------------

Ein Glossar findet sich auf der Seite
www.dielmann-verlag.de / fallada

Oliver Teutsch wurde 1969 in Frankfurt am Main geboren, lebte danach im Frankfurts Umland. Studierte Politik und hatte in dieser Zeit verschiedene Jobs inne, bevor er seine journalistische Laufbahn bei der Nachrichtenagentur *ddp* (später dapd) begann, für die er 13 Jahre lang arbeitete. Zudem freie Mitarbeit bei der *Frankfurter Rundschau* und acht Jahre lang für den *DFB*. Seit 2013 ist er Redakteur bei der *Frankfurter Rundschau* und dort im Lokalen für viele Themen zuständig, von der Justiz bis zur Frankfurter Stadtgeschichte.

Jene, denen der Roman von Oliver Teutsch gefallen hat, könnten sich auch für die Bücher der folgenden Autorinnen und Autoren begeistern:

Da ist zunächst der im Saarland geborene und in Berlin lebende Autor Michael Wäser mit seinem Roman *In uns ist Licht*, der wärmstens empfohlen werden kann: Zwei Handlungsstränge spielen einander zu, der eine in Paris und Berlin zu Zeiten des Biedermeiers um 1830, der andere im heutigen Berlin, wo eine Serie von Lithophanien, porzellanene Bildplatten, der letzte Schrei der 1830er Jahre, nicht weniger als einen Mord aufdecken. Kunstvoll verknüpft Wäser die beiden Erzählstränge zu einem der figuren- und episodenreichsten Bücher, die man vor Auge und Lesebrille bekommen kann. – Ferner erschien die Neu-Auflage seines Romans *Familie Fisch macht Urlaub*, dessen Untertitel einem noch bekannt vorkommen darf: *Niemand hat die Absicht, eine Mauer zu errichten* – just in den Tagen der Schließung der Mauer um die DDR und aus komplexen familieninternen Gründen plant die 7,5-köpfige Familie Fisch (oh ja, denn Mutter Fisch ist schwanger) ihre als Urlaub getarnte Republikflucht aus der jungen Deutschen Demokratischen Republik. Man wird sich über 240 Seiten hinweg nicht entschließen können, ob das nun burlesk oder tragisch ist – denn es ist beides, und man wird bestens unterhalten.

Zwischendurch erschien das von Michael Wäser zusammen und im Wechsel mit Inka Bach verfaßte Langgedicht *Am Neuen See*. Da treffen sich die Autorin und der Autor in losem Abstand am Neuen See in Berlin – die beiden betrachten die Landschaft zwischen Großem Stern und Landwehrkanal, die ein Zwischenstadium angenommen hat, halb Naturwuchs, halb Parkanlage: Berlin Tiergarten, sicher einer der stadtgeschichtlich interessantesten Flecken auf der deutschen Landkarte. Diese Betrachtungen sind ihnen die Grundlage für je zwei Gedichte, welche die beiden nach jedem Besuch schreiben. Und darüber zieht sich anderes in ihre Beobachtungen, von da aus in ihre Gedicht-Paare ... Ein Stadt- und Geschichtsbild in 24 Doppel-Gedichten und ein sehr besonderer Lyrik-Parcours.

Jüngst hat Michael Wäser sich auf eine verstörende Zeitreise in die BRD-Provinz der Siebziger Jahre begeben und die dunkle Grundierung unter der vermeintlichen *disco*-Ungezwungenheit freigelegt: Gewalt, Alkoholsucht und Missbrauch als Rückzugsgefecht des ländlichen Patriarchats. ***Das Wunder von Runxendorf / Ein Mörder Roman*** führt in ein saarländisches Dorf während der Fußball-WM 1974, hier setzt der Ex-Bergmann Müller mit seinem Sohn Gerald und einem unerwarteten Helfer einen grausamen Plan in die Tat. Denn was im frisch eingerichteten Party-Keller mit nagelneuem Farbfernseher der WM-Geselligkeit dienen soll, wird einige junge Frauen das Leben kosten. Ein hartes Zeitbild der 1970er – die plötzlich so sehr vergangen gar nicht zu sein scheinen.

Jutta Schubert hat mit ihrem Roman ***Zu blau der Himmel im Februar*** einen großartigen Roman über Alexander Schmorell und die Weiße Rose geschrieben. Schmorell hatte mit Hans Scholl ab Juni 1942 Flugblätter gegen das Naziregime verfaßt und verteilt. Jutta Schubert schildert die letzten Tage der verzweifelten Flucht Schmorells, die am 24. Februar 1943 durch Verrat und Verhaftung endete – und wie zuvor Sophie und Hans Scholl sowie Christoph Probst wurde Schmorell im Juli 1943 zusammen hingerichtet. – Jutta Schuberts Roman erzählt dabei auch die Geschichte eines jungen Menschen, welcher in der Erinnerung der Heutigen und im Gedenken an die Weiße Rose beinahe völlig vergessen ist. Ohne ihn indes, hätte es nicht einmal jenen Widerstand durch die Weiße Rose gegeben – eine Erinnerungsstütze und eine packende Lektüre.

Genannt werden soll noch Ewart Reder mit seiner ***Reise zum Anfang der Erde / Die Geschichte der Zusammen=Arbeit***, darin eine Clique von Wald- und Bäumeschützern zu einer wuchtigen globalen Bewegung wird – ein zukunftsmutiger Roman mit 350 Seiten Lesefreude. – Von Reder erschien auch der Prosaband ***Ein und Aus*** mit 19 Erzählungen: „Ein" steht über den ersten sieben Geschichten. Sie erzählen Initiationen in eine verschwimmende Weltkontur: die 70er Jahre. Ankommen kann diese Jugend nur bei sich selbst; ihre Umwelt rückt fern, wird vom erotischen wie politischen Erwachen der neuen Generation überblendet. „Aus" sind die Träume in den letzten sieben Texten. Da geschieht Heutiges. Aber nicht Resignation herrscht, eher Neugier darauf, wie es nach dem Ende des Gemeinsamen im Einzelnen weitergehen mag. Nebenbei zeigt Reder auf spannende Weise: Initiation ist heute Einweihung in die Jugend. „Reder folgt der Spur seines Themas, den engen Beziehungen zu Menschen, Landschaften, Städten, getrieben von der Neugier aufs Fremde",

schrieb Anton Jakob Weinberger zurecht in der FAZ und bezeichnet damit Reders Erzählen insgesamt.

Zudem hat Reder ein Bändchen in unserer 16er-Reihe:
Aufstand / 3 christliche Nachgeschichten, 32 Seiten, von
Hand fadengeheftet, erzählt dreifach das Echo des Oster-
morgens weiter, drei Aufstände, drei christliche Nachgeschichten – ein erstaunlich lebendiger und aktueller Stoff.

Soll noch Astrid Rupperts 8 Erzählungen aus dem Pola-
reis *Die Bestimmung der Eisscholle* gelobt werden, in der
welcher eine Reise auf einem Eisbrecher durch die Stille der
Polwelt erzählt wird? Wäre nicht noch Peter Voss mit seinen
12 Nachtgeschichten unter dem Titel *Wolfsstunde* zu erzählen, die allesamt höchst vertraute Figuren völlig fremd werden läßt? Müßten denn nicht die Romane *LKW* und dann
Der Falke und die Nachtigall des lustvoll überbordenden
Erzählers Ernst Kretschmer aufgeblättert werden? Sollte
etwa Martin Bullinger mit seinem fabulösen Roman *du bist
sex* und seinen anderen sieben Titeln vergessen werden oder
Iris Welker-Sturm mit ihrem Roman über die mutige, völlig
irrwitzig vergessene Luise Büchner, der „kleinen Schwester"
von Georg, deren Lebensweg in *aus der stimmhaft* zu folgen ein großes Leseabenteuer ist?

Nein, natürlich nicht. Und es ist ganz einfach: Besuchen
Sie unsere Website

www.dielmann-verlag.de

Und bleiben Sie neugierig!